KB052288

내 거친 생각과

불안한 눈빛과

그걸 조종하는

---

# 뇌를 읽다

**옮긴이 박단비**

서강대학교에서 영미어문학과 중국문화학을 전공했다. 국내 PR회사와 싱가포르 소재
글로벌 IT기업에서 근무했으며, 글밥아카데미 수료 후 바른번역 소속 번역가로 활동 중이다.
옮긴 책으로는 《로이드 칸의 적당한 작은 집》이 있다.

내 거친 생각과 불안한 눈빛과 그걸 조종하는
# 뇌를 읽다

**초판 1쇄 발행** 2018년 9월 10일
**초판 6쇄 발행** 2022년 4월 25일

**지은이** 프레데리케 파브리티우스, 한스 하게만
**옮긴이** 박단비

**펴낸이** 이성용
**책임편집** 박의성  **책디자인** 책돼지

**펴낸곳** 빈티지하우스
**주 소** 서울시 마포구 성산로 154 4층 407호 (성산동, 충영빌딩)
**전 화** 02-355-2696  **팩 스** 02-6442-2696
**이메일** vintagehouse_book@naver.com
**등 록** 제 2017-000161호 (2017년 6월 15일)

ISBN 979-11-89249-05-2 03180

- 이 책 내용의 전부 또는 일부를 사용하려면 반드시 저작권자와 빈티지하우스의 서면동의를 받아야 합니다.
- 빈티지하우스는 독자 여러분의 투고를 기다리고 있습니다.
  책으로 펴내고 싶은 원고나 제안을 이메일(vintagehouse_book@naver.com)으로 보내주세요.
- 파손된 책은 구입하신 서점에서 교환해 드리며 책값은 뒤표지에 있습니다.

내 거친 생각과

불안한 눈빛과

그걸 조종하는

———————

# 뇌를 읽다

빈티지하우스
VINTAGE HOUSE

빠른 상황 판단, 올바른 의사결정, 신속한 실행. 이는 리더가 반드시 갖춰야 할 덕목이다. 리더는 어떻게 사고하고 행동해야 하는가? 이 책은 최근 신경과학 분야에서 주목받고 있는 뉴로리더십의 성과를 정리해 재미있게 소개하면서 스트레스를 다스리고 집단지성을 이끌어내며 신뢰를 구축하는 리더의 역할을 뇌과학으로 재조명한다. '우리 모두는 내 삶의 리더'라는 관점에서, 이 책은 자신의 인생을 주도적으로 이끌어가는 모든 이들에게 뇌과학이 전하는 삶의 지침서가 될 것이다.

_ **정재승** 뇌과학자, 《정재승의 과학콘서트》 저자

독창적이고, 유익하며, 심지어 웃기기까지 하다. 두 저자는 현대 신경과학의 가장 중요한 발견을 소개하면서 직장에서뿐만 아니라 일상에서도 탁월한 성과를 내는 기술을 제공한다. 정말 재미있고 도움이 되는 책이다. _ **헬렌 피셔** 러트거스대학교 교수

최고의 성과를 위한 DNA를 찾아낸 뇌과학에 대한 멋진 이해 〈Strategy+Business〉

당신을 성공으로 이끄는 신경가소성에 대한 거대한 아이디어 〈Success〉

구체적이고, 흥미진진하며, 쉽게 읽힌다. 〈퍼블리셔스위클리〉

신경과학과 리더십을 통합한 최고의 책! _ **조나단 스쿨러** 신경과학자

유익하고 재미있는 방식으로 신경과학과 리더십을 결합했다.

_ **스콧 배리 카우프만** 인지심리학자

이 책은 오늘날의 비즈니스 리더가 직면한 현실적인 문제를 해결하는 신경심리학 분야의 탁월한 발견이다. _ **울프 싱어** 막스플랑크뇌과학연구소 명예이사

탁월한 이야기꾼이 들려주는 인상 깊고 매력적이며 유용한 뇌과학의 통찰

_ **말테 시위츠** 트리바고 공동창립자

페이지를 아껴가며 읽은 책. 이 책이 들려주는 뇌과학 이야기는 스릴러보다 더 흥미진진하다. _ **피터 거버** 루프트한자 CEO

(어쩌면 당신의 리더는 한 번도 제대로 써보지 못한) **뇌의 비밀**

오랫동안 리더십은 '팩트'보다는 '트렌드'에 기반을 둔 애매한 '철학', 즉 일종의 '기술' 대접을 받아왔다. 파리의 패션 트렌드만큼이나 빠르게 등장했다가 사라지는 '판도를 바꾸는' 경영서의 끊임없는 범람이 그 증거다. 리더십 권위자에 대한 수요는 너무나도 높지만, 그런 이들을 찾기 어려운 이유도 여기에 있다.

효과적 리더십은 기술이 아니라 '과학'이다. 유행어나 슬로건에 의존하는 것이 아니라, 두뇌에 대한 이해를 기초로 두어야 한다. 우리가 행동하고, 반응하며, 상호작용하는 방식은 모두 뚜렷한 인지 과정의 산물이다. 개인과 단체로서 우리가 동기부여를 얻거나 지루해하고, 위협과 보상에 반응하는 것은, 이마 뒷부분과 귀 윗부분에 자리 잡은, 기적처럼 정교하게 작동하고 있는 신경회로망 덕분이다.

최근까지도 대부분의 두뇌 활동은 우리에게 수수께끼였고, 뇌는 블랙박스 같은 존재로 여겨졌다. 그러나 기능적 자기공명영상 등 신경과학 분야의 혁신 덕분에 우리는 더 이상 두뇌의 작용을 추측만 하는 것이 아니라 실제 움직임을 관찰할 수 있게 되었다. 철저한 과학 연구를 통해 우리가 배운 내용들은 사람들이 리더십을 발휘하고 성공을 달성하는 방식을 근본적으로 바꿀 잠재력을 지니고 있다.

신경과학 관련 뉴스가 갑작스럽게 큰 인기를 얻고 있다. 몇 해 동안 실험실에서만 알려지고 논의되었던 사안들이 이제 베스트셀러 서적으로 등장하기 시작했다. 거의 모든 세상 사람들이 우리 뇌가 작동하는 방식과 그 지식을 활용하여 삶을 개선할 수 있는 방법을 찾아 해매는 것 같다.

상황이 늘 지금과 같았던 것은 아니다. 우리 중 한 명이 전통적인 대형 경영컨설팅회사에 재직했던 몇 년 전만 해도 신경과학 이야기에 흥미를 보이는 사람은 단 한 명도 없는 것 같았다. 이러한 관심의 부족은 양방향으로 영향을 끼쳤다. 우리가 일류 뇌과학자들에게 신경과학적 지식을 비즈니스에 적용한 사례를 찾아달라고 요청했을 때, 대부분은 관련성을 찾아내지 못했다. (사실 찾을 의지가 없는 것처럼 보였다.)

우리가 이 새롭고 흥분되는 사실을 비즈니스 세미나나 코칭에 활용하려 했을 때, 두 분야를 연계할 수 있는 컨설턴트는 우리를 포함해 단 몇 팀뿐이었다. 두뇌를 바탕으로 한 비즈니스 접근법을 세계 전역에 소개한 우리는 고위임원들로부터 매번 열렬한 반응을 얻을 수 있었다.

강연 대상이 악명 높은 임원들이라는 점을 고려할 때, 이 반응은 놀랍고도 매우 보람 있는 것이었다. 늘 부정적 태도를 유지하는 임원들이 종종 코칭과 리더십 개발이 너무 '비현실적' 분야라고 회의적인 시각을 보이는 것은 어쩌면 당연한 일이다. 그러나 과학을 근거로 한 우리의 접근법은 그들이 느끼는 격차를 줄일 수 있었다.

우리가 최첨단 연구를 통해 얻은 지식을 적용하고, 돌이켜 봤을 때 신경과학과 비즈니스 사이에 자연스러운 다리를 놓는 작업을 시작한 이래로, 개인과 조직의 긍정적 변화를 지속적으로 목도할 수 있었던 것은 아주 놀랍고 감사한 일이었다. 우리 세미나에 참석했던 고객들은 이를 '자신의 상황에 잘 들어맞'으며, 심지어 '삶을 바꾸는' 경험이었다고 묘사했다.

세미나가 끝날 무렵에 우리가 자주 받았던 질문 하나는 신경과학 관련 도서 중에 비즈니스 세계에서 참고할 수 있는 책을 추천해달라는 것이었다. 당시 우리에게는 추천할만한 책이 없었지만, 이제는 추천을 할 수 있게 됐다.

아홉 개의 장으로 이루어진 이 책은 뇌과학을 이용하여 개인이 최고의 성과를 달성하는 것으로 시작하여, 신경과학을 적용하여 높은 성과를 내는 팀을 만드는 데 도움을 주는 여정으로 당신을 데려간다.

1부 '당신의 최적점에 도달하는 법'에서는 최고의 성과를 달성하는 방법뿐 아니라 이를 유지시키는 방법을 설명한다. 1장 '나만의 스윗스 팟을 찾아라'에서는 최고의 성과를 실현시키는 신경화학물질 조합 레시피를 제공한다. 2장 '감정을 조절하라'에서는 활용 방식에 따라 우리의 성과를 돕거나 방해할 수 있는 X인자를 탐구한다. 3장 '집중력을 가다듬어라'에서는 정보의 홍수 속에서 나날이 심각해지는 문제인 '주의력 집중과 유지'를 위한 두뇌 기반 해결책을 제공한다.

2부 '당신의 두뇌를 변화시키는 법'에서는 우리의 사고 과정이 상당 부분 고정되고 굳어있다는 미신을 탐구한다. 4장 '습관을 관리하라'에서는 제목처럼 습관 관리법을 알려준다. 습관이 작동하는 방식의 신경과학을 배움으로써 당신은 좋은 습관을 형성하고 나쁜 습관을 제거하는 데 유리한 위치를 점할 수 있을 것이다. 5장 '무의식을 해방하라'에서는 한 걸음 더 나아가 당신이 인식하지 못하는 무의식 영역의 막강한 힘과 효율성을 활용하는 방법을 알려준다. 6장 '학습능력을 길러라'에서는 우리가 두뇌를 새롭게 배선하고 평생에 걸쳐 능력을 향상시킬 수 있게 하는 신경가소성이라는 멋진 개념을 소개한다.

3부 '드림팀을 결성하는 법'에서는 앞 장에서 얻은 뇌과학적 통찰을 결합하고 확장하여 '조직'이라는 맥락에 적용시킨다. 7장 '다양성을 바탕으로 성공하라'에서는 다양성의 개념을 새롭게 정의하고, 개개인의 차이를 만들어내는 두뇌 화학물질을 분석하며, 가장 효과적인 팀의 조합법을 제공한다. 8장 '신뢰를 구축하라'에서는 유능한 팀에서 보이는 특징 중 아주 중요하지만 상당히 저평가되고 있는 신뢰의 측면을 다루며, 사람들을 단결시키거나 분열시키는 중요한 요인을 소개한다. 마지막으로 9장 '미래의 팀으로 성장하라'에서 우리는 과학적으로 최고의 재능을 찾고 훈련시키는 방법을 탐구하고, 팀이 놀라운 에너지, 생산성, 만족도를 얻을 수 있게 하는 요소를 소개한다.

연구를 하고 이 책을 집필한 시간에 더하여, 세계 전역의 고위임원들을 대상으로 세미나를 진행하던 오랜 시간 동안, 우리는 뇌과학이 종전의 비즈니스 방식에 극적인 변화를 가져올 수 있을 것이라는 최초의 확신을 더 공고히 할 수 있었다. 우리는 신경과학 연구 결과가 기업의 리더십, 커뮤니케이션, 상호작용 방식을 완전히 바꿀 것이라 굳게 믿는다.

이 책의 통찰은 단순히 과학에 기초를 두었다는 사실에서 끝나지 않고, 아주 다양한 비즈니스 환경에서 성공적으로 적용되어 성과와 만족도를 높이는 실질적인 결과를 가져왔다. 우리는 사람들이 서로를 대하는 태도가 근본적으로 변화하고 기업의 커뮤니케이션이 새로운 경지에 들어서는, 전에 없던 리더십의 시대를 맞이하고 있다.

뮌헨에서,
**프레데리케 파브리티우스와 한스 W. 하게만**

## 목차

# 1부

## 당신의 최적점에
## 도달하는 법

# 1부

당신의 최적점에
도달하는 법

# 1장
# 나만의 스윗스팟을 찾아라

최고의 성과를 만들어주는 레시피

5월 5일 해가 뜨기 직전, 고든 쿠퍼는 커다란 금속상자를 들고 엘리베이터에 탔다. 그가 10층에서 내리자 실험복을 입은 사람들이 재빨리 그를 의자에 묶었다.[1] 마치 비행기 화장실 같이 협소한 공간이었다. 하지만 쿠퍼가 있던 곳은 화장실이 아니었다. 그가 탑승한 고깔 모양의 알루미늄 캡슐은 9만 킬로그램의 가연성 액체연료 끝에 달려있었고, 그를 기다리고 있던 것은 87만 9,000킬로미터 거리의 우주여행이었다.[2]

1963년, 우주비행사 고든 쿠퍼는 역사상 여섯 번째로 우주에 진출하는 미국인이 될 예정이었다. 즐겁기만 한 여정은 아니었다. 이전 비행에서 사소하지 않은 문제가 수차례 발생했기 때문이다. 동료 존 글렌은 1년 전 우주선의 열차폐판이 헐거워져 대기권에서 전소될 뻔한 위기를 간신히 모면했다.[3] 강인한 정신력과 풍부한 경험을 겸비한 인재들만이 우주비행사로 선발될 수 있는데, 쿠퍼의 미션은 가장 용감한 우주비행사조차도 엄청난 중압감을 느끼는 일이었다.

카운트다운이 계속 지연되자 관제실의 노련한 기술자들도 큰 스트레스를 느꼈다. 그런데 쿠퍼가 또 다시 하루를 기다려야 한다는 통보를 받았을 때, 그의 생체 데이터를 체크하던 의사들은 믿을 수 없을 만큼 놀라운 사실을 발견했다. 불가능한 일 같겠지만, 쿠퍼는 태평히 낮잠을 자고 있었다![4]

쿠퍼가 우주여행을 떠나기 약 100년 전, 프랑스 릴의 작은 실험실 밖에는 턱수염을 기른 한 남자가 검은색 재킷 차림으로 복도를 서성거리고 있었다. 모두가 퇴근하고 한참이 지난 시간, 홀로 깊은 생각에 잠긴 그는 눈에 띄게 다리를 절뚝거리며 아이디어가 떠오를 때마다 주머니 속 열쇠를 한 번씩 짤랑거렸다.[5]

그 남자의 이름은 루이 파스퇴르였다. 끊임없이 연구에 정진한 그는 의료계와 산업계에 일대 혁신을 가져왔다. 극도로 신중했던 파스퇴르는 그 무엇도 운에 맡기지 않는 사람이었다. 그는 자신의 연구에서 스윗스팟sweet spot을 찾기 위해 엄청난 인내력과 흐트러지지 않는 집중력을 필요로 했다.[6] 생각이 깊고 사색적이었던 파스퇴르는 자신의 성공 비결을 잘 파악했고, 후에 "나의 유일한 강점은 끈기였다"라고 말했다.[7]

## 최고의 성과를 찾아서

말끔히 면도를 한 얼굴에 자신감이 넘쳤던 고든 쿠퍼와 수염이 덥수룩한 모습에 사색적이었던 루이 파스퇴르를 혼동할 사람은 없을 것이다. 마찬가지로 그들이 서로 직업을 맞바꾸는 일은 불가능했을 것이다. 그러나 두 사람의 공통점은 우리가 일반적으로 최고의 성과라고 부르는 탁월한 경지에 이르는 법을 완전히 숙달했다는 것이다.

파스퇴르가 이룬 최고의 성과는 과학과 의학 분야에서 획기적인 발견을 가져다주었다. 낮잠을 자던 쿠퍼에게 최고의 성과는 아직 찾아오지 않았지만, 그가 위험한 여행을 앞두고도 맘 편히 낮잠을 자고 있었다는 사실을 통해 사람들이 최고의 성과를 만들어낼 수 있는 환경은 아주 다양하다는 것을 분명히 알 수 있다.

쿠퍼는 단거리선수의 기질을 가진 반면, 파스퇴르는 마라톤선수 같은 인물이었다. 쿠퍼는 자신이 페이스 7호라고 애칭을 붙인 아틀라스 9호가 발사대를 떠나기 전까지 캡슐 속에서 평화롭게 잠을 잤다. 그가 최고의 성과를 내기 위한 중대한 순간은 아직 오지 않았다.

## 스트레스와 성과

테니스 라켓이나 야구 배트 혹은 골프채를 휘둘러본 사람이라면 공을 가장 멀리 날아가게 만드는 최적점인 스윗스팟에 대해 알고 있을 것이다. 우리는 자신의 생산성과 효율을 최대치로 끌어올릴 수 있는 성과의 스윗스팟을 찾으려 노력한다. 그리고 스윗스팟을 찾아낸 사람들은 대부분 자신이 어느 순간 그 지점에 도달했다는 사실을 알아차린다. 그런데 우리는 어떻게 스윗스팟을 찾을 수 있을까? 또 스윗스팟을 찾기 위해서는 무엇이 필요할까? 뇌에 대한 지식과 그 지식을 활용하는 방법을 모른다면, 당신은 최대의 역량을 발휘해 최고의 성과를 낼 수 있는 기회를 놓치고 말 것이다.

여기 좋은 소식이 있다. 비즈니스 세계와 인생이라는 게임에서 승리를 가져다줄 이 기술은 누구나 배우고, 연습하고, 향상시킬 수 있다.

1908년, 심리학자 로버트 여키스Robert Yerkes와 존 도슨John Dodson은 미로에 쥐를 가둬놓는 실험을 진행하면서 약간의 전기충격으로 쥐가 출구로 빠져나오는 시간을 단축시킬 수 있다는 사실을 발견했다. 그러나 전류가 일정 강도를 넘어서자 미로를 통과하는 능력은 급격히 저하되었다. 쥐들은 집중력과 기민성을 잃고 겁에 질려 길 찾기를 포기하고 도망치기 시작했다. 여키스와 도슨은 이 전기충격을 '자극arousal'이라 불렀는데, 우리는 이것을 보통 '스트레스'라 부른다.

두 심리학자는 뒤집어진 U(그림 1 참조)로 알려진 아주 간단한 그래프를 통해 자극과 성과 사이의 연관성을 밝혀냈다. 그래프 꼭대기에 있는 최고의 성과는 적정한 자극으로 집중력과 주의력이 최적의 상태에 도달한 지점이다. 적절한 자극을 받지 못했을 때, 우리는 흥미를 잃고 지루해한다. 반대로 자극이 너무 강하면 어떨까? 우리의 집중력은 흐트러지고 스트레스를 일으키거나, 더 나쁘게는 공황 상태까지 유발한다.

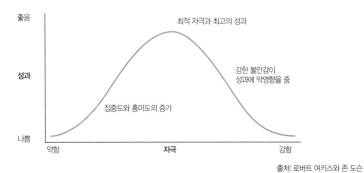

그림 1 _ 최고의 성과 곡선

최고의 성과를 얻는 것은 동화 《골디락스와 곰 세 마리》에서 금발머리 소녀 골디락스가 아기 곰의 스프를 맛보는 것과 비슷하다. 우리의 목표는 너무 차갑지도 뜨겁지도 않은, 딱 적당한 온도를 찾는 것이다.

그래프를 통해 시각적으로 이해하기는 쉽지만, 달성하는 것은 분명 다른 문제다. 당신이 최고의 성과 혹은 최악의 성과를 내고 있을 때 뇌가 어떻게 작동하는지를 이해한다면, 스윗스팟을 발견하고 활용하기 위해 무엇이 필요한지 더 잘 파악할 수 있을 것이다.

## 자극의 해부학

우리 뇌의 회로는 일반적인 의미와는 다르게 물리적 연결이 아닌 세포에서 세포로 전달되는 연속적인 신호로 연결된다. 이 미세한 메신저들은 서로 협업하면서 당신이 경험하는 모든 행동, 반응, 감정 등, 여키스와 도슨이 자극이라 부른 상태를 책임진다.

### 신경전달물질

뇌에는 약 1조 개의 신경세포가 있고, 각각의 크기는 약 100분의 1밀리미터 정도다.[8] 뉴런이라고도 불리는 신경세포는 신경물질로 이루어진 작은 촉수들이 중앙의 핵으로부터 뻗어나가는 구조를 띠고 있는데, 주방 조리대에 튄 물과 비슷한 모양이다. 각각의 뉴런은 모양과 기능이 약간씩 다르지만 물이 튄 모양이라는 기본적 형태는 모두 동일하다. 뇌

안에는 수십억 개의 뉴런이 **빽빽하게 들어차있지만** 뉴런의 촉수들이
물리적으로 연결되어있지는 않다. 이들 사이에는 시냅스라 불리는 아
주 미세한 틈이 있는데, 신경전달물질이라는 화학적 매개체가 이 틈을
건너다닌다. 뉴런은 마치 초소형 휴대폰처럼 신호를 주고받는 것이다.

신경전달물질 ─────
## 축삭돌기의 위치

신호를 보내는 부위는 축삭돌기라 부르는데, 각각의 뉴런에는 축삭돌
기가 한 개씩만 존재한다. 그에 반해 나무의 가지 같다는 뜻의 수상돌
기(가지돌기)는 수가 많으며 신호를 수신하는 역할을 한다.

신경조직이 물리적으로 연결되지 않았다는 사실은 장점이다. 그
덕분에 신경은 납땜인두를 꺼내들거나 전기기술자를 부르지 않아도 신
경경로라고 불리는 새로운 회로를 만들어내는 멋진 능력을 얻었기 때
문이다. 당신이 인도로 걷지 않고 이웃집 잔디밭을 가로지를 때 만들어
지는 지름길처럼, 신경경로 역시 많이 사용할수록 더 뚜렷해진다. 당신
처럼 잔디를 죽이지는 않지만 말이다.

앞서 설명한 신경조직의 특성은 성과에만 국한되지 않는다. 우리
가 무언가를 학습하는 방법뿐 아니라, 우리에게 습관이 형성되어 궁극
적으로 무의식적인 행동으로 연결되는 과정이 이로써 설명된다. 시간
이 흐를수록 신경회로는 너무도 뚜렷해져서, 신경전달물질들은 눈을
감고도 그 길을 다닐 수 있다. 인지과학자들은 이를 '함께 활성화된 뉴

런은 서로 함께 연결된다'라고 표현한다.

또한 지름길이 한번 만들어졌더라도 영원히 유지되지 않는 것처럼 뉴런의 회로 또한 영구적이지 않다. 당신이 계속해서 지름길을 이용한다면 포장도로만큼 통행하기 편해지겠지만, 당신이 더 이상 그 길로 다니지 않는다면 지름길은 시간이 지날수록 희미해진다. 우리가 자신의 휴대폰 번호는 쉽게 생각해내는 반면, 고등학교 때 배운 프랑스어는 전혀 기억할 수 없는 이유도 여기에 있다.

현재까지 100개 이상의 신경전달물질이 확인되었는데, 최고의 성과라는 관점에서는 오직 도파민Dopamine, 노르아드레날린Noradrenaline, 아세틸콜린Acetylcholine 세 가지 물질이 중요하다. 우리는 이들의 머리글자를 따 "최고의 성과 DNA"라 부른다.

## 신경물질계의 킴 카사디안, 도파민 ———

쾌감, 중독, 보상에 관한 이야기로 각종 과학책을 장식한 도파민을 어떤 기자는 '신경물질계의 킴 카다시안'이라고 불렀다. 아마 흥분, 자극, 위험과 관련된 도파민의 특성이 대중의 흥미와 상상력을 자극한 듯하다.[9]

도파민은 기억 속의 정보를 업데이트하는 능력을 담당하며, 현재 수행하는 과제에 대한 집중력에도 영향을 끼친다.[10] 도파민은 마약처럼 중독되게 만드는 '보상감'을 제공하는데, 다른 마약과 마찬가지로 그 도취 상태는 지속되지 않는다. 한 번 보상감을 느낀 다음에도 도파민을 통해 동일한 효과를 누리려면 더 많은 양이 필요할 확률이 높다. 이 특성 덕분에 도파민은 새로운 자극을 추구하는 신경전달물질로 널리 알려져 있다.

도파민의 효과는 자극이 새로울 때 가장 강력하다. 당신이 새로운 프로젝트를 시작했을 때는 흥분을 느끼지만, 프로젝트를 진행하고 일정 시간이 흐른 후에는 열정이 식는 이유가 바로 여기에 있다.

도파민은 우리 신체에서 운동제어를 포함한 다양한 역할을 수행하지만, 뇌와 최고의 성과라는 측면에서 가장 중요한 역할은 즐거움을 제공한다는 것이다. 당신이 진정으로 최상의 기량을 발휘하려면 그 일을 통해 즐거움과 보람을 느껴야 한다. 즐거움과 보람을 느끼지 못했다면 성과가 좋더라도 당신의 최고점에는 이르지 못한 것이다.

## 세계 최강의 각성제, 노르아드레날린

노르에피네프린이라고도 불리는 노르아드레날린을 들어본 적이 있을 것이다. 당신이 번지점프를 할 때, 아니면 이웃집 개가 갑자기 '반갑게' 달려들어 깜짝 놀랐을 때 급격히 분비되는 물질이 바로 노르아드레날린이다. 우리를 생존시키는 것이 주요 목적인 노르아드레날린은 진화적 설계에 따라 당신의 집중력과 기민성을 조절해 감지된 위협이 실제이든 가짜이든 우리가 재빠르게 대처할 수 있도록 돕는다. 한 연구에서는 피실험자들이 맑은 정신으로 집중력을 발휘해 시각적 오류를 찾는 과제를 수행했을 때 노르아드레날린 분비량이 증가할수록 과제의 정확도 역시 높아졌다.

우리가 자신의 역량보다 조금 더 높은 수준의 도전을 만났다고 느끼는 순간 노르아드레날린의 분비량은 최적에 이르며, 우리로 하여금 '까다로운 문제지만 도전해볼만하겠는데?'라는 생각을 할 수 있게 해준다. 또한 당신이 더 적은 자원으로, 더 짧은 기간 안에, 더 좋은 성과를 달성하려고 자신을 채찍질할 때도 노르아드레날린이 분비된다.

## 기저귀를 찬 다이슨 청소기, 아세틸콜린 ────

최고의 성과 DNA를 이루는 세 번째 신경전달물질인 아세틸콜린은 특정 인구집단에서 놀랍도록 풍부하게 발견된다. 최고의 성과에 대해 많은 것을 가르쳐주는 이 특별한 사람들은 사실 도처에 있다. 그렇다면 이들은 누구일까? 연구에 전념하는 화학자들? 아니면 세계적 수준의 운동선수들? 위험을 감수할 줄 아는 사업가들일까? 바둑 고수? 실적이 좋은 영업사원? 정치인? 완전히 잘못 짚었다. 당신 집 지붕 아래에 한 명이 살고 있을 수도 있다. 아, 시어머니는 아니다. 당신 집에 살면서 집을 뷔페식당이나 빨래방쯤으로 여기는 뚱한 표정의 20대 자녀도 아니다. 정답은 '어린아이'다. 그렇다. 바로 '아기'를 말하는 것이다!

당신이 아기와 시간을 보낸 경험이 있다면, 이들이 지구상에서 가장 기민하고 관찰력 있는 족속이라는 사실을 인정할 것이다. 그저 말썽을 부리는 것처럼 보이겠지만, 사실 아기들은 마치 기저귀를 채워놓은 다이슨 청소기처럼 각종 시각, 청각, 미각, 후각 인지정보를 강력하게 빨아들인다. 우리가 최고의 성과를 달성하기 위해 가끔 작동시키는 메커니즘을 아기는 생후 몇 년간 거의 쉬지 않고 작동시키는 것이다. 이 놀라운 일의 배후에 아세틸콜린이라는 신경전달물질이 있다.

아세틸콜린은 기저핵이라는 두뇌 영역에서 만들어진다. 영아 시기에는 아기들이 아무런 노력을 하지 않아도 아세틸콜린이 분비되는데, 신경과학자들은 이렇게 두뇌가 새롭게 형성되어 신규 정보를 극도로 잘 수용하고 끊임없이 신경경로를 구축해나가는 시기를 '신경가소성의 결정적 시기'라고 부른다. 신경과학자 마이클 머제니치Michael Merzenich는 신경가소성의 결정적 시기 동안 "학습 기계의 전원이 계속 켜져 있다"고 표현한다.[11] 그러나 성인인 우리는 그렇게 운이 좋지 못하다. 엄청난 집중력을 가능하게 하는 자동 메커니즘은 우리가 아직 어렸을 때 작동을 멈추며, 그 이후로는 수동으로만 작동시킬 수 있다.

성인이 아세틸콜린의 스위치를 켤 수 있는 방법은 무엇일까? 일단 결정적 시기가 지나고 나면 우리가 할 수 있는 일은 단 몇 가지밖에 없다. 집중하기 위해 의식적으로 노력하는 것, 신체 운동을 하는 것, 도파민 분비를 촉진하기 위해 중요하거나 놀랍거나 새로운 경험에 노출되는 것이다.


사진전에서 상을 수상한 사진을 떠올려본다면 최고의 성과 DNA를 더 잘 이해할 수 있을 것이다. 노르아드레날린은 당신이 정확한 방향으로 카메라를 조준할 수 있게 하며, 도파민은 당신이 멋진 구도를 찾을 때까지 줌인 할 수 있게 돕는다. 마지막으로 아세틸콜린은 당신이 초점을 맞춰 완벽한 사진을 얻게 해준다. 이 중에 한두 개가 빠지면 결과물은 평범한 스냅사진이 될 뿐이다. 세 요소를 골고루 갖추어야 비로소 예술 작품을 탄생시킬 수 있다.

## 단 하나의 법칙은 존재하지 않는다

뒤집어진 U자 모양의 간단한 그래프로 표현한 성과 곡선은 성과가 작동하는 이치를 분명하고 정확하게 설명한다. 그런데 당신이 이미 눈치 챘을 수도 있겠지만 그래프에는 측정 단위가 없다. 어떻게 자극을 측정할 것인가? 센티미터? 스코빌 지수[*]? 바꿔 말해

**최적의 자극량에는 보편적인 기준이 없다.**

서 최고의 성과를 달성하기 위해서는 정확히 얼마만큼의 자극이 필요할까? 단순한 답은 '알 수 없다'이다. 그보다 자세한 답은 '사람과 과제와 상황에 따라 극적으로 달라진다'이다. 그런 면에서 자극은 매운 음식과 공통점이 많다.

### 맵지만 아내 것만큼 맵지는 않게요

당신이 캘리포니아에 있는 태국 식당에서 종업원으로 일한다고 가정해보자. 옷을 잘 차려입은 커플이 들어와서 태국 왕과 왕비의 사진이 끼워진 액자 밑에 앉는다. 당신이 주문을 받으려고 다가가자 여성은 "돼지고기 타이 바질 덮밥을 아주 맵게 만들어주세요"라고 주문했고, 남성은 같은 메뉴를 돼지고기 대신 닭고기로 주문하고는 나중에 생각났다는 듯이 "아내 것만큼 맵지는 않게 해주세요"라고 덧붙인다. 이제 당신은 주방장에게 뭐라고 이야기할 것인가?

방콕 외곽의 작은 마을에서 자란 주방장이 자기 기준에 따라 요리

---

[*]  스코빌 지수는 고추류의 매운 정도를 측정하는 지수다. 아삭한 할라피뇨의 스코빌 지수는 3,500~10,000이며, 굉장히 매운 아바네로의 스코빌 지수는 할라피뇨보다 10~100배까지 더 높은 100,000~350,000이다.

를 '아주 맵게' 만들었다가는, 손님 둘이서 끊임없이 물을 요청해서 캘리포니아의 주기적인 가뭄을 더욱 악화시킬 것 같다는 예감이 든다. 또 그들이 고소를 할지 누가 알겠는가?

태국 식당에서 맵기의 정의는 여키스-도슨 그래프에서 자극의 정의와 비슷한 면이 있다. 자극을 구성하는 요소에 대한 기준은 사람마다 다를 수 있다. 우리 중 어떤 사람들은 고든 쿠퍼처럼 '우측성향 성과자'이며, 또 어떤 사람들은 루이 파스퇴르와 같은 '좌측성향 성과자'이다. 또 이 두 그룹의 중간 어딘가에 있는 사람들도 있다. 다행히 우리에게는 매운 정도를 측정하는 테스트처럼 자극의 개인별 최적점을 측정하기 위한 테스트가 있다.

## 마지막 순간의 과제

자신이 다음과 같은 상황에 처해있다고 상상해보라. 당신과 동료들은 우리가 주최하는 최고의 성과 세미나에 참가했고, 지금까지는 유익한 시간을 보내고 있었다. 이 흥미로운 세미나에는 유용한 정보가 풍부했을 뿐 아니라 재미있기도 했다. 그러나 당신이 어떤 조에 편성되고 얼마 지나지 않아 다음과 같은 내용이 공지됐다. 당신의 상사가 예고 없이 세미나에 방문할 예정이며, 각 조는 약 1시간 동안 상사가 참석한 저녁 행사에서 발표할 프레젠테이션 자료를 준비해야 한다.

어떤 기분이 들겠는가? 우리가 이 소식을 전하자 어떤 그룹은 완전히 겁에 질린 반면, 어떤 그룹은 여전히 활기에 차있었고 오히려 저녁에 있을 행사를 기대하는 것처럼 보이기까지 했다.

우리는 이러한 제각각의 반응을 예상하고 있었다.

왜냐하면 참가자들 몰래, 최고의 성과 달성에 필요한 자극의 조건을 측정하는 '상태특성 불안척도State Trait Anxiety Index' 결과에 따라 그들을 서로 다른 조에 편성했기 때문이다.

우리는 우측성향 성과자와 좌측성향 성과자를 서로 다른 조로 나누고, 성과 범위의 비슷한 지점에 위치하는 사람들끼리 한 조로 묶었다.

그래서, 어쩌면 당연하게, 그래프 좌측에 있던 그룹은 공지를 듣고 상당한 압박감을 느꼈으며, 발표를 준비할 시간이 충분하지 않다고 생각했다. 우측에 있던 그룹은 이 새로운 도전 덕분에 아주 신이 난 것 같았고, 주어진 시간이 짧다는 사실을 전혀 개의치 않았다.

그런데 우리는 또 한 번 폭탄을 터뜨렸다.

상사가 곧 방문한다는 공지는 거짓이었다고 이야기한 것이다. 상사가 오지 않으니 발표를 준비할 필요도 없었다.

세미나실 한쪽에서는 크게 안도의 한숨을 내쉬는 소리가 들렸고, 다른 한쪽에서는 진심어린 실망감이 느껴졌다. 물론 투덜대는 사람들도 있었다. 다행스럽게도 누구도 우리를 응징하려 들지는 않았다.

참가자들은 모두 끝까지 남아 세미나를 마쳤고 중요한 사실을 배웠다. 최고의 성과는 모든 사람에게 다른 문제이며, 최고의 성과에 이르게 하는 정서적 자극의 정도는 개인마다 아주 큰 차이를 보인다. (그림 2 참조)

## 우측성향 성과자

성향이 그래프 우측 끝에 가까운 사람일수록 압박감을 느끼는 상황에서 더 쉽게 최고의 성과를 달성할 것이다. 이들은 평범한 날의 사무실에서 무료함을 느끼지만, 위기가 발생했을 때 주변에서 가장 먼저 찾는 사람들이다. (고든 쿠퍼가 그 전형적인 예다.)

수많은 기업에서 자극 그래프의 오른쪽에 위치하는 사람들은 영웅 대접을 받으며, 그들이 회사 안팎에서 펼치는 활약은 신성시된다. 회사의 공동경영자 한 명이 "나는 스트레스를 해소하기 위해 일요일마다 패러글라이딩을 해요"라고 가볍게 이야기를 한다면 감명을 받은 부하 직원은 그 말을 마음 깊이 새길 것이다. '다이아몬드는 큰 압력을 견뎌야만 만들어진다' 같은 격언이 회사의 비공식 경영원칙인 분위기에서 일을 하고 있다면 모든 직원들이 의식적이든 무의식적이든 그 이상향을 추구하려고 하는 것은 당연하다.

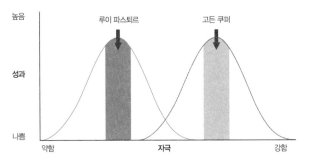

**그림 2 _** 루이 파스퇴르와 고든 쿠퍼는 모두 최고의 성과에 도달했지만, 그에 필요한 자극의 정도는 현저히 달랐다.

새로운 자극을 추구하는 우측성향 성과자들이 때때로 목을 죄어 오듯 갑갑하게 느껴지는 사무실 환경에서 살아남는 방법은 무엇일까? (사실 그렇지 못하는 사람도 많다.) 오랜 시간 동안 이런 환경에서 살아 남는 방법을 찾은 리더들은 자신만의 비밀무기를 고안해냈다.

그들은 업무에 완전히 집중하기 위해 인위적으로 응급 상황을 만 들어 최고의 성과에 꼭 필요한 신경전달물질의 조합을 공급받는다. 어 떤 사람들은 중요한 발표를 앞두고 단상에 오르기 단 몇 시간 전에 프 레젠테이션 준비 작업을 시작하는가 하면, 또 어떤 사람들은 해외출장 을 앞두고 시간이 촉박한 상황에서 공항으로 향하곤 한다. 우리의 지인 중에 늘 새로운 자극을 추구하는 한 신문 편집자는 신문이 인쇄되기 단 몇 분 전까지 계속해서 1면의 디자인을 수정하는 버릇이 있었다. 많은 동료가 그를 일종의 사디스트라고 확신했지만, 아마도 편집자는 그저 자신의 최대치를 이끌어내기 위해 인공적으로 위기 상황을 만드는 중 이었을 것이다.

누군가의 심장을 요동치게 할 만큼 강한 수준의 스트레스가 우측 성향 성과자에게는 더욱 집중하고 창의성을 발휘할 수 있게 해주는 자 극이 될 수도 있다. 이들에게는 매일 똑같이 처리해야 하는 업무나 길 고 생산성 없는 회의가 스카이다이빙보다 훨씬 더 스트레스를 유발하 는 일이며, 이 견딜 수 없는 지루함에서 벗어나기 위해 스마트폰으로 새로운 메일이나 문자메시지를 지속해서 확인할 것이다.

성과 그래프의 우측에 위치하는 사람들이 좌측성향을 보이는 사람들을 높게 평가하지 않는 것도 놀랄 일은 아니다. 우측성향 성과자인 기업 임원들에게 그래프 좌측 끝에 있는 사람들이 어떤 직업에서 최고의 성과를 달성할 수 있을지 추측해보라고 했더니 몇 사람이 재빨리 답을 내놓았다. 그들은 "초등학교 교사 아닐까요?", "공무원이요"라고 말했다. 예측가능성과 확실성을 필요로 하고, 규칙과 시스템을 좋아하며, 빡빡한 마감과 응급 상황을 포함한 모든 종류의 스트레스를 기피하는 좌측성향 성과자들을 바라보는 이들의 시선은 전반적으로 우호적이지 않았다. 이들은 그래프 좌측 끝에 있는 사람들이 낙제자일 것이라고 쉽게 판단해버렸다.

## 좌측성향 성과자

우측성향의 임원들이 조금 더 깊이 생각할 시간을 갖자, 별 생각 없이 좌측성향 성과자들을 조소하거나 무시하던 경향은 사라지기 시작했다. 그런데 "노벨상 수상자들은 어떤가요? 그들은 대부분 엄청나게 꼼꼼하고 디테일에 강하죠. 분자 하나를 몇십 년씩 연구하는 경우도 있잖아요"라고 누군가 질문을 제기했다. "자기 소설을 열일곱 번씩 새로 쓰는 작가들은 어떻고요?" 또 다른 사람이 말했다.

높은 성과를 내는 사람 중에는 외부 자극의 도움이 필요하지 않은 사람들도 분명히 존재한다. 아무도 루이 파스퇴르를 언급하진 않았지만 그가 바로 훌륭한 사례다. 도파민의 지배 아래에서 스릴을 추구하는 우측성향 성과자만큼 좌측성향 성과자도 조직과 사회 전체에 없어서는 안 될 존재라는 사실이 결국 분명해졌다.

## 당신의 위치를 찾아서

언뜻 봐서는 우측성향 성과자들과 좌측성향 성과자들이 화성에서 온 남자와 금성에서 온 여자처럼 완전히 다른 행성에서 온 사람들 같을 수도 있다. 그렇다면 한 번 화성인은 영원한 화성인일까? 당신은 그래프의 한쪽 끝에서 영원히 머물 운명일까? 절대 그렇지 않다. 성별, 유전적 특징, 나이, 환경, 경험은 모두 최고의 성과 곡선에서 각자의 역할을 수행한다.

**성별** ___ 화성과 금성의 이분법이 지나친 단순화일 수는 있으나, 이러한 분류법에 과학적 근거가 있다는 사실이 밝혀졌다. 셀 수 없이 많은 실험에서 모두 같은 결과가 도출되었다. 통계적으로 남성은 여성보다 자극을 추구하는 경향이 더 높았다. 7장에서 보겠지만, 성과 곡선에서 당신의 성향을 결정하는 주요 요소 중 하나가 바로 테스토스테론이다. 남성 호르몬으로 잘 알려져 있는 테스토스테론은 사실 정도는 다르지만 남성과 여성 모두에게서 발견된다. 그러나 평균적으로 남성에게 테스토스테론이 더 많으므로, 남성이 그래프의 우측에 위치할 확률도 높아진다.

**유전적 특징** ___ 유전적 특징 역시 성과 곡선에서 당신의 위치를 바꿀 수 있다. 예를 들어, 당신을 그래프 우측으로 크게 이동시키는 주요인인 자극 추구는 도파민의 영향을 받는데, 천재들의 유전자라는 별명을 가진 DRD4 Dopamine Receptor D4는 도파민 수용체다. 이것도 7장에서 살펴보겠지만, 고위임원들의 도파민체계는 보통 사람보다 현저히 활성화된 경우가 많다.[12]

전반적인 스트레스 반응에 영향을 주는 유전자 집합도 있다. 최근 빈의학대학교 연구팀은 세 개로 구성된 유전자 변이주 genetic variants가 스트레스 회복력에 영향을 미칠 수 있다는 사실을 밝혔다. 당신이 이 유전자 변이주를 하나 또는 그 이상 보유하고 있다면 삶의 역경을 극복하기 더 어렵고, 스트레스를 유발하는 상황에서 더 민감하게 반응할 수 있다고 한다. 한편 당신에게 이 위험한 유전자 변이주가 없다면 스트레스를 유발하는 상황이 오히려 당신을 더 강인하게 만들어줄 것이다.[13]

주사위가 던져졌으니 당신이 할 수 있는 일은 없다는 뜻일까? 그렇지 않다. 적어도 항상 그런 것은 아니다. 단순히 특정 유전자가 존재한다는 이유만으로 당신의 운명이 결정되지는 않는다. 성격적 특성은 선천적 요인과 후천적 요인이 모두 작용해 형성된다. 유전자가 당신의 성격에 영향을 미치는 비율은 20~60퍼센트 사이인 것으로 추정된다.[14]

유전자가 영향력을 행사하려면 유전자의 스위치가 켜져야 하며, 유전학자들은 이것을 '발현'이라고 부른다. 어떤 유전적 기질은 당신의 인생 내내 발현되지 않을 수도 있다는 이야기다. 위스콘신대학교 심리학자 리처드 데이비슨이 이야기했듯, DNA 속의 유전자는 음악 수집품 속의 앨범과 같다. "당신이 CD를 소장하고 있다고 해서 그 노래를 꼭 재생하리라는 법은 없습니다."[15]

**나이** ___ 청소년기에 무책임하게 행동하던 사람이 나이가 들수록 조심스러워지고 보수적으로 변하는 현상은 흔하지만, 모든 사람이 그런 것은 아니다. 관점에 따라 지혜롭게 되는 과정 혹은 꽉 막힌 사람이 되는 과정으로 간주되기도 하는 이 변화의 주요인은 테스토스테론의 감소다.

호주의 연구자들은 나이 든 남성에게서 공통적으로 발견되는 비만과 우울증의 원인이 노화가 아닌 테스토스테론의 감소라는 이론을 제시했다.[16] 원인이 무엇이든 결과는 동일하다. 남성(그리고 여성)들의 테스토스테론 분비량은 나이가 들수록 감소하며, 그에 따라 거의 모든 사람이 성과 곡선의 좌측으로 이동한다. (흥미롭게도 새롭게 아버지나 어머니가 된 사람들에게서도 테스토스테론이 감소하는 현상이 발견된다.[17])

**환경** ___ 성과 곡선에 영향을 주는 요인 중에서 우리가 가장 잘 통제할 수 있는 영역이 바로 환경이다. 끊임없는 출장과 가차 없는 데드라인의 압박이 도사리는 글로벌 비즈니스의 세계에 입문한 많은 컨설턴트가 초기에는 그곳에서 성공을 거두는 것처럼 보이지만 몇 년 후에는 조금 덜 치열한 환경으로 직장을 옮기려 한다. 기업들은 이러한 선호도를 고려해 '제너럴리스트generalist'와 '엑스퍼트expert'를 위한 별도의 코스를 제공한다. 엑스퍼트 코스는 제너럴리스트 코스처럼 숨 가쁘게 흘러가지는 않지만 여전히 최고의 재능을 요구하며, 그런 재능을 보유한 사람들을 유치한다. 엑스퍼트는 제너럴리스트보다 열등하지도, 우등하지도 않다. 그들은 그저 서로 다른 업무 방식을 선호할 뿐이다. 두 가지 선택지를 통해 각자 성공을 더욱 잘 달성할 수 있는 환경을 찾을 수 있다.

**경험** ___ 물론 한 분야에서 몇 년 동안 일한 모든 사람들이 자동적으로 제너럴리스트에서 엑스퍼트 코스로 전향해야 할 필요성을 느끼지는 않는다. 어떤 컨설턴트들은 커리어 내내 전 지구를 누비고 다니더라도 전혀 지치지 않는다. 이들 중 다수는 시간이 흐를수록 업무의 부담감이 감소하는 것을 느끼며, 오히려 지루함을 피하기 위해 도전이 꾸준히 커지기를 바란다.

이것은 우리의 성과에 영향을 주는 또 다른 요인인 '경험' 덕분이다. 당신은 경험이 늘어나고 숙련도가 높아질수록 무의식적인 두뇌에 의존하여 더 많은 업무를 자동적으로 처리할 수 있게 된다(**5장 참조**). 그렇게 되면 업무를 더욱 쉽게 처리할 수 있을 뿐 아니라 스트레스를 유발하는 상황에 더욱 능숙하게 대처할 수 있다.

## 상승과 하락

자기지각self-awareness은 최고의 성과를 달성하는 데 필수적인 요소다. 일정 기간마다, 그리고 새로운 과업이 주어질 때마다 성과 곡선에서 자신의 정확한 위치를 확인하는 작업이 당신의 성공을 좌우할 수 있다. 저명한 신경과학자 울프 싱어Wolf Singer는 "스트레스 저항력과 환경에 따른 대처력의 개인차를 보노라면, 아마 우리 인생에서 가장 중요한 과업은 되도록 이른 시기에 자신의 강약점을 파악하고 강점을 발전시키는 일이라는 생각이 든다"라고 이야기했다.[18] 자신이 최고의 능력을 발휘할 수 있는 상황을 식별할 수 있다면 상황에 맞게 강점을 발휘하고 자신에게 유리하도록 세부사항을 조율해 최고의 성과에 도달할 수 있을 것이다.

## 자신의 체온을 재보라

물론 우리는 늘 자극을 받는 상태를 유지할 수는 없다. 그런 상태는 지속가능하지도 않고, 만약 자극이 지속된다면 오히려 우리를 둔감하게 만들 것이다. 우리가 받는 자극의 정도는 다양한 환경적 요인과 개인의 기질 차이에 따라 하루 종일 상승과 하락을 반복한다. 주간회의에 참석할 때마다 따분함과 스트레스로 괴로운 시간을 보내지만, 1대1 미팅에서는 집중력이 올라가고 특별히 더 활력이 넘치는가? 큰 그림을 그리는 회의와 활발한 의견 교환을 즐기지만, 서류를 들여다보고 세부사항을 꼼꼼히 검수하는 일은 싫어하는가? 이미 살펴보았듯, 일상적인 과제에 대한 당신의 태도라는 측면에서 모든 상황에 적용할 수 있는 단하나의 법칙은 존재하지 않는다. 오늘 당신이 최고의 기량을 발휘하는 순간, 옆자리의 동료는 아주 힘든 시간을 보낼 수 있다.

무엇이 당신을 당황하게 하는가? 또 당신을 차분하게 만드는 것은 무엇인가? 최고의 성과를 더 명확히 이해하고 싶다면 가장 먼저 평범한 일주일 동안 당신이 처리하는 업무와 참가하는 활동의 목록을 만들어보라. 그런 다음 이 일들이 당신에게 어떤 영향을 주는가에 따라 자극 과잉, 자극 미달, 최상의 컨디션으로 분류해보라.

자세한 목록을 만드는 일이 적성에 맞지 않는다면 심리학자들이 자주 사용하는 방법을 시도해보자. 90분 간격으로 스마트폰 알람을 설정해두고 알람이 울릴 때마다 현재 당신의 성과 수준을 간단히 적어보라. 지루하거나, 감흥이 없거나, 무관심한 느낌이 드는가? 그렇다면 해당 시간표에 '낮음'(성과 곡선의 바닥)을 뜻하는 L을 적는다. 중압감이 들거나 스트레스를 많이 받고 있다면 시간표에 '높음'을 뜻하는 H를 적는다. 마지막으로 알람이 울렸을 때 당신이 최고의 성과를 발휘하고 있는 중이었다면(집중력을 흐트러트린 것에 대해 미리 사과한다) '최고의 성과peak performance'를 뜻하는 P를 기입하라.

어떤 방법을 택하든 당신은 일정한 패턴을 확인함으로써 당신의 성과에 영향을 주는 요인을 더 명확히 파악할 수 있을 것이다. 평범한 일주일 동안 당신의 성과능력이 상승하고 하락하는 시점을 더욱 잘 파악할수록 당신은 당신이 필요할 때 자신의 스윗스팟을 때릴 수 있는 통제력을 얻을 것이며, 현재 자신의 직무가 적성에 잘 맞는지를 판단하는 데도 큰 도움이 될 것이다.

## 로케이션, 로케이션, 로케이션

부동산을 선택할 때 가장 중요하게 고려해야 할 사항은 첫째가 로케이션, 둘째도 로케이션, 셋째도 로케이션이다. 성과의 스윗스팟을 찾을 때도 같은 지혜가 필요하다. 로케이션보다 중요한 것은 없다는 이야기다. 우리가 말하는 '로케이션'은 고층빌딩이나 식탁, 요트 갑판 같이 당신이 일하는 장소만을 뜻하는 것이 아니라 업무 환경의 전반적인 분위기를 의미한다.

숙련된 신경과학자가 아니더라도 루이 파스퇴르가 우주인으로서는 꽝이었을 것이라는 사실이나 고든 쿠퍼가 실험실에서 골칫거리였을 것이라는 사실을 유추할 수 있다. 성공을 위해서는 자신의 성과성향에 맞는 환경을 찾는 것이 무엇보다 중요하다. 자극 과잉과 자극 미달 상태가 지속된다면 당신은 환경을 바꾸거나 자신이 처리하는 업무의 성격 또는 일하는 방식을 크게 변화시켜야 한다.

**자신의 성향에 맞는 환경을 찾아라.**

당신이 파스퇴르와 같은 유형이라면 투자은행 같은 일자리는 잘 맞지 않을 것이다. 또한 당신이 고든 쿠퍼 같은 자극추구형이라면 파스퇴르의 실험실처럼 고도로 통제된 환경에서 일을 할 경우 무료함이나 좌절감, 또는 이 두 감정을 동시에 느낄 수도 있다.

그렇다고 직장을 바꾸는 것처럼 극단적인 해결책만 존재하는 것은 아니다. 정확히 무엇이 당신을 자극 과잉이나 미달의 상태에 이르게 하는지 파악하고, 그 상황을 변화시키기 위해 노력해보라. 근무시간대를 바꾸거나 업무 환경을 변화시키는 것, 동료들과 담당 업무를 재분배하는 것 등이 모두 유용할 수 있다. 상사 혹은 동료와 자신의 필요에 대해 이야기하라. 성과 곡선은 이해하기 쉽기 때문에 친구나 동료들과 의논

하기에도 비교적 용이할 것이다. 4장에서 살펴보겠지만, 사소해 보이는 변화도 때때로 아주 큰 차이를 만들어낼 수 있다.

## 좋은 것도 과하면 독이 된다 ──────

당신의 목표는 최고의 성과를 달성하는 것이지만, 일정 시간 이상 성과 곡선의 꼭대기에 지속적으로 머무르는 것은 바람직하지도 유익하지도 않다. 가장 필요할 때 이 카드를 꺼내 써야 한다. 도파민, 노르아드레날린, 아세틸콜린 최적의 조합을 너무 오래 지속시키면 신경체계에 과부화가 걸리고, 신경전달물질의 분비가 대폭 감소해 극도의 피로와 탈진을 느끼게 될 것이다. 첼로 거장 요요마나 숀 화이트 같은 일류 스노보더를 떠올려보라. 그들이 모든 순간 세계 최고의 수준으로 연주와 경기를 하길 기대하는 것은 터무니없다. 그 대신 그들은 가장 중요한 순간에 최상의 기량을 발휘할 수 있도록 사전에 수립한 구체적인 계획에 따라 연습, 휴식, 실전, 회복의 시간을 보낸다.

일 단위, 주 단위, 월 단위의 리듬을 찾아 최적의 에너지 관리를 실현하는 것은 비즈니스 세계에서도 동일하게 중요하다. 당신에게 요구되는 업무는 그 난이도와 강도가 운동선수들이 직면하는 도전에 필적하기 때문이다. 컴퓨터 기술을 활용하여 비즈니스 리더들이 최고의 성과를 달성할 수 있도록 돕는 심리학자이자 뉴로피드백neurofeedback(뇌파를 조절할 수 있도록 시청각적 피드백을 주는 두뇌훈련법_옮긴이) 분야의 전문가 악셀 코왈스키Axel Kowalski는 "고도의 성과 상태에 지속적으로 머무는 것은 해롭다. 결정적인 순간이 도래했을 때 높은 성과를 발휘하는 것이 승리하는 전략이다"라고 말했으며, "비결은 유연성에 있다. 지금 눈앞에 있는 업무에 맞는 최적의 자극 상태로 돌입할 능력을 지닌 리더들만이 자신의 신경학적 자원을 잘 활용한다고 말할 수 있다"[19]라고도 이야기했다.

## 당신의 성과를 완벽하게 만들어라 ————

당신이 적절한 환경을 조성했다고 확신한다면 특정 업무나 상황의 요구에 따라 성과 곡선에서 당신의 위치를 세밀하게 조정하는 강력한 기술을 활용할 수 있다. 그러나 이 작업에 들어가기 전에 당신이 올바른 위치에 있는지 꼭 확인하라! 이것은 성과를 향상시키기 위한 부수적인 조정사항이지, 잘못 처리한 일을 잘된 일로 완전히 바꿔놓는 역할을 하는 것은 아니다. 당신이 균형감각을 더욱 잘 찾고, 자신의 강점에 부합하는 환경을 선택할 수 있는 능력을 갖출수록 이런 자극 조정 기술의 필요성도 줄어들 것이다.

당신의 성과를 완벽하게 만들어라 ————
### 자극 높이기

대부분의 사람들은 시간이 흐를수록 자극이 과잉이나 미달 또는 최적이 되는 상황을 알아차리는 직관력을 얻는다. 그러나 자신의 스트레스 레벨을 측정하는 데 어려움을 겪는다면, 카네기멜론대학교와 오레곤 대학교 출신 심리학자들이 고안한 14개 항목의 스트레스 지각 척도[PSS, Perceived Stress Scale]를 이용해 과학적인 테스트를 진행해볼 수 있다.[20] PSS

테스트나 정신 상태의 진단을 통해 업무 효율성을 위한 자극 수준이 필요량보다 낮다는 사실을 확인했다면 인위적으로 자극 강도를 높이는 여러 방법을 시도해보자.

현재 처리하는 업무와 직접적인 관련이 없더라도, 약간의 두려움을 상상하는 방법으로 노르아드레날린 분비량을 증가시키고 자신을 그래프의 오른쪽으로 이동시킬 수 있다. 우리 동료 중 한 사람은 노르아드레날린의 분비가 특히 더 필요할 때, 마감일이 빠르게 다가오는 상황과 이를 지키지 못했을 때 사람들의 불만족스러운 표정을 상상하곤 한다.

당신이 지루함이나 무력함을 느끼고, 동기부여가 되지 않으며, 단순히 일이 재미없다고 느껴질 때는 도파민이 부족한 것일 수도 있다. 그럴 때는 유머, 긍정적인 사고, 자리 이동, 새로운 접근법 등의 다양한 방식으로 도파민 분비량을 증가시킬 수 있다. 또한 유산소 운동은 따분한 하루의 반가운 손님이 되어줄 도파민을 폭발적으로 늘릴 뿐 아니라 오후의 나른함을 날려버릴 것이다.

## 자극 낮추기

당신이 곧 비상 단추를 눌러야 할 것만 같은 기분이 든다면, 위협에 대한 민감도를 둔화시키고 성과 곡선에서 자신의 위치를 좌측으로 이동시킬 수 있는 효과적인 전략 몇 가지를 시도해보라. 스트레스를 유발하는 경험은 높은 요구사항과 낮은 통제력이라는 죽음의 조합에서 비롯되는 경우가 많다는 사실을 꼭 기억하라. '자동운전 모드'로 처리할 수 있는 일상 활동을 시작하고, 가속 페달에서는 잠시 발을 떼라. 또한 당신이 통제력을 잃었다는 기분이 든다면, 주식시장의 변동보다는 클라이언트를 위한 전체적인 전략 방향 같이 스스로 통제할 수 있는 부분에 집중하라. 마지막으로 운동이라는 만능 솔루션을 통해 당신의 활력은 늘리고 스트레스는 감소시킬 수 있다. 점심시간에 달리기를 하거나 간단히 계단을 오르내리는 것만으로도 혈액 내 유해한 코르티솔의 농도를 감소시킬 수 있다. 이런 방법을 시도할 여건이 안 된다면 루이 파스퇴르가 그랬던 것처럼 사무실 복도를 걷는 간단한 대안도 있다.

루이 파스퇴르가 긴장 속에서 릴의 실험실 밖을 서성였던 순간들은 나중에 모두 결실을 맺었다. 그는 인류와 보건의 발전을 향한 열망으로 전염성 질병의 치료법을 찾으려는 목표를 마음 깊이 세웠고, 연속적인 과학적 돌파구를 통해 자신의 꿈을 이뤄낼 길을 닦았다.[21] 그는 발효작용의 비밀을 풀어내 미생물의 역할을 발견했고, 이것은 다시 전염병을 억제하고 근절하기 위한 노력으로 이어졌다. 이런 과정을 통해 파스퇴르는 결국 치명적 질병을 치료하는 백신을 다수 개발할 수 있게 되었다.

그의 가장 중요한 업적은 미생물에 대한 꼼꼼한 연구를 통해 외과 수술절차에 혁명을 가져온 일일 것이다. 현대 병원 수술실이 무균 상태의 깨끗한 환경을 유지할 수 있게 된 것은 전적으로 루이 파스퇴르의 헌신적이고 끈기 있는 노력 덕분이다.

우주선에 탑승한 고든 쿠퍼는 역사적인 22회의 지구 궤도 비행 중

19번째 궤도에서 전기 시스템이 누전되면서 위기에 봉착했다. 캡슐은 20번째 궤도에서 고도를 잃었고, 마지막 궤도만을 남긴 상황에서는 자동제어 시스템마저 고장을 일으켰다.[22] 쿠퍼는 자신이 인지하기도 전에 그와 동료들이 처음부터 내내 요청해왔던 바로 한 가지를 급작스럽게 손에 넣게 되었다. 그것은 우주선에 대한 전적인 조종 권한이었다. '말이 씨가 된다'는 말처럼, 그의 신분은 갑작스레 승객에서 조종사로 변경되었다.

지상의 엔지니어들이 줄담배를 피우며 긴장을 억눌렀던 이 공포의 순간, 그 누구보다도 우측성향 성과자의 성향이 강했던 고든 쿠퍼는 침착하고 기민했으며 마치 물 만난 물고기라도 된 것 같았다. 작가 톰 울프가 《필사의 도전The Right Stuff》에서 설명했듯, 쿠퍼는 아무 문제가 없는 비행기를 조종하는 것처럼 처음부터 끝까지 태연하게 위기에 대처했다. 분명 순조로운 비행은 아니었지만, 쿠퍼가 완전히 수동으로 조종한 캡슐은 거의 오차 없이 착지하며 미국의 유인 우주 계획 비행에서 가장 정확한 착륙 중 하나라는 기록을 수립했고, 최고의 성과 달성으로 일구어낸 당당한 승리를 보여줬다.[23]

최고의 성과 DNA인 도파민, 노르아드레날린, 아세틸콜린을 기억한다면 당신이 필요한 시간과 장소에 맞춰 스윗스팟을 발견하는 일은 생각보다 어렵지 않을 뿐 아니라 심지어 간단해 보일지도 모른다. 그러나 우리가 경험해보면 꼭 그렇지는 않다. 실패 없이 최고의 성과에 도달하기 위해서는 두 가지 장애물을 극복해야 한다. 두 가지 장애물은

①종종 우리의 명확한 판단력을 흐트러트리는 감정의 기복과 ②마음 속과 외부 환경의 잡다한 것에 쉽게 주의를 돌리려는 본능이다.

최고의 성과를 달성하려면 궁극적으로 당신의 감정을 조절하는 법과 주의력을 집중하는 법을 배워야만 하며, 이에 맞게 우리는 다음 두 장에서 해당 주제를 살펴볼 것이다.

핵심포인트

**모든 것은 자극에 달렸다** __ 최고의 성과를 달성하려면 최적의 정서적 자극(일반적으로 스트레스라 부른다)이 필요하다.

**즐겨라** __ 당신이 즐길 때 뇌는 도파민을 분비한다. 즐기지 않으면서 최고의 성과를 이루는 것은 현실적으로 불가능하다.

**도전하라** __ 최고의 기량을 발휘하는 순간은 당신이 지루해하거나 공황 상태에 빠졌을 때가 아닌, 자신의 능력보다 약간 더 어려운 과제에 직면했다고 느낄 때다. 그럴 때 뇌는 당신이 최고의 능력을 발휘하게 할 적당량의 노르아드레날린을 분비한다.

**중요한 사안에 집중하라** __ 최고의 성과를 성취하는 순간은 절대 당신이 여러 일을 동시에 처리할 때 찾아오지 않는다. 당신이 방해 받지 않으면서 한 가지에만 주의력을 집중시킬 때 최고의 성과를 달성할 수 있다.

**누군가의 약이 누군가에게는 독이 될 수 있다** __ 최고의 성과를 달성하는 과정에서 누군가에게는 활력을 줄 만큼의 자극이 다른 누군가에게는 중압감을 느끼게 할 만큼 큰 스트레스가 될 수도 있다.

**특정 유형의 성과자가 다른 유형보다 우등하거나 열등하지 않다** __ 그저 다를 뿐이다. 최고의 성과 곡선의 좌측과 우측성향 성과자들의 지능이나 성과물에는 뚜렷한 차이가 존재하지 않는다. 그들은 그저 최상의 컨디션에 도달하기 위해 다른 조건을 필요로 할 뿐이다.

**성별과 나이가 당신의 성과에 영향을 미칠 수 있다** __ 일반적으로 여성은 최고의 성과 곡선의 좌측에 위치하는 경향을 보이는 반면 남성은 평균적으로 우측에 더 치우쳐있다. 우리는 모두 나이가 들면서 그래프의 좌측으로 이동하는 경향이 있다.

**당신의 성향에 따라 환경을 바꿔라** __ 당신이 업무에서 지속적으로 자극 과잉 또는 자극 미달의 상황에 처한다면, 당신이 해야 할 가장 중요한 일은 자신의 천성과 업무 환경이 잘 들어맞는지 확인하는 것이다.

**직원들을 위한 최적의 환경을 구축하라** __ 당신이 리더라면 사람들이 자신의 업무 성향에 더 잘 맞는 환경에서 일할 수 있도록 사무실을 바꾸는 시도를 해보라. 모든 이들이 더 수월하게 각자의 최고점에 다다를 수 있도록 유연한 업무 환경을 조성하라.

**극적인 변화가 아닌 세밀한 조정을 목표로 정신 훈련 기술을 활용하라** __ 자극량을 적절하게 조절해 필요에 따라 최상의 컨디션을 얻게 하는 훈련 기법은 당신에게 적합한 환경을 찾은 후에만 활용할 수 있다.

# 2장
# 감정을 조절하라

당신의 감정 온도를 효과적으로 조절하는 방법을 터득하라

지네딘 지단은 프랑스가 배출한 가장 위대한 축구선수일 것이다. 그러나 많은 축구팬은 그를 생각할 때 2006년 월드컵에서 순식간에 발생한 불미스러운 사건을 가장 먼저 떠올릴지도 모른다.

2006년 월드컵 프랑스와 이탈리아의 결승전에서 프랑스에 선제골을 가져다준 선수는 바로 지단이었다. 그가 찬 페널티킥은 크로스바를 맞고 골라인 안에 떨어지면서 득점에 성공했다. 그리고 12분 후, 이탈리아의 거침없는 센터백 마르코 마테라치는 코너킥으로 올라온 공을 솜씨 좋게 헤딩으로 연결해 1대1 동점을 만들어냈다.

다음 90분간 양 팀의 격렬한 플레이가 이어졌지만, 지단과 마테라치는 여전히 추가 득점을 올리지 못한 상황이었다. 잠시 후, 충격적이며 큰 논란을 불러온 사건이 발생했다. 연장전의 3분의 2를 지나는 시점, 두 선수는 나란히 달리다가 잠시 멈췄고 마테라치는 지단의 유니폼을 잡아당겼다. 처음에 지단은 다른 쪽으로 이동하는 듯 했으나, 갑자기 멈춰 서서 마테라치를 마주본 뒤 헤딩하듯 전력으로 마테라치의 가슴팍을 들이받아 쓰러뜨렸다.

전 세계 축구팬들은 눈으로 본 광경을 믿을 수 없었다. 그 사건을 직접 목격한 심판이 있었는지는 정확히 확인되지 않았지만, 불명예스럽고도 스포츠맨 정신에 위배된 지단의 행동에 대해 심판진은 다른 선택의 여지가 없다고 판단했다. 지네딘 지단은 레드카드를 받고 경기에서 퇴장 당했다.

주장이자 가장 노련한 선수인 지단을 잃은 프랑스는 승부차기 끝에 패배했고, 2006년 월드컵은 이탈리아가 차지했다. 축구 경기의 결과는 아주 복잡한 요인과 운의 조합에 따라 결정된다고 하지만, 한 사람이 몇 초 동안 감정조절에 실패함으로써 월드컵 우승을 좌절시켰다는 일각의 주장에는 신빙성이 있다.

## 우리의 원시적인 네트워크

지단의 박치기처럼 폭력적이거나 국제적으로 악명 높지는 않겠지만, 당신 역시 직장에서 강력한 감정의 폭발을 목격한 적이 있을 것이다. 누가 알겠는가? 당신이 바로 그 주인공이었을지도 모른다. 만약 그랬다면 당신은 냉정을 되찾은 뒤 분명 후회했을 것이다. 감정조절의 끈을 놓쳐본 사람들은 '대체 내가 무슨 생각을 했던 거지?!'라고 스스로에게 질문하곤 한다.

물론 이것은 수사적 질문이지만, 여기에 대해 신경과학적으로 답변을 제공할 수 있다. 사실 당신은 아무런 생각을 하지 않았다. 정확히 말하면, 생각이 아니라 반응을 했던 것이다.

우리 뇌의 이성적이고 지각력 있는 영역이 더욱 강력하고 원시적인 무의식의 영역에 의해 장악되면 감정의 폭발이 일어난다. 인간의 가장 본능적인 반응의 원천이자 끊임없는 주도권 싸움의 배경인 전전두피질과 변연계 사이에 작은 충돌이 일어난 것이다. 인간은 놀라울 만큼 다양한 감정을 표현할 수 있다. 그러나 우리가 느끼는 모든 감정의 대부분은 아주 기본적이고 원시적인 두뇌 네트워크인 위협회로와 보상회로 두 곳에서 비롯된다.

## 위협회로: 살아남기

골프 퍼팅에서부터 소득세 신고서를 판독하는 일까지, 우리 뇌의 능력과 기술은 아주 다양한 범위를 망라한다. 그러나 두뇌의 최우선 목표가 당신의 생존이라는 점에는 의심의 여지가 없다. 그러므로 당신을 위험에 빠뜨릴 수 있는 아주 사소한 낌새에도 뇌가 과민하게 반응하는 것은 이해할만한 일이다. 뇌는 언제라도 방아쇠를 당길 준비가 된 보디가드처럼 총을 먼저 발사한 다음에야 질문을 할 것이다.

원시인들을 위협했던 여러 요소 중 대부분은 이제 그 위력을 잃었지만, 이에 대처하도록 설계된 소프트웨어는 여전히 작동하고 있다. 과거에 형성된 생존본능이 새로운 것으로 대체되는 대신, 오늘날의 두뇌는 원시시대의 사고체계 위에 구축됐다. 또한 원시시대에 형성된 두뇌체계가 워낙 견고하고 강력하기 때문에 우리가 위기를 만났을 때 가장 먼저 반응하는 영역도 바로 이곳이다. 이 말은 대학을 졸업하고 옷을 잘 차려입은 회의실 안의 정중한 직원도 어떤 순간에는 곰 가죽을 걸치고 몽둥이를 휘두르는 야만인으로 돌변할 수 있다는 뜻이다.

검치호랑이가 멸종해버린 이 시대를 사는 우리는 더 안전한 환경에 있다고 착각할 수도 있겠지만, 스트레스 반응을 유발하는 상황은 오히려 늘어났다. 1시간 안에 제품 콘셉트를 완성하라는 상사의 급작스런 메시지, 제안서가 완전히 불만족스럽다고 항의하는 고객, '요긴한 정보'랍시고 자신은 다음 달에 승진을 하지만 당신은 승진하지 못한다는 소식을 전하는 동료, 고객 방문까지 겨우 이틀이 남았다고 알려오는 일정 알람을 떠올려보라. 상황이 더는 나빠질 수 없다고 생각하는 순간, 학교에서 전화가 걸려와 당신의 열 살 난 자녀가 아파서 조퇴를 해야 한다는 내용을 통보한다.

인간은 무언가가 자신의 생존을 위협한다고 느낄 때 무의식적으로 재빨리 반응한다. 갑자기 차선을 침범하는 자동차든, 자신의 업무능력에 의구심을 표현하는 동료든, 뇌가 대처하는 방식은 유사하다. 그것을 우리 존재에 대한 도전으로 인식하는 것이다.

운전하는 경우를 떠올린다면, 우리가 극도로 민감한 경고체계를 갖췄다는 사실에 감사할 것이다. 당신은 사고를 피하기 위해 급히 브레이크를 밟거나 핸들을 꺾을 것이며, 이 무의식적인 반응이 너무 빨리 일어난 탓에 의식 영역은 반응이 이미 일어났을 때까지도 당신이 무슨 행동을 하려 했는지 알아채지 못했을 것이다. 심박이 빨라지고, 감각이 예민해지며, 장기적 인지기능은 잠시 작동을 멈추는 대신, 집중력이 극도로 상승한다. 우리는 일단 재난을 피하고 나서 가슴이 뛰거나 손에 땀이 찼다는 사실로 재난이 있었다는 사실을 깨닫는다.

다가오는 차량을 즉시 피할 수 있는 능력은 우리의 목숨과 직결된다. 이와 반대로, 현대사회에서 우리가 사회적 모욕을 당했을 때 우리 몸에 나타나는 반응이 목숨을 구하는 일은 거의 없다. 자동차를 피할 때처럼 반응이 빨리 일어나지 않아서 그런 것은 아니다. 동료가 월간 보고서의 오류를 예리하게 지적하는 행동이 당신의 생존을 위협하지는 않는 단순한 이유 때문이다. 집행기능을 담당하는 두뇌 영역은 동료의 모욕과 돌진하는 차량이 당신의 생존에 미치는 영향에는 차이가 있다는 사실을 뒤늦게 깨닫지만, 그때는 이미 위협회로가 발동해 동일한 반응을 일으킨 후다.

결국 상당히 유사한 결과가 나타난다. 심박이 빨라지고, 손에 땀이 차며, 경계심이 높아지는 동안, 이성의 영역은 잠시 기능을 멈춘다. 소위 문명인에게 이것은 확실히 위태로운 순간이다. 두뇌 위협회로의 다른 이름은 '투쟁-도피 반응'이라는 사실을 기억하라. 당신이 도전을 만났을 때 본능은 싸우라고 충동하지만, 당신이 킥복싱이나 레슬링선수가 아닌 이상 이것은 문명사회에서 용인될 수 없는 행동이다. 우리의 집행기능이 호루라기를 부는 심판처럼 재빨리 간섭하지 않는다면 우리는 지네딘 지단처럼 정말 후회할 행동을 저지를 수도 있다. 그러나 우리가 어떤 방식으로든 본능적인 감정 반응을 억제하려고 시도한다면, 그 결과는 겉으로 보이진 않더라도 똑같이 해로울 뿐 아니라 장기적으로 우리 건강에 더 큰 위험요소가 될 수도 있다.

대부분의 경우, 우리 몸은 보상을 추구하는 것보다 우리를 위협으로부터 보호하는 일을 더 우선시한다. 잘 생각해보면 이것은 진화론적인 관점에서 이치에 맞는 일이다. 보상을 추구하는 일은 유익하고 기쁨을 주지만, 우리의 생존을 결정하는 것은 위협에 대처하는 능력이다. 어떤 사람들은 스트레스가 그저 나쁜 것이라고 생각하겠지만, 부정할 수 없는 사실이 하나 있다. 우리 조상들이 위험한 상황에 처했을 때 어김없이 나타나는 위협 반응이 없었다면 우리는 오늘날 살아남지 못했을 것이다.

위협회로: 살아남기 ————
## "드디어 적을 만났는데, 그 적은 바로 우리였다"

만화가 월트 켈리의 〈포고Pogo〉에 등장했던 이 유명한 대사는, 그가 생각했던 것보다도 훨씬 더 많은 진실을 포함하고 있다. 인류 역사에서 독을 품은 식물과 포식자 동물이 우리를 늘 위협해온 것은 사실이지만, 진화적 관점에서 인간의 가장 큰 적은 다름 아닌 인간이었다. 우리가 평소에 느끼는 것과 달리, 인간의 무의식은 외부인으로 판단하는 모든 사람들을 향해 불신의 태도로 반응하도록 설계되어있다.

그 이유에 대한 설명은 인류의 시초로 거슬러 올라간다. 사실 비교적 최근까지도 인간은 통상적으로 50명 또는 그 이하의 인원으로 구성된 작은 무리 속에서 삶을 영위했다. 세상은 위험하고 험난했으며, 인간은 자신이 속한 부족 내에서 양질의 관계를 유지해야만 생존을 보장받을 수 있었다.

지금도 그렇지만, 모든 사람이 늘 사이좋게 지내는 것은 아니었다. 특정 부족원에게 미움을 받는 것은 잠재적으로 당신의 생명을 위협에 빠뜨릴 수도 있는 일이었다. 다른 부족의 침략으로 당신이 적에게 둘러싸였을 때, 부족원이 당신을 돕는 대신 배신하는 것을 선택할 수도 있다. 아니면 그가 단순히 자신의 목숨을 구하기에 바빠서 당신을 적군의 손에 남겨두고 도망갈 수도 있다. 그러나 또 한편으로는 부족원이 당신에게 품었던 앙심을 버리고 함께 힘을 합쳐 적을 물리칠 수도 있다.

그는 어떤 길을 선택할 것인가? 우리 조상들은 이런 종류의 딜레마에 자주 직면했다. 정확한 답을 예측하기는 어려웠지만, 목숨이 달린 순간에 옳은 결정을 내리기 위해 꼭 알아야 하는 사실이었다. 자신의 생존을 보장받기 위해서는 곁에 있는 사람의 아주 미세한 신호까지 읽어내 그를 신뢰할 수 있을지 판별하는 능력이 꼭 필요했다.

현대의 갈등이 조금 더 문명화되고 복잡해졌을 수 있겠지만, 인류는 주변인들로부터 오는 작은 잠재위협에도 아주 민감하게 반응하는 프로그램을 그대로 유지시켜왔다. 우리의 의구심은 전쟁터에서만 국한되지 않는다. 따라서 당신이 아내에게 사랑한다는 말을 한 번 했다고 해서 다음 20년 동안은 그 말을 하지 않아도 좋은 관계를 유지할 수 있다고 생각한다면 그것은 크나큰 착각이다. 특히나 그 20년 동안 당신이 중요한 기념일을 잊었거나, 의미 있는 기념품을 실수로 버렸거나, "이 옷 입으면 뚱뚱해 보여?"라는 질문에 정직하게 대답하는 전형적인 실수를 범했다면 더욱 그럴 것이다.

보상보다 위협을 우선시하는 경향은 스트레스와 짜증을 유발하는 것 이상으로 장기적인 관계에 해를 끼칠 수 있다. 실제로 워싱턴대학교 심리학자 존 가트맨의 주장에 따르면 15분 동안 부부 사이의 대화를 분석하는 간단한 실험을 통해 결혼생활의 성패를 83퍼센트의 정확도로 예측할 수 있다고 한다. 가트맨은 자신의 연구에서 부부간에 부정적 감정이나 상호작용이 한 번 오갈 때마다 긍정적 감정이나 상호작용이 다섯 번은 오가야 관계에 미치는 악영향을 상쇄할 수 있다는 사실을 밝혔다. 그는 이 5대1의 '마법의 비율'을 지켜야만 성공적인 결혼생활을 보장할 수 있다고 말한다.

당연하게도, 결혼한 커플뿐만 아니라 우리 모두가 위협회로와 보상회로를 지니고 있다. 위협에 더 무게를 싣는 우리는, 상사가 당신의 업무에 대해 진심어린 칭찬을 할지라도 '개선이 필요한' 영역에 대해 무심코 한마디를 하는 순간 그 기쁨을 잃는다. 보상은 강력한 효과를 일으키지만 그 효과는 오래가지 않는 반면, 우리는 절대 위협을 잊지 않는다.

위협회로: 살아남기 ───────

## 스트레스가 내 뇌를 먹어버렸어요

앞서 밝힌 대로 우리 뇌의 상당 부분은 먼 과거에 형성됐다. 우리는 그 이후로도 진화했지만 우리의 스트레스 반응 도구는 그러지 않았다. 인류의 역사를 통틀어 우리가 버스를 잡으려고 달린 시간보다 위험을 피하기 위해 달린 시간이 훨씬 더 길기 때문이다.

오늘날 스트레스는 더 이상 원래 설계된 목적대로 당신을 위험으로부터 보호하지 않는다. 오히려 스트레스가 당신을 위험에 빠뜨릴 가능성이 더 높다. 비영리단체인 미국 스트레스연구소<sup>American Institute of Stress</sup>가 제공한 자료에 따르면 사람들이 의사를 찾는 원인 중 75~95퍼센트가 스트레스와 관련 있다고 한다. 우리의 위협 반응은 급작스러운 진짜 위협으로부터 우리의 목숨을 구해줄 수 있다. 그러나 이 투쟁-도피 반응은 만성이 아닌 급성으로 발현되도록 설계되었다.

우리 몸이 끊임없이 경고를 받게 되면 건강과 인지능력에 악영향을 끼치는 생리적·신경학적 상태인 '알로스타틱 부하<sup>allostatic load</sup>'가 일어난다. 이 상태에서는 작업기억 용량이 즉각적으로 감소될 뿐 아니라, 더 나쁘게는 장시간 동안 혈액 내 스트레스 호르몬인 코르티솔 농도를 증가시켜 장기기억과 새로운 정보 흡수에 필수적인 역할을 하는 해마를 축소시킨다. 스트레스는 혈류에 코르티솔의 분비를 폭주하게 만드는 동시에 두뇌 신경전달물질인 세로토닌의 분비를 감소시켜 우울감과 피로감을 야기한다.

스트레스는 당신의 해마를 먹고살 뿐 아니라 자기 자신을 먹기도 한다. 우리가 스트레스를 더 많이 느낄수록 우리의 불안감도 증가한다. 이에 따라 두뇌에서 투쟁-도피 반응이 일어나는 영역인 편도체가 과잉 활성화된다. 만성적으로 스트레스를 받는 사람들이 실제이든 상상이든 모든 잠재 스트레스요인에 극도로 민감하게 반응하는 이유

**우리 뇌의 먼 과거에 형성됐다.**

가 바로 이것이다. 이렇게 되면 상황을 더욱 악화시키는 반응의 악순환이 시작될 수 있다. 이를테면 우리는 업무를 완료하지 못했을 때 부담감을 느끼고 일을 조금 더 하기 위해 운동을 하루 쉰다. 집에 와서는 텔레비전 앞에 좀비처럼 앉아, 와인 한 잔이나 맥주 한 병을 들고, 다시는 먹지 않으리라 다짐했던 기름진 간식을 곁들인 후, 늦게 잠자리에 들어 밤새도록 뒤척이며, 다음 날 같은 과정을 모두 반복한다. 요약하면, 스트레스를 가장 잘 느끼는 사람들은 이미 스트레스를 받고 있는 사람들이다.

## 보상회로: 기분이 좋은걸? ───────

다행히 투쟁-도피 반응 이외에도 우리가 예전 버전의 두뇌로부터 물려받은 원시체계가 존재한다. 두 번째 회로망인 보상 반응은 위협기제만큼은 아니더라도 역시 아주 중요한 역할을 담당한다. 보상회로의 궁극적 목적은 위협회로와 마찬가지로 당신의 생존이지만, 이를 달성하는 방식은 약간 더 우회적이다. 두려움에 따라 작동되는 투쟁-도피 반응과 달리 보상 반응은 만족감과 깊이 관련되어있다. 음식을 먹고, 짝을 찾으며, 적정 거리를 유지하면서 타인과 잘 어울리려는 충동은 모두 이 반응에 의해 만들어지는 것이다.

　우리가 이런 충동을 만족시켰을 때 기분이 좋은 이유는 이를 통해 자손의 안전과 생존을 도울 수 있기 때문이다. 보상회로는 사랑, 욕망, 행복, 충성, 공감, 신뢰 같은 감정의 원동력이다. 뇌가 보상 모드에 있을 때는 최고의 성과 달성에 꼭 필요한 자극 추구 신경전달물질인 도파민이 분비되어 긍정적인 기분을 느끼게 한다. 또한 약물섭취에 반응을 일으키기는 것도 보상회로인데, 약물과 동일한 양의 도파민을 분비하게 만들기 위해서는 시간이 흐를수록 더 많은 양의 긍정적 경험이 필요하다. 사람들이 보통 작년에 받은 보너스보다 올해 더 많은 보너스를 받길 원하는 이유가 여기에 있다. 상사가 이것을 이해할 수 있다면 얼마나 좋을까!

## 전쟁 중인 두뇌

어떤 면에서 뇌의 역사는 뇌의 전쟁사라고 할 수 있다. 두뇌의 가장 오래된 부위인 뇌간은 독자적으로 작동하며, 대체로 신뢰할 수 있는 생명유지체계다. 반면 비교적 최근에 형성된 부위인 중뇌와 대뇌피질은 종종 불화를 일으킨다. 감정조절의 핵심이 바로 이 관계의 역학에 있다.

우리의 과제는 원시적인 두뇌가 당신을 곤란에 빠뜨리기 전에 뇌의 더 이성적인 체계가 개입할 여지를 마련하는 것이다. 문제의 상황은 보통 다음의 두 가지 전형적인 형태 중 하나로 발생한다.

1) 모든 사람의 이목을 끄는 감정의 폭발
2) 뇌의 성난 부위가 돌이킬 수 없는 문제를 일으키기 전에 대뇌피질이 개입해 이를 진정시켰을 때 나오는 미묘하고 억제된 반응

2번 접근법이 문명인에게 더 잘 어울리는 태도처럼 보이지만, 역설적이게도 이것은 당신의 신체와 뇌에 장기적인 해를 끼칠 가능성이 더 높다. 2번 반응은 당신이 동료들 앞에서 망신을 당하거나 폭력 혐의로 체포되는 일(아니면 그보다 더한 일)을 방지할 수는 있어도, 당신의 혈압을 위험 수준으로 상승시키고, 이성적 판단과 기억을 담당하는 중요한 두뇌 영역을 축소시키며, 면역체계를 위험에 빠트리고, 만성 치아 질환부터 생명을 위협하는 심장병에 이르는 다양한 질병에 당신을 노출시킬 수 있다.

그렇다면 이렇게 자신을 고의로 위험에 빠트리는 이유가 무엇일까? 간단히 대답하자면, 최소한 우리도 의식적으로는 그러기를 원치 않는다. 사실 문제는 바로 여기에 있다. 우리가 의도적으로 행동을 바꾸려 하지 않는 이상, 스스로를 파멸시키는 두뇌 반응은 대체로 우리의 의식적 인지제어 영역 밖에서 일어나기 마련이다. 감정조절의 핵심 포인트는 더 약하지만 고차원의 의식 영역이 더 강하지만 원시적인 무의식 영역을 제압할 수 있는 방법을 가르침으로써 두뇌를 훈련시키고 스트레스 대처능력을 강화해 자신을 보호할 수 있게 만드는 것이다.

## 자신을 보호하라 ──────

균형적인 생활환경을 조성하는 방법을 통해 감정 불균형에 대한 저항력을 강화할 수 있다. 우리가 오랜 기간에 걸쳐 검증된 방법인 운동, 건강한 식단, 충분한 수면을 추천하면 고루하게 들릴 수도 있겠지만, 이 방법들이 끊임없이 언급되는 데는 타당한 이유가 있다. 정말 효과가 있기 때문이다. 앞서 말한 삼인조보다 더욱 효과적으로 스트레스 회복력을 키울 수 있는 것은 아마 없을 것이다. 또한 운동을 할 때 자연으로 나갈 수 있다면 더 긍정적인 영향을 얻을 것이다.

## 하룻밤 푹 잘 것

그 누구보다 똑똑했던 전설의 물리학자 알베르트 아인슈타인은 하루에 10시간씩 수면을 취했다고 한다. 충분한 수면이 회복효과가 있다는 사실은 천재가 아니더라도 짐작하기 어렵지 않다. 또한 최근 연구에 따르면 수면은 감정조절에도 주요한 역할을 한다고 한다.[1] 그러나 안타깝게도 미국 근로자의 약 30퍼센트는 매일 6시간 이하의 수면을 취한다고 한다. 너무 많은 기업의 임원들이 수면부족을 마치 명예훈장인 양 자랑하는 현실이 문제를 악화시키고 있다. 또한 강인한 사나이는 최소한의 수면만으로 하루를 버틸 수 있다는 의미에서, 잠을 적게 자는 것이 마초적인 특성으로 간주되는 경우도 적지 않다.[2]

### 당신의 원시성을 깨우기

캘리포니아대학교 버클리캠퍼스 수면및뇌영상연구소 Sleep and Neuroimaging Laboratory 소장 매튜 워커Matthew Walker는 '수면부족이 감정조절에 어떤 해를 끼치며, 어떻게 뇌의 진화적 발전을 퇴화시키는가?'라는 질문에 흥미를 느꼈다. "우리가 잠을 자지 않으면 뇌는 더 원시적인 활동

패턴으로 되돌아가는 것 같습니다. 두뇌는 더 이상 당시의 상황적 맥락과 정서적 경험을 연결 짓지 못하고, 그에 적합한 절제된 반응을 만들지 못하거든요."[3]

당신이 계속 잠을 자지 못했을 때, 투쟁-도피 반응이 일어나는 뇌의 편도체는 마치 기어를 고속으로 바꿨다는 듯이 우리의 신중하고 논리적인 사고를 방해하기 시작한다. 그와 동시에 우리를 진정시키는 신경전달물질의 분비를 감소시킨다.[4] 수면이 부족한 우리는 더 쉽게 분노하며 조급해할 뿐만 아니라 심한 감정기복을 경험한다. 또한 이것은 우리가 부정적인 상황에서 더욱 과민하게 반응하거나 중립적인 상황을 부정적인 상황으로 인식하게 만들 수 있다.

수면부족은 당신의 내적 감정조절을 방해하는 것 이상의 부정적 효과를 불러온다. UC버클리 연구에서는 수면이 부족할 때 우리가 다른 사람의 얼굴에서 감정을 읽어내는 능력 또한 저하된다는 사실이 확인되었다. 이 문제는 특히 여성들에게서 더욱 뚜렷하게 관찰되었다.[5] 또한 수면부족은 우리의 의사결정을 방해하고, 생산성을 감소시키며, 가장 무시무시하게는 심혈관 및 위장 문제의 위험을 증가시킨다.[6]

자신을 보호하라 ── **하룻밤 푹 잘 것**
## 우리는 모두 가끔씩 미친다

충분한 수면을 취하지 않고 생활하려는 것은 말도 안 되는 생각이다. UC버클리의 워커 소장에 따르면 "수면이 부족한 상태에서는 정신질환 환자의 두뇌에서 발견되는 뇌의 병리학적 패턴이 건강한 사람의 두뇌에서도 나타날 수 있다"고 한다.[7] 그렇다면 이러한 정신질환 병리학적 패턴은 무엇을 수반하는가? 최근 연구에 따르면 수면이 불충분하거나 수면에 방해를 받는 사람들은 우울증에 더 취약할 뿐 아니라 사살 위험도 더 높아진다고 한다.[8]

수면부족이 우리의 정신건강에 미치는 영향은 정확히 어느 정도일까? 워커 소장은 "수면부족을 겪은 피실험자들의 두뇌 감정중추는 정상적으로 수면을 취한 피실험자들의 감정중추보다 60퍼센트 이상 반응도가 높았다"라고 이야기했다.[9] 이것은 아주 상당한 차이지만, 우리가 완전히 통제할 수 있는 영역이기도 하다.

자신을 보호하라 ── 하룻밤 푹 잘 것

## 수면의 이익

물론 잠이 재난을 막는 기능만 하는 것은 아니다. 수면부족은 당신이 평정을 유지하는 능력을 저하시키지만, 충분한 수면은 우리가 삶에서 필연적으로 만나는 스트레스와 악재를 견뎌내는 데 도움을 줄 놀라운 일들을 일으킬 수 있다.

많은 사람이 과거 힘들었던 순간을 되새기며 현재의 소중한 시간을 허비한다. 사회적 모욕, 직장에서의 갈등, 부담감을 주는 과제를 단순히 떠올리는 것만으로도 당신의 위협 반응이 다시 활성화될 수 있다. 그런데 다행스럽게도 적절한 수면이 스트레스의 독성을 상당 부분 제거하는 것으로 확인되었다. 뇌는 렘수면 단계라는 아주 중요한 수면주기에서 최근의 사건을 처리하면서 스트레스 관련 신경전달물질인 노르아드레날린을 제거한 다음, 그것들을 장기기억으로 저장한다. 이 말은 특정 사건이 발생한 이후부터 우리를 죽 따라다니던 감정의 수화물을 되찾지 않고도 예전의 일을 떠올릴 수 있게 된다는 의미다.[10]

점점 더 많은 기업이 충분한 휴식을 취한 근로자들의 적응력과 생산성이 더 뛰어나다는 사실을 깨닫고 있다. 실제로 구글, 나이키, 타임워너, 허핑턴포스트 같은 유명 기업들은 직원들이 밤에 충분한 수면을 취할 수 있도록 격려할 뿐 아니라 업무시간 동안의 낮잠을 허락하는 것을 넘어서 권장하고 있다. 나이키나 티센크루프를 포함한 많은 기업은 직원들이 낮잠을 자거나 명상을 할 수 있는 조용한 방을 만들어두었다.[11]

별로 놀랄 일은 아니겠지만, 구글은 그보다 더 혁신적인 접근법을 취했다. 이들은 캠퍼스 전역에 '넵팟nap-pod'이라는 특별한 장치를 설치했는데, 넵팟은 큰 탁구공에 의자를 붙여놓은 모양의 휴식 공간으로, 잠을 보충하고 싶거나 단순히 휴식이 필요한 직원들이 심신을 진정시키는 소리를 들으며 방해 없이 쉴 수 있다.[12]

**적절한 수면이 스트레스의 독성을 상당 부분 제거하는 것으로 확인되었다.**

물론 잠은 여러 가지 요인으로부터 영향을 받는다. 규칙적인 강렬한 운동은 수면의 질을 개선시키며, 불충분한 영양섭취 때문에 수면이 방해될 수도 있다. 실제로 비만은 수면 무호흡증의 확산에 기여하는 주요인이다.[13]

## 운동의 장점

수많은 연구에서 확인되었듯이, 규칙적으로 운동요법을 실행하는 사람들은 하루 종일 소파에서 TV만 보는 사람들보다 인지 테스트에서 더 좋은 성적을 거둔다. 그들은 장기기억, 추론, 집중, 문제해결, 유동성 지능 과제(빠른 추론능력을 요함), 추상적 사고, 새로운 문제를 해결하기 위해 이미 학습한 내용을 토대로 임기응변하는 능력 부문에서 더 높은 점수를 받았다.[14]

간단히 요약하면, 규칙적으로 운동하는 사람들은 그렇지 않은 사람들보다 뇌를 더욱 잘 통제한다. 당신의 목표가 성공적인 감정조절이라면, 당신에게 필요한 것은 바로 통제력이다. 사실 운동의 효과는 너무나도 뛰어나기 때문에 만일 이것을 병에 담는다면 기적의 특효약이 될 것이다. 다음은 운동의 이점을 증명하는 사례다.

- 신체 레저 활동은 치매 위험을 절반으로 줄인다. 특히 유산소 운동이 효과적이다.[15]
- 매일 20분씩 산책을 하면 뇌졸중 위험이 57퍼센트나 줄어든다.[16]
- 운동은 정신건강의 유지와 관련이 깊은 세로토닌, 도파민, 노르아드레날린의 분비를 조절한다.[17] 또한 운동이 우울증과 불안증에 모두 영향을 미친다는 사실이 입증되었다.[18] 〈내과학회지 Archives of Internal Medicine〉에 게재된 연구에서 우울증을 앓는 남성과 여성을 세 그룹으로 나눴다. 한 그룹은 유산소 운동 프로그램에 참여했고, 다른 한 그룹은 널리 쓰이는 항우울제

를 복용했으며, 마지막 그룹은 두 가지를 모두 했다. 4개월 후, 세 그룹 모두에서 우울증이 사라졌다.[19]

- 운동은 기억력을 향상시킬 수 있다. 운동을 하면 기억의 형성을 담당하는 해마의 중요 부위인 치상회에 혈액량이 증가한다.[20]

운동은 장기적으로 우리 몸을 보호하고 건강을 증진시켜줄 뿐 아니라 스트레스의 악영향을 줄일 수 있는 단기 해결책을 제공한다. 스트레스 호르몬인 코르티솔을 혈액에서 제거하는 데 운동보다 효과적인 천연요법은 없다. 잠깐의 달리기, 활기찬 걸음, 도전적인 테니스 게임 등, 당신을 일으켜 움직이게 하는 거의 모든 활동을 통해 하루 동안 누적된 스트레스를 깨끗이 없애버리고 상쾌한 기분으로 남은 하루를 보내거나, 기분 좋게 편안한 상태에서 한가로운 저녁시간을 보낸 후 양질의 수면을 취할 수 있을 것이다.

자신을 보호하라 ─── 운동의 장점
## 밖으로 나가라

운동 자체만으로도 우리 몸을 스트레스로부터 충분히 보호할 수 있지만, 야외에서 하는 운동은 효과가 더욱 좋다. 어떤 종류든 상관없이 자연에 노출되는 것에는 치유효과가 있다. 다수의 연구를 통해 자연에서 시간을 보내는 행위가 감정조절능력을 향상시키고 강력한 스트레스 해독작용을 한다는 사실이 확인되었다.

워싱턴대학교 소속의 피터 칸Peter Kahn 박사는 학생을 세 그룹으로 나누고 그들의 심박수를 측정하는 실험을 진행했다. 첫 번째 그룹은 창문이 없는 실내에서 난이도가 있는 과제를 수행했으며, 두 번째 그룹은 창문을 통해 분수의 경관을 볼 수 있는 실내에서 같은 과제를 수행했다. 마지막으로 세 번째 그룹은 화면을 통해 분수의 실시간 이미지를 보면서 과제를 수행했다. 그 결과 창문을 통해 자연경관을 본 그룹의 맥박수가 가장 크게 떨어졌으며, 벽을 바라본 학생들과 화면을 통해 자연경관을 본 학생들의 맥박수에는 큰 차이가 없었다.[21]

이 연구뿐만 아니라 그 이전과 이후에 행해진 다른 연구를 봐도 우리의 감정을 누그러트리는 자연의 유익한 효과는 분명히 확인된다. 주의력 집중(3장 참조) 분야의 저명한 전문가인 오레건대학교 소속 마이클 포스너Michael Posner 명예교수는 공원을 산책하는 것이 당신의 스트레스 대처에 "기적적인 효과를 일으킬 수 있다"라고 〈월스트리트저널〉 기사에서 언급했다.[22]

물론 도시에 사는 사람들은 매일 녹지를 방문하기가 쉽지 않을 것이다. 그러나 걱정할 것은 없다. 미시간대학교의 마크 버먼Marc Berman은 조용한 실내에서 자연의 경관을 담은 사진을 감상하는 것이 시끄러운 도시의 거리를 걷는 것보다 더 유익하다는 사실을 발견했다. 한편 거리가 상대적으로 고요하고 조경이 잘되어있는 경우에는 도심을 벗어나는 것만큼의 효과를 기대할 수 있다고 한다.[23] 그는 〈월스트리트저널〉에서 "조용한 도시의 거리에서 화분과 같이 흥미로운 자연물을 감상하며 걷는 것도 도움이 될 수 있다"라고 이야기했다.[24]

사소한 차이점은 있겠지만, 대부분의 연구는 모두 기본적으로 동일한 결론에 도달했다. 스트레스 감소라는 측면에서 녹색은 우리에게 유익하다.

자신을 보호하라 ————
## 음식과 스트레스

대부분의 사람들은 운동이 스트레스 감소에 효과적이라는 사실을 잘 알고 있다. 그러나 건강을 위해 부지런히 체육관을 드나드는 기업 임원들 중에는 양호한 영양 상태 역시 감정조절능력에 큰 영향을 주는 중요 요인이라는 사실을 간과하는 사람들도 적지 않다.

미슐랭 스타 셰프이자 독일 국가대표 축구팀의 공식 셰프이기도 한 홀거 스트롬베르크Holger Stromberg는 음식과 스트레스의 보호관계를 알리기 위해 열정적으로 힘쓰고 있는 인물이다. 최근 뮌헨에서 그를 만났을 때, 스트롬베르크는 적절한 식이요법을 통해 경기에서 선수들의 체력적 필요를 충족시킬 뿐 아니라 선수와 임원들이 최상의 정신력을 유지하도록 도울 수 있다고 단언했다.

스트롬베르크는 영양 상태가 개선된 사람들의 정신건강이 눈에 띄게 호전되는 것을 직접 목격했다고 이야기했다. 어떤 기준으로 판단할 수 있었을까? 그는 고객들의 외모를 관찰했다고 한다. 스트레스의 대가를 눈으로 확인할 수 있을 때도 있다. 노련한 관찰자들은 머리카락, 피부, 눈빛의 변화를 통해 영양의 부족이나 불균형 상태를 분명히 판단할 수 있다.

스트롬베르그가 하는 일에는 일류 운동선수들에게 영양가 있고 맛있는 식사를 제공하는 것뿐 아니라 자신의 전문성을 활용해 일류 비즈니스 리더들의 전반적 건강 상태를 개선하고 그들의 스트레스를 감소시키는 일도 포함된다. "저는 리더들에게 개별적으로 조언을 해줬어요. 몇 달이 지나자 그들 스스로만 변화를 느낀 것이 아니라 주변 사람들도 변화를 눈으로 볼 수 있었지요."[25]

우리는 두뇌를 근거로 하는 성과향상전략 세미나를 개최할 때, 보통 프로그램의 일부로 전문 영양사를 초빙한다. 우리는 그들과 협력해 참석자들의 이성적·감성적 웰빙 강화를 위해 특별히 고안한 '브레인푸드'를 제공하며, 세미나에 참석했던 많은 기업의 임원들은 이 새로운 식단을 자신의 일상생활에 적용시킨다. 이들 중 다수는 건강에 좋은 음식이 이렇게 맛있으면서도 조리하기 쉽다는 사실과, 가장 중요하게는 이음식이 가진 긍정적 영향력이 얼마나 큰지에 놀랍다는 반응을 보인다.

우리가 제공하는 음식은 어떤 것들일까? 아쉽지만 이 책에서 구체적인 메뉴를 모두 소개하기는 어렵다. (다음에 이 주제를 가지고 책을 출간할 수는 있겠지만 말이다!) 그러나 불청객과 같이 찾아오는 감정의 기복으로부터 우리를 보호해줄 영양 식단에서 한 가지 기억해야 할 핵심이 있다. 이 식단은 우리가 필요할 때면 언제든지 두뇌가 제 기능을 발휘할 수 있도록 충분한 연료를 공급할 수 있어야 한다.

영양이 풍부한 채소와 과일, 약간의 단백질, 올리브유나 카놀라유 같이 건강한 지방산이 포함된 식단이라면 대체적으로 문제가 없을 것이다. 단백질은 신경전달물질의 구성요소인 아미노산을 함유하기 때문에 중요하다. 또한 닭고기, 병아리콩, 초콜릿에서 모두 발견되는 트립토판은 세로토닌과 멜라토닌의 전구체이지만 체내에서 자연적으로는 생산되지 않는다.

어떤 사람들은 탄수화물을 철저하게 피하지만, 우리는 이런 극단적인 식단을 지지하지 않는다. 실제로 저탄수화물 식단이 두뇌의 세로토닌 공급을 억제한다는 사실이 확인되었으며, 이는 우울증을 유발할 수도 있다.[26] 단순탄수화물은 두뇌에 에너지를 공급하지만 영양 가치가 적거나 거의 없어서 필요한 영양을 얻기 위해 더 많은 칼로리를 소모시킨다. 그러나 맛이 좋은 통곡물 복합탄수화물을 식단에 포함시키는 방법으로 문제를 해결할 수 있다.

## 두뇌를 훈련하라 ────

특정 상황에서 뇌가 늘 동일한 반응을 해야 한다는 법은 없다. 당신의 뇌는 똑똑하고 강력하지만, 놀라울 만큼 순진하고 속이기도 쉽다. 우리가 신체를 이용해 뇌를 속이거나, 긍정적인 시각으로 상황을 바라보거나, 스트레스 반응의 영향력을 전환시켜 당신에게 유리하게 활용할 수 있다면 다양한 종류의 스트레스 상황을 완화시킬 수 있을 것이다.

두뇌를 훈련하라 ────
### 몸으로 주도하라

미소 짓기에서 스트레스까지, 이 모든 것은 뇌가 우리 몸을 어떻게 조종하는지를 보여준다. 그러나 사실 이것은 일방적인 상호작용이 아니다. 심리학자들은 감정만 신체에 영향을 주는 것이 아니라 신체도 감정에 영향을 줄 수 있다는 사실을 여러 차례 입증했다. 우리는 행복하고 성공적인 사람의 표정과 태도를 '가장'하는 방법으로 두뇌를 속일 수 있다.

두뇌를 훈련하라 ────

## 보톡스 효과

미국 성형외과학회American Society of Plastic Surgeons의 최근 통계에 따르면 보톡스로 잘 알려진 A타입 보툴리눔톡신 시술을 받은 미국인의 수는 약 610만 명 정도로 추산된다고 한다. 대다수의 환자들은 자신감을 높이려는 목적으로 보톡스를 맞았겠지만, 심리학자들은 미간의 주름을 없애는 보톡스 주사가 환자들의 전반적 성격에도 특별한 변화를 가져다줬다는 사실을 발견했다.

40명의 여성이 보톡스 시술 전과 후에 특정 제시문을 읽고 나타내는 반응을 관찰하는 실험에서 심리학자와 성형외과의사 모두를 미소 짓게 만드는 결과가 확인됐다. 보톡스 시술을 받은 여성들은 행복한 제시문에 대해서는 동일한 반응을 보였지만, 슬프거나 분노를 유발하는 제시문에 대해서는 현저히 느린 반응속도를 보였다.

안면피드백가설facial feedback hypothesis에 따르면 우리의 신체적 표현은 두뇌에 신호를 보내 그에 맞는 감정 반응을 이끌어낼 수 있다. 다른 말로 하면, 우리는 본래 행복할 때 미소를 짓지만, 어떤 때는 미소를 짓는 행위가 우리를 실제로 행복하게 만들 수 있다. 보톡스 시술 후에 종종 생기는 '얼어붙은 미소'가 이 작용을 했을지도 모른다. 심리학자들은 이 실험의 결과가 너무도 흥미로웠던 나머지 우울증 치료제로서 보톡스의 가능성을 연구하고 있다.

### 두뇌를 훈련하라 ── 보톡스 효과
### 입에 문 연필 때문에 그런 건가요, 아니면 정말 나를 봐서 기쁜 건가요?

보톡스 대신 일반적인 연필이나 심지어 젓가락을 가지고 진행한 연구도 있다. 연필을 이용한 실험에서 한 그룹은 치아 사이에 연필을 물고 만화가 얼마나 재미있는지를 평가했다. 또 다른 그룹은 연필을 입술 사이에 놓되 치아에는 닿지 않게 하는 조건으로 같은 만화를 봤다.

당신이 이 자세를 직접 시도해본다면 어떤 차이가 있는지 알 수 있을 것이다. 첫 번째 자세는 피실험자들을 강제로 웃게 만든 반면, 두 번째 자세는 인상을 찌푸리게 만들었다. 실험 참가자들은 자신이 어떤 표정을 짓고 있는지 알지 못했지만, 그들의 표정은 만화에 대한 평가에 상당히 큰 영향을 미쳤다. 미소를 지었던 그룹은 인상을 찌푸렸던 그룹보다 훨씬 더 만화를 재미있게 감상했다.

연필 실험이 긍정적인 감정표현의 효과를 입증했다면, 젓가락 실험은 한 단계 더 나아가 우리가 스트레스에 노출되었을 때 미소를 짓는 행위와 회복탄력성의 직접적인 연관성을 밝혀냈다. 이 실험에서는 한 그룹이 입에 젓가락을 물고 연필 실험에서와 비슷하게 미소 짓는 표정을 만드는 동안 나머지 그룹은 중립적인 표정을 지었다. 두 그룹은 차가운 물에 손을 담그는 행위 같이 약간의 스트레스를 유발하는 경험을 했으며, 연구자들은 실험 전, 도중, 후 피실험자들의 심박수를 측정했다. 그 결과 미소를 짓고 있었던 피실험자들의 심박수는 (자신은 깨닫지 못했지만) 중립적인 표정을 유지했던 사람들의 심박수보다 더 빠르게 안정을 찾았다.

## 자세의 힘

얼굴 표정만 당신의 태도에 영향을 끼치는 것은 아니다. 두 명문 비즈니스스쿨에서 수행한 연구에서는 우리가 취하는 자세가 직책의 승진보다도 전반적인 행동양식에 더욱 큰 영향을 끼친다는 사실이 확인되었다. 이 실험에서 한 그룹은 다리를 오므리는 대신 꼬거나 손을 다리 아래에 두는 대신 팔로 의자를 감싸는 식으로 몸을 뻗게 만드는 펼치는 자세를 취했다. 다른 그룹은 더 높은 직책을 부여받는 대신 움츠리는 자세를 취하기로 했다. 이들 중 더 강한 자신감과 권력을 느꼈던 그룹은 펼치는 자세를 취했던 쪽이었다.

연구자들은 이 명확한 실험 결과에 놀라지 않을 수 없었다. 켈로그 경영대학원 박사과정의 리황Li Houang은 "연구에 앞서 우리는 다른 무엇보다도 직책이 실험자들의 태도에 가장 큰 영향을 줄 것이라고 예상했습니다. 그런데 놀랍게도 모든 실험에서 직책이 아닌 자세가 가장 큰 차이를 만들어냈습니다"라고 이야기했다.[27] 이 실험 후 하버드대학교 심리학자이자 《자존감은 어떻게 시작되는가》를 집필한 에이미 커디는 채용면접 가상시나리오를 통해 '파워포즈'를 취한 지원자들이 면접에서 더 높은 점수를 받고 채용될 가능성도 높았다는 사실을 확인했다.[28]

두뇌를 훈련하라 —— **보톡스 효과**

## 포옹은 어떤가?

미소가 당신의 기운을 북돋아주고 파워포즈가 당신의 자신감을 높여주는 것처럼, 간단한 몸짓 하나가 당신에게 기적적인 안정감을 선사해줄 수 있다. 당신이 누군가를 안거나 누군가 당신을 안아줄 때, '포옹 호르몬'으로 잘 알려진 옥시토신이 다량으로 분비된다. 거의 모든 종류의 신체접촉이 옥시토신의 분비를 촉진한다는 사실이나, 위로의 말보다 신체접촉이 더 효과적으로 스트레스 레벨을 감소시킨다는 사실은 각종 연구를 통해 확인되었다. 한 실험에서 아내에게 어려운 과제가 주어졌고, 남편은 아내와 함께 그 자리에 있었다. 첫 번째 그룹의 남편들은 언어로 아내를 격려했고, 두 번째 그룹의 남편들은 단순히 아내의 어깨를 주물러줬다. 그 결과 두 번째 그룹에서는 과제와 관련된 스트레스의 정도가 감소되었으나 첫 번째 그룹에서는 그런 현상이 나타나지 않았다.

물론 회사의 분위기에 따라 동료를 안아주거나 어깨를 주물러주는 행위가 불가능할 수도 있을 것이다. 심지어 어떤 상황에서는 신체접촉을 당한 사람에게 위협 반응을 유발할 수도 있다. (2006년 조지 부시 대통령이 독일 앙겔라 메르켈 총리의 어깨를 갑작스럽게 마사지했을 때 그녀가 어떤 반응을 보였는지 기억한다면 바로 이해할 것이다!)

다행히도 사회적으로 잘 용인되면서도 옥시토신 분비를 촉진할 수 있는 방법들이 존재한다. 반려동물이나 연인을 껴안을 때는 물론이고, 그렇게 극적인 효과를 기대할 순 없겠지만 클라이언트나 직장 동료와 악수를 하기만 해도 옥시토신이 분비된다.

부정적인 편견에 따라 작동하는 우리 뇌는 새로운 사람을 만났을 때 그 사람이 신뢰할만하다는 확신을 얻을 때까지 그를 친구가 아닌 적으로 인식한다. 바로 지금이 악수가 필요한 순간이다! 악수라는 관습은 당신이 무기를 지니지 않았다는 사실을 알리는 역사적 목적뿐 아니라 신경학적인 목적에도 부합한다. 옥시토신을 약간 분비시킴으로써 상대방의 위협 반응을 감소시키고 연대감을 증진하는 것이다.

두뇌를 훈련하라 ── 보톡스 효과
## 스트레스 버튼 끄기

신체변화가 두뇌 반응에 영향을 줄 수 있다는 사실이 풍부한 과학 증거를 통해 입증되었다. 그러므로 스트레스를 조절하는 가장 효과적인 전략 중 하나는 당신의 신체 행동양식을 변화시키는 것이라는 사실이 이제 분명해졌을 것이다.

의식의 도움 없이 거의 독자적으로 우리 몸을 운영하는 자율신경계는 교감신경계와 부교감신경계라는 두 개의 주요 채널로 구성되어 있다. 교감신경계는 투쟁-도피 반응을 활성화시키며, 부교감신경계는 '휴식과 소화' 또는 '섭식과 번식'이라고 불리는 영역을 담당한다.

몇 가지 예외 상황이 있지만, 일반적으로 한 채널이 주도권을 얻으면 다른 채널은 휴식 상태에 들어간다. 예를 들어, 우리는 보통 중압감을 느낄 때 편안히 쉬거나 음식을 잘 소화시킬 수 없다. 교감신경계가 몸을 위협에 대응할 수 있는 최적의 상태로 만들기 위해 다른 불필요한 기능을 일시적으로 정지시키기 때문이다. 여기에는 소화, 생식, 그리고 말할 필요도 없이 휴식기능이 포함된다. 목숨이 위협받는 상황에서 긴장을 풀기 원하는 사람은 없지 않겠는가!

이것은 전등 스위치를 켜고 끄는 일과 비슷하다. 전등처럼 간단하지는 않겠지만, 긴장을 완화하는 법을 터득하려면 교감신경계에서 부교감신경계로 전환하는 능력, 즉 스트레스 버튼을 끄고 휴식 버튼을 켜는 능력을 개발해야 한다. 유명한 긴장완화 기법들은 대개 이 간단하지만 포착하기 어려운 '버튼 누르는 법 찾기'를 기본원칙으로 삼는다.

**심호흡하기** ___ 아무도 당신에게 숨을 쉬라고 말해주지 않아도 당신은 호흡을 유지한다. 평생 동안 당신은 거의 무의식적으로 숨쉬기를 지속할 것이다. 복식호흡이라고도 알려진 심호흡은 당신이 호흡에 집중하게 해줄 뿐 아니라 호흡하는 방식을 변화시킬 것이다. 당신은 불안감이나 스트레스를 느낄 때 나오는 빠르고 얕은 호흡과 기분 좋게 졸리거나 긴장이 풀렸을 때 나오는 느긋하고 깊은 호흡을 경험해봤을 것이다. 심호흡을 통해 이 과정을 완전히 뒤집을 수 있다. 상황에 따라 호흡이 달라지는 것이 아니라, 호흡으로 당신의 기분을 바꿀 수 있다는 이야기다.

**점진적 근육이완법** ___ 의사 에드먼드 제이콥슨Edmund Jacobson이 20세기 초기에 개발한 점진적 근육이완법은 그 명칭처럼 순차적으로 우리 몸의 각 근육군으로 이동하면서 긴장과 이완을 반복하는 요법이다. 이것을 통해 체계적으로 몸을 이완시킬 수 있을 뿐 아니라, 각 근육군이 긴장하고 수축할 때 우리 몸에 어떤 느낌이 드는지 더 잘 파악할 수 있다. 점진적 근육이완법은 당신의 신체 전반에서 경험하는 스트레스를 인식하고 치유하는 능력을 강화시키는 데 도움이 될 것이다.

**자율훈련법** ___ 1930년대 독일의 정신과의사 요하네스 하인리히 슐츠 Johannes Heinrich Schultz는 자율훈련법이라 불리는 이완요법을 개발했다. 하루에 2~3회 실시했을 때 가장 효과가 좋은 이 요법은 15분 동안 조용히 앉거나 누워서 안정을 유도하는 심상을 반복하는 것이다.

　약 30년 후, 미국의 심장전문의 허버트 벤슨 박사는 슐츠 박사의 연구를 계승했다. 그는 자율훈련법을 약간 변경해 환자들이 조용한 환경에서 편안히 앉아 소리, 단어, 특정 사물을 응시하는 일에 집중하게 했다. 당신이 이 요법을 시도한다면 시간이 지날수록 자율신경계에 대한 인식 및 통제력이 강화되는 것을 느낄 수 있다. 그러면 당신은 스트레스에 시달리는 교감신경계의 버튼을 끄고 우리를 진정시킬 부교감신경계에게 주도권을 넘겨줌으로써 벤슨 박사가 '휴식 반응'이라고 부르는 상태로 전환할 수 있을 것이다.

**당신의 몸을 변화시키면 당신의 두뇌도 변화한다.**

이러한 긴장완화요법들은 방법은 달라도 동일한 아이디어를 공유하고 있다. 당신의 몸을 변화시키면 당신의 두뇌도 변화한다는 것이다. 상호심사를 거친 수백 건의 연구가 이 강력한 결론을 뒷받침한다. 의식적으로 신체의 긴장을 완화하는 일에 집중하거나, 당신의 주의를 단순한 소리 또는 물체로 전환하는 행위를 통해 두뇌가 스트레스 반응 버튼을 꺼버리도록 유도할 수 있다.

널리 알려진 요법을 실천해보거나 격식 없는 편안한 방법을 시도해볼 수도 있을 것이다. 당신이 끝없는 회의의 늪에 빠져있다면, 단순히 자세를 바꾸는 행위로 새로운 시각을 얻을

**신체에게 주도권을 넘겨라.
두뇌는 곧 따라올 것이다.**

수 있다. 또 당신이 무기력하게 책상 앞에 앉아있었다면, 당신의 감정 상태에 가장 빨리 변화를 줄 수 있는 수단은 그저 일어나서 움직이는 행위가 될 수도 있다.

두뇌를 훈련하라 ————

## 긍정적으로 생각하라

지난 세기의 대부분 동안 미국의 동기부여 연설가들은 소위 긍정적 사고라는 개념을 전도사처럼 열정적으로 전파해왔다. 이 연설가들은 엄청난 숫자의 지지자들을 거느렸지만, 천성적으로 의심이 많은 과학자들은 그들의 쾌활한 태도를 의심의 눈초리로 바라볼 뿐이었다. 어쨌든 긍정적 사고라는 개념은 과학보다는 철학에 가까웠고, 과학자들은 그 누구보다도 데이터로 입증된 사실만을 신뢰하는 사람들이기 때문이다.

그런데 이제 기능적 자기공명영상 같은 과학혁신 덕분에 우리는 그 데이터를 손에 넣을 수 있게 되었다. 긍정적 사고가들 중에는 의도는 좋더라도 너무 순진하거나 허풍선이 같은 옹호자들이 많은 것이 사실이지만, '삶에 대한 태도를 바꾸면 삶이 변화한다'는 그들의 근본 메시지는 이제 확실한 데이터를 바탕으로 입증되고, 상호심사를 통과한 수백 건의 연구들로 뒷받침되고 있다.

두뇌를 훈련하라 ─── 긍정적으로 생각하라

## 당신은 믿어야 한다

하지만 나쁜 소식을 먼저 전하겠다. 엄청난 인기를 끌고 있는 자기계발 기술이 모두 탄탄한 신경과학적 근거에 의해 입증된 것은 아니다. 이 중 가장 잘 알려진 것이 바로 긍정적 확언affirmations이다.

전설적인 복서 무하마드 알리가 "내가 바로 왕이다! 나는 세계 최고다!"라고 자랑스럽게 세상에 포효했을 때, 그는 단순히 관객들이 이미 알고 있던 사실을 상기시킨 것이 아니었다. 그 이상으로 알리는 자신의 말을 통해 링 위에서 자신의 잠재력을 끌어올리려 했을 것이다. 알리의 선언 이후, 낙관적 태도와 강하고 긍정적인 언어의 조합이라면 그 어떤 목표라도 이룰 수 있다는 긍정적 확언의 자랑스러운 전통이 시작되었다.

문제는 무하마드 알리처럼 긍정적 확언을 통해 성공을 꾀하려는 사람들 중에는 좋은 의도를 품었고 절실했지만 오히려 상황이 악화되는 경험을 한 사람들도 많다는 사실이다! 연구에 따르면 이렇게 인생의 방향을 재조정하려는 응급조치로부터 효과를 얻을 수 있는 사람들은 이미 건강한 자존감을 가진 사람들뿐이다. 실제로 스트레스를 유발하는 실험 상황에서 긍정적 확언은 자존감이 낮은 피실험자들에게 오히려 역효과를 냈다. 당신에게 스스로에 대한 긍정적 인식이 없다면, 가장 먼저 해야 할 일은 자신에 대한 믿음을 바꾸는 것이다.

두뇌를 훈련하라 —— 긍정적으로 생각하라

## 기저핵을 탓하라

우리의 자아존중감이 저장되는 위치는 자전거를 타는 능력이 저장되는 위치와 동일한 대뇌 기저핵이라는 부위다. 기저핵의 위치가 위협 회로와 보상회로 모두에 아주 인접하다는 사실은 그리 놀랍지 않을 것이다. 우리가 스스로를 사랑스러운 존재라고 이야기하지만 마음 깊은 곳에서 그렇지 않다고 믿는다면 뇌의 의식 영역과 무의식 영역이 조화를 이루지 못하게 된다. 결국 우리 몸은 지치고 스트레스를 유발하는 인지 부조화가 생긴다.

긍정적인 자아상이 없다면 어떤 일이 일어날까? 목표를 이루지 못하고 별 볼 일 없는 인생을 살 운명에 처하게 될까? 절대 그렇지 않다. 두뇌가 그런 것처럼, 당신의 자아상도 근육과 비슷하다. 당신이 강하고 탄탄한 근육을 얻고 싶다면 해결책은 아주 단순명료하다. 당신은 운동을 해야 한다. 마찬가지로 당신이 낙관적으로 생각하는 기질을 아직 개발하지 못했거나 이 능력이 퇴화되었다면, 당신에게 정말 필요한 것은 연습이다. 감사할 거리를 찾고, 기존의 성공을 기반으로 또 다른 성공을 모색하며, 정체성을 재정립하는 전략을 통해 당신의 자아상을 강화할 수 있다.

## 매일이 추수감사절이다

세계 주요 종교들이 대부분 감사를 강조한다는 사실은 우연이 아니다. 감사는 강압적으로 또는 마지못해서 하는 행위가 아니다. 그렇게 하면 효과가 없을 뿐 아니라 해롭다는 사실이 반복적으로 입증되었다.

진정한 감사는 상황을 다르게 보는 것이다. 종교적이거나 영적인 성격을 띠지 않더라도 감사요법은 당신의 사고를 전환시켜준다. 자신이 지금 소유하고 있는 것들에 대해 감사하지 않을 이유가 없다고 스스로의 확신을 바꿔줄 것이다.

**감사의 과학** ___ 이러한 사고의 전환이 불러온 극적인 결과가 다양한 연구에서 확인되었다. 겨우 3주 동안 감사 훈련을 하는 것만으로도 개인의 웰빙과 전반적 심리건강이 증진됐다는 사실이 밝혀졌다. 감사 훈련에 참가했던 사람들은 활력과 운동량이 증가하고, 낙천적 사고가 늘었으며, 수면의 질이 향상되었을 뿐 아니라 타인을 돕는 데 더 많은 시간을 소비했다.[29]

이 모든 개선사항들은 누적효과를 지닌다. 당신의 행동양식에 영향을 주며, 궁극적으로 스스로에 대해 생각하는 방식을 바꾼다. 감사의 효과를 뒷받침하는 실증자료는 차고 넘치며, 그 영향력은 기적과도 같다.

행복 설정값이라는 개념이 있다. 이것은 모든 사람들이 각자 기본적으로 가지고 태어나는 외부적 영향과는 관계가 없는 행복의 기준치다. 행복 설정값의 존재를 뒷받침하는 연구가 지속적으로 이루어지고 있지만, 감사 연구는 행복 설정값을 최대 25퍼센트까지 끌어올릴 수 있다는 가능성에 초점을 맞춘다.[30] 가톨릭 베네딕트회 수사이자 실험심리학 박사인 데이비드 스타인들-라스트David Steindl-Rast는 "행복해야지만 감사할 수 있는 것은 아닙니다. 감사한 마음이 행복을 불러옵니다"라고 이야기했다.

**감사 일기** ___ 기적의 효과로 보이는 감사 이론을 실행으로 옮길 수 있는 방법은 무엇일까? 가장 쉬운 방법은 하루에 한 번 감사한 일을 3~5개씩 적어보는 것이다. 이것을 위한 시간을 따로 정해둬도 좋고, 출퇴근길이나 잠이 오는 회의시간 등 틈이 날 때마다 실천하는 방법도 좋다.

이것을 감사 일기라고 부르기도 하지만 정말 일기를 쓸 필요는 없다. 원한다면 스마트폰에 평범한 메모장을 만들어 계속해서 목록을 추가하는 것도 방법이다. 간편하게 이용할 수 있는 감사 애플리케이션도 아주 많다. 대부분 무료이고, 비밀번호 잠금기능이 있는 경우가 많아 프라이버시를 지킬 수 있으며, 당신이 빼먹지 않도록 알람을 설정할 수도 있다.

**감사 목록에는 무엇을 적을까?** ___ 감사가 무엇인지 더 잘 알려면 감사가 아닌 것이 무엇인지를 이해하는 것도 중요하다.[31] 먼저, 남들과 비교하는 것은 감사가 아니다. 타인이 나보다 부유하지 않고, 재능이 많지도 않으며, 외모가 뛰어난 것도 아니라고 생각하는 것이나, 그저 남들이 나보다 못한 상황에 있다고 생각하는 것은 감사가 아니라는 이야기다.[32] 사실 그런 접근법은 파괴적인 오만함을 낳을 수 있다. 또 감사는 당신이 이룩한 성과를 낱낱이 열거하는 것이 아니다. 물론 그것들은 충분한 인정을 받을 자격이 있지만 말이다.

감사의 원천은 당신 밖에 있다.[33] 당신의 삶을 개선시키고, 더 행복하고 의미 있게 만들어준 사람과 사건들에 집중하는 것이 감사다. 아름다운 일몰이나 맛있는 식사, 낯선 이의 미소, 동료, 친척, 친구의 도움 등, 이 모든 것이 감사의 원천이다.

## 성공을 기반으로 또 다른 성공을 모색하라

자신의 능력에 대한 긍정적 평가 없이 긍정적인 생각을 하는 것은 아주 어려운 일이다. 이럴 때 필요한 것이 자기효능감self-efficacy이다. 자기효능감은 당신이 자신의 인생과 성과를 스스로 통제할 수 있다는 근본적인 믿음을 뜻한다. 자기효능감의 상당 부분은 어린 시절에 형성되지만, 당신의 인생에서 일어나는 사건 모두가 이를 강화 또는 약화시킬 수 있다. 우리는 새로운 기술을 익히고 새로운 성공을 거둘 때마다 자기효능감을 끌어올릴 수 있다. 마찬가지로 실패나 좌절은 자기효능감을 손상시키지만, 우리의 힘으로 이것을 어느 정도 막는 것이 가능하다.

자기효능감 점수를 확인할 수 있는 손쉬운 방법은, 당신이 어려운 과제를 대하는 방식을 보는 것이다. 자기효능감이 높은 사람들은 어려운 과제를 도전으로 여기는 반면, 자기효능감이 낮은 사람들은 과제를 위협으로 보는 경향이 많다.

과제를 위협이 아닌 도전으로 인식하는 태도는 당신의 인생에 강력한 영향을 끼친다. 긍정적 태도는 성취 연쇄반응을 일으키는 한편, 스트레스와 우울증에 대한 민감도를 감소시킨다.[34] 긍정적 태도를 잃지 않고 유지하기 위해서는 자신이 이룬 성공에 집중하는 것이 가장 효과적이다.

하지만 당신에게 떠올릴만한 업적이 없다면 어떻게 할까? 걱정하지 마라. 당신이 긍정적 태도를 육성할 수 있는 방법이 두 가지나 있다. 첫째, 어떤 종류의 실수를 하든 바로 떨쳐내고 다음엔 더 잘할 것이라고 스스로에게 상기시켜라. 둘째, 실패를 경험할 때마다 이것이 절대 극복하지 못할 문제가 아니라 인생이라는 스크린에 떠오르는 잠시멈춤 신호라고 생각하라. 낙관주의자들은 좌절의 순간을 만날 때마다 이것이 일시적이며 곧 지나갈 일이라고 생각하고 다음 활동으로 넘어갈 줄 아는 사람들이다.

이 분야의 선구자인 스탠퍼드대학교 심리학자 앨버트 반두라Albert Bandura는 자기효능감을 측정할 수 있는 네 가지 요소로 성취 경험, 사회적 모델링, 사회적 설득, 심리적 반응을 제시했다.[35] 이 네 가지 요소는 각각 성공에 대한 당신의 믿음을 강화하는 구체적 행동으로 옮겨질 수 있다.

**1. 과거의 성공에 의지하라** ___ 우리는 과거의 성공을 도약대로 삼아 현재의 장애물을 극복할 수 있다. 이번에는 위험이 더 클 수도 있지만, 비슷한 도전에서 배운 교훈으로 어려움을 헤쳐나갈 추진력을 얻을 수 있다.

**2. 자신에게 유리하게 주변 사람들과 비교하라** ___ 비슷한 도전을 겪은 주변 사람들의 사례를 참고하라. 너무하다고 느낄 수도 있겠지만, 기본개념은 바로 '그 바보도 했는데 나라고 못하겠어?'라고 스스로를 확신시키는 것이다. 물론 효과를 높인답시고 타인을 너무 깎아내릴 필요는 없다.

**3. 당신이 존경하는 사람에게 지지를 얻어라** ___ 적절한 사람에게 적절한 신뢰의 언어를 듣는 방법을 통해 자기회의감의 잔재를 완전히 제거할 수 있다. 당신의 능력이 어느 정도인지 정확히 파악하고 있는 믿을만한 멘토, 친척, 친구가 이 역할에 적격일 것이다. 좋은 스포츠 코치처럼 당신의 기운을 북돋아주고 당신의 편이 되어줄 누군가를 찾아보라.

**4. 기분이 좋다면 성공할 수 있다** ___ 당신이 인식하는 장애물의 크기와 그것을 극복할 수 있는 가능성은 기분 상태의 영향을 받을 수 있다. 예를 들어, 당신이 반복적으로 자신의 몸을 속이면서 휴식과 안정의 시간을 주지 않는다면, 감정 상태, 신체 반응, 스트레스 레벨에 악영향을 끼칠 것이다. 낙관주의자들은 건강한 신체를 유지하며 항상 충분한 휴식을 취하는 경우가 많다. 당신의 기분이 좋을 때, 거대한 산이 작은 흙더미로 변화하는 놀라운 기적이 일어날 것이다!

## 가면 증후군을 정복하라

일류 다국적 서비스기업의 전무이사가 어느 날 스스로에게 질문했다. '내가 여기서 뭘 하는 거지? 무슨 생각으로 이곳에 온 걸까? 곧 내가 무능하다는 사실이 탄로 날 거야.'[36] 이 말이 이상하게 들릴 수 있겠지만, 현대를 살아가는 수많은 이들이 자신의 힘으로 훌륭한 성과를 이룩하고도 마음속으로는 자신이 사기꾼이며 성공할 자격이 없다고 생각한다. 이런 생각으로 고통 받는 사람들의 긴 명단에는 비즈니스 리더, 대법원 판사, 오스카상을 수상한 여배우도 포함된다.

아직 공식적인 병으로 진단되지는 않았지만, '가면 증후군'이라 불리는 이 현상을 심리학자들은 보통 걱정을 넘어 우울증을 동반하기도 하는 지성인들의 자기의심을 가리키는 증상으로 정의한다.[37] 우리 중 이런 생각에서 완전히 자유로운 사람은 없을 것이다. 연구자들은 인생의 어느 순간에서 가면 증후군을 경험하는 사람들의 비율이 최대 70퍼센트에 이를 것이라고 추정했다.[38]

**누가 가면 증후군으로 고통을 받는가** ___ 게으르거나 무능한 사람들이 이런 감정을 느끼는 것이 아니다. 반대로 의욕이 넘치며 기대 이상의 성과를 거두지만, 자신에게 향하는 칭찬을 받을 자격이 없다고 생각하는 사람들이 가면 증후군을 겪는다.[39] 이들은 자신의 성과보다는 아직 달성하지 못한 일들에 더 집중하려는 경향을 보인다.[40] 가면 증후군을 처음 알린 사람 중 하나인 심리학자 수잔 임스Suzanne Imes 박사에 따르면 가면 증후군을 경험하는 성인 중 다수가 높은 성과를 강조하는 가정에서 자랐다고 한다. 이런 배경에서 성과 달성과 자아존중감은 불가분의 관계가 된다.[41]

**가면 증후군이 생기는 이유** ___ 경험이 많은 리더들은 종종 자신의 전문적 직감을 바탕으로 최선의 결정을 내린다(5장 참조). 그런데 이런 지혜로운 의사결정의 과정은 두뇌의 의식 영역에 잘 저장되지 않기 때문에 나중에 기억하기가 어렵다. 이런 특성이 가면 증후군을 유발하는 한 원인이 될 수 있다. 게다가 의사결정 과정을 기억해낼 수 없다는 불안감은 의식적이며 논리적인 결정능력을 방해하는 편도체를 활성화할 수 있고, 그에 따라 자신이 부적격하다는 생각이 더 강해질 수 있다.[42]

그러므로 당신이 성공에 아무런 기여를 하지 못했다는 생각이 가끔씩 들더라도 이것이 곧 당신이 사기꾼이라는 의미는 아니라는 것을 기억하라. 오히려 당신이 과거에 무의식적으로 중요한 결정을 내렸었다는 사실을 암시할 가능성이 많다. 이것은 사기꾼이 아닌 전문가에게서 나타나는 특징이다.[43]

**성별에 따른 차이?** ___ 가면 현상을 최초로 조사한 심리학자들은 연구 초기에 가면 증후군이 여성들에게 더 흔하게 발견된다는 결론을 내렸다. 높은 성과를 올리고 있는 150명의 전문직종 여성을 대상으로 한 연구에서 응답자 다수는 자신이 어렵게 일군 성공을 단순히 좋은 타이밍에 좋은 장소에 있었던 운의 결과라고 치부했다.[44] 어떤 사람이 가면 증후군을 겪었는지 알게 되면 놀랄 수도 있다. 미국 대법관 소니아 소토마

요르Sonia Sotomayor는 언젠가 "내가 사람들의 기대에 부응하고 있는지 늘 불안해합니다"라고 고백했다.[45] 오스카상, 에미상, 그래미상, 4개 부문의 골든글로브상 수상 외에도 수많은 영화제에 수차례 노미네이트되었던 영국의 여배우 케이트 윈슬렛 역시 자신에 대한 의구심을 표현한 적이 있다. "저는 촬영을 앞두고 아침에 일어나서는 '정말 못 하겠어. 난 사기꾼이야'라고 생각하곤 했어요."[46]

높은 위치에 있는 여성들의 솔직한 고백이 있었지만, 남성들도 예외 없이 가면 증후군에 시달린다는 사실이 최근 연구를 통해 명백히 확인되었다.[47] 사람들이 자신을 사기꾼이라고 생각하게 만드는 원인 중 하나는 자신에게 동료들과 다른 면이 있기 때문일 수도 있다.[48] 임상심리학자이자 가면 증후군을 처음 알린 폴린 클랜스Pauline Rose Clance 박사에 따르면 소수 집단에 속한 사람들에게서 이 경험이 더 자주 발견된다고 한다.[49] 한 연구에서는 93퍼센트나 되는 아프리카계 미국 여대생이 가면 증후군에 시달리고 있다는 사실이 밝혀졌다.[50]

여성과 남성 모두 자기회의감을 느끼지만, 이 감정을 다루는 방식은 현저하게 달랐다. 여성은 불안정감을 자신의 능력을 입증할 동기부여의 수단으로 활용하려는 경향을 보인 반면,[51] 남성은 더 많은 이들에게 자신의 취약점이 드러나는 것이 두려워서 추가적인 경쟁을 회피하려는 경향을 보였다.[52, 53]

**사기꾼이 생각하는 방식** ___ 그다지 놀랍지 않겠지만 자신을 사기꾼이라고 생각하는 사람들은 보통 분위기에 더 잘 휩쓸리고, 자신감이 부족하며, 성과 불안에 시달릴 확률이 상대적으로 높다.[54] 가면 증후군을 겪는 사람들은 칭찬이나 상을 받았을 때 자신에게 그럴 자격이 없다고 확신한다.[55]

가면 증후군에 빠지면 새롭게 달성한 성과가 불안감을 완화하기는커녕 오히려 상황을 악화시킬 수도 있다. 자신이 사기꾼이라는 사실이 발각될 것에 대한 근거 없는 불안감은 상황의 중요성이 커질수록 함께 증가하기 때문이다.[56] 또한 어떤 이유에서든 자신의 공로가 사람들의 인정을 받지 못한 채 간과된다면 그들은 남몰래 동의할지도 모른다.

가면 증후군을 겪는 사람들 중에는 타인에게 도움을 요청하지 않으면서도 모든 것을 올바르게 처리해야 한다고 느끼는 완벽주의자들이 많다.[57] 어떤 의미에서 가면 증후군은 내재적 동기의 어두운 일면이라고도 할 수 있다. 당신이 타인이 아닌 스스로 설정한 목표를 통해 동기를 얻는 유형이라면, 자신이 세운 엄격한 기준을 충족하지 못한 상황에 처했을 때 스스로를 최악의 적으로 만들 수도 있다.[58]

**놀라운 이점** ___ 우리를 괴롭히는 불안감이 늘 나쁜 영향만을 주는 것은 아니다. 이 불안감은 목표 달성을 위한 또 하나의 동기를 제공한다.[59] 추가적으로, 수많은 연구를 통해 사람들이 자신을 지나치게 과대평가한다는 사실도 확인되었다. 그렇기 때문에 가면 증후군은 지나친 자신감을 점검하는 감시자의 역할을 할 수도 있다.[60]

## 가면 증후군 극복하기

자신이 정말 사기꾼이라고 생각하는 사람들을 위해 악영향을 끼칠 수 있는 이 장애를 극복하는 다양한 기술을 소개하겠다.

**인정하라** ___ 가면 증후군을 극복하는 첫 단계는 자아수용이다.[61] 자아수용은 가면 증후군이 존재하며, 가면 증후군이 당신 성격의 일부라는 사실을 인정하는 자세를 뜻한다.[62] 자기회의감과 싸웠던 경험이 있는 분자생물학자 로잘린 랭-워커Rosalyn Lang-Walker 박사는 가면 증후군을 인정하는 것이 가면 증후군과 싸우는 비결이라고 말했다. "일단 내가 가면 증후군을 겪고 있다는 사실을 인정하고 나면, 가면 증후군을 제압하는 일은 언제나 가능해요. 스스로 '내가 여기까지 온 데는 그만한 이유가 있어'라고 말하는 것이 도움이 되죠."[63]

**목록을 작성하라** ___ 수잔 임스 박사는 당신이 잘하는 분야와 개선이 필요한 분야를 적어보라고 제안한다. 목록을 만드는 과정을 통해 당신이 지금까지 이룬 성과를 되돌아보고, 자신의 강점에 주목할 수 있다.[64]

**비교하지 마라** ___ 더 이상 남과 자신을 비교하지 마라. 비교는 늘 주관적인 의견일 뿐이고, 정확한 판단이 힘들며, 전혀 유익하지 않다.[65] 자신감이 넘쳐 보이는 사람들 중에는 그저 연기를 잘하는 사람도 많다는 사실을 깨닫자. 그들도 속으로는 당신과 비슷하거나 오히려 더한 자기

회의감에 시달리고 있을지도 모른다.

**다른 의견을 찾아라** ___ 당신이 스스로에게 엄격한 사람이라면 승진, 포상, 매니저와 동료의 피드백과 같이 당신의 실질적인 능력을 더욱 잘 증명해줄 수 있는 외부적 평가에 주목하라. 사람들이 자신의 능력을 정확히 판단하지 못한다는 사실이 연구를 통해 확인되었다는 것을 기억하라.[67]

**경쟁력을 잃지 마라** ___ 스스로를 가혹하게 판단하기에 바빠서 자신의 기술을 연마하고 확장시키는 일을 소홀히 하면 안 된다.[68] 기대치를 낮추기보다는 자신의 능력보다 약간 수준이 높지만 당신을 압도하지는 않는 현실적인 목표를 세워라.[69] 타인의 기대에 부응하지 못하고 체면을 잃을 위기에 처했을 때, 당신은 더욱 용기를 내 목표를 추구할 것이다.[70]

**침묵하지 마라** ___ 당신이 자기회의감에 시달리고 있다면 입을 꽉 닫아선 안 된다. 신뢰하는 사람들과 자신의 감정을 공유하라. 불안정한 기분을 말로 표현하는 것만으로도 당신의 염려 대부분이 지나치게 과장되었거나 심지어 아무런 근거가 없었다는 사실을 명확히 깨달을 수 있을 것이다.[71]

**멘토를 찾아라** ___ 당신을 지지하는 사람에게 지도를 받음으로써 가면 증후군의 마법을 깨트릴 수 있다.[72] 설령 당신이 스스로에 대한 믿음을

잃는다고 해도 당신을 진심으로 믿어줄 수 있는 지지자들이나 롤모델을 가까이 두고 의지하라.[73]

**멘토가 되라** ＿＿＿ 직장 후배들과 일을 함으로써 당신이 지금까지 이룬 성과가 얼마나 중요하며, 당신이 후배들에게 얼마나 많은 지식을 전해줄 수 있는가를 깨달을 수 있다.[74]

**감사를 표현하라** ＿＿＿ 당신을 칭찬하는 사람들이 착각하고 있다고 생각되더라도 그들을 피하거나 무시하지 마라. 진심 어린 칭찬을 받아들이지 않는다면 겸손해 보일 수도 있지만, 타인의 판단과 생각을 무시한다는 느낌을 줄 수도 있다. 그에 반해, 감사하게 칭찬을 받아들이는 것은 칭찬을 하는 사람과 받는 사람 모두에게 유익하다.[75]

**자축하라** ＿＿＿ 작은 목표를 이뤘다면 다음 목표로 나아가기에 앞서 시간을 내서 자신을 격려하고 성공을 인정하라. 더 큰 목표를 이뤘다면 자신에게 상을 주고 스스로의 성과를 기념하는 특별한 시간을 따로 가져라.[76]

두뇌를 훈련하라 ————

## 인지 주짓수를 활용하라

엄밀히 말해서 스트레스는 적이 아니다. 문제는 당신이 스트레스에 반응하는 방식에 있다. 일반적으로 스트레스는 부정적이고 유해하다고 인식되지만, 스트레스를 긍정적이며 활력을 주는 수단으로 변화시키는 일이 가능하다. 의도치 않게 이러한 심리학자들의 주장을 입증할 수 있도록 도운 캐나다의 혈기 넘치는 남성들이 있다.

캐나다 브리티시컬럼비아주 노스벤쿠버에 있는 카필라노강에는 아주 높고 잘 흔들리는 현수교가 있다. 실험 참가자들이 다리를 건너라는 지시를 받았을 때, 그들은 손바닥에 땀이 차고 심박이 빨라지는 것을 포함해 흥분과 관련된 여러 전형적인 증상을 느꼈다. 이 증상들을 유발한 자극이 어디에서 왔는지는 쉽게 짐작할 것이다. 다리를 건너는 것은 무서운 일이기 때문이다. 그러나 실험 참가자들이 다리를 건넜을 때 흥미로운 일이 벌어졌다. 그곳에는 매력적인 젊은 여성 연구원이 클립보드를 들고 짧은 퀴즈를 내기 위해 대기하고 있었다. 그런데 이 여성의 존재로 인해 실험 참가자들의 절반은 갑자기 상황을 다르게 판단하기 시작했다. 이들은 자신이 느낀 흥분이 위태로운 다리를 건너서가 아니라 여성과 상호적으로 느낀 로맨틱한 이끌림 때문이라고 착각한 것이다.

심리학자들은 이 현상을 '자극의 잘못된 귀인misattribution of arousal'이라고 부른다. 이 실험은 남성의 성적 본능에 대한 예측 가능한 통찰을 제공하는 것 외에 스트레스가 작동되는 방식에 대한 우리의 이해를 돕는다. 스트레스는 하나의 반응으로 지속되는 것이 아니라, 두뇌의 서로 다른 기능에 의해 두 가지의 개별적인 양상으로 전개된다. 우리의 강력하고 원시적인 대뇌변연계는 자극에 의해 자동으로 활성화되지만, 해당 자극의 데이터를 분석하는 역할은 지적인 두뇌 영역이 담당한다. 본능적인 무의식 영역이 반응을 한 후, 신중한 두뇌 영역이 그 반응을 해석하는 동안 잠깐의 시간 지연이 발생한다. 이 찰나의 순간을 어떻게 활용하느냐에 따라 효과적 감정조절과 스트레스 독성 제거에 필요한 열쇠를 손에 넣을 수도 있다. 스트레스 반응 자체가 아닌, 당신이 이에 대처하는 방식이 중요하다는 점을 기억하라.

이제 우리가 인지 주짓수라 부르는 개념을 소개할 차례다.

두뇌를 훈련하라 ─── 인지 주짓수를 활용하라
## 무예와 유사한 감정조절

주짓수는 아주 간단하면서도 강력한 중심원칙을 바탕으로 수행하는 무예다. 그 원칙은 이렇다. '나보다 강한 상대를 만났을 때 힘으로 그를 제압하려면 패배할 수밖에 없다. 그러나 상대의 막강한 힘을 무력화하거나 그를 무찌를 수단으로 활용할 방안을 찾는다면 당신이 승리할 가능성은 높아진다.'

우리 지인 중에 한 명은 보안요원이자 무예를 수련하는 학생이었다. 무술동호회에서 가장 강한 회원 중 하나였던 그는 자신만큼 강했지만 아마 똑똑하지는 못했던 상대와 맞붙게 되었다.

신중하게 상황을 판단한 그는 힘이 아닌 꾀를 써야만 이길 수 있다는 사실을 깨달았다. 다행스럽게도 주짓수에서는 온갖 종류의 비정통적인 기술이 용인된다. 그래서 그는 격투를 벌이는 도중에 갑자기 상대방에게 입을 맞추었다. 여기에 크게 당황한 상대는 손에서 힘이 빠졌고, 상대의 빈틈을 놓치지 않은 그는 상대를 매트에 넘어트릴 수 있었다. 그 어떤 주짓수 도장에서도 이 특별한 기술을 가르치지 않지만, 보안요원의 키스는 아주 인상적이며 전례 없던 주짓수 기술이 분명했다.

주짓수의 원칙은 본래 두 명의 결투자에게 적용되지만, 두뇌의 두 라이벌 부위를 설명할 때도 적용할 수 있다. 감정조절은 강력한 대뇌변연계와 약하지만 똑똑한 전전두피질 사이의 싸움이다. 당신이 스트레스 대응 방식으로 직접적인 싸움을 선택한다면 실패할 확률이 아주 높다. 그럼에도 불구하고 많은 사람이 심리학자들이 '억제'라고 부르는 방법을 통해 스트레스와 싸우려 한다.

두뇌를 훈련하라 —— 인지 주짓수를 활용하라
## 스트레스 억제가 효과가 없는 이유

우리 사회는 유감스럽게도 감정을 내색하지 않는 능력을 높게 평가한다. 그러나 감정을 억제하는 것은 효과가 없을뿐더러 당신과 주변 사람들에게도 결코 좋지 않다.

당신이 회의에 참석하는 동안 스트레스를 억제하려고 한다면, 그 행동이 두뇌 집행기능에 미치는 영향이 너무 파괴적이어서 차라리 회의에 참석하지 않는 편이 나을 수도 있다. 당신이 조용히 앉아 '자제력'을 잃지 않았다는 사실을 속으로 자축하는 동안, 창조, 혁신, 계획, 기억을 책임지는 능력이 손상되고 있을지도 모른다. 스트레스 억제의 유해성이 우리도 모르는 사이에 서서히 퍼지는 이유는, 이것이 당신의 사고력에 끼치는 악영향을 대부분 잘 알아차릴 수 없기 때문이다. 문제가 발생했을 때 당신에게 경고하는 두뇌 영역이 작동을 멈췄기 때문에 아무 문제가 없는 것처럼 느껴지는 것이다.

게다가 당신이 현재 100퍼센트에 한참 모자란 컨디션으로 일하고 있다는 사실을 스스로 인지하지 못하더라도, 주변 사람들은 무의식적으로나마 그것을 느끼는 경우가 많다는 것이 더 문제다. 한 연구에서는 누군가 스트레스를 억제할 때 주변 사람들의 혈압이 상승한다는 사실이 확인되었다. 스트레스를 비밀로 하는 것은 무기를 숨기고 돌아다니는 것과 비슷하다. 다른 사람들은 대부분 당신이 무언가를 숨기고 있다는 사실을 쉽게 알아차리고, 그 영향으로 그들의 위협회로가 활성화된다.

마지막으로 억제된 스트레스는 예측할 수 없는 시점에 불쑥 다시 튀어나오는 무시무시한 버릇이 있다. 스트레스를 억제하기 위해서는 엄청난 에너지를 소모해야 하며, 그로 인해 전전두피질의 연료가 동난다면 당신이 억누르려고 애썼던 그 문제가 가장 먼저 튀어나오게 된다. '코끼리를 생각하지 마라'라는 표현이 익숙하다면 무슨 말인지 이해하기가 더 쉬울 것이다. 무언가를 생각하지 않으려고 의도적으로 노력하면 오히려 그것을 더 많이 생각하게 된다.

스트레스를 억제하기보다는 그 스트레스의 방향을 바꾸는 것이 훨씬 효율적이고 효과적이다. 이것이 바로 인식 주짓수의 목표다.

인식 주짓수의 두 가지 비밀무기는 '꼬리표 붙이기'와 '재평가'다.

## 꼬리표 붙이기: 스트레스에 이름을 붙이는 방법으로 쫓아버린다

'꼬리표 붙이기'는 그 명칭이 나타내는 것처럼 당신의 감정적 반응에 이름을 붙이거나 설명을 제공하는 것이다. 예를 들어, 당신이 다가오는 발표 때문에 긴장하고 있다면 그 감정을 글로 적어 언어로 표현할 수 있다. (이것을 다른 사람과 공유할 필요는 없다.) 당신은 회의에서 충분히 기량을 발휘하길 원할 것이다. 그러나 압박감을 느끼거나 감정에 치우치게 되면 원시적 두뇌에게 주도권을 빼앗길 수도 있다. 그럴 경우 꼬리표 붙이기를 통해 통제력을 되찾는 일이 가능하다.

역설적이게도 많은 사람이 감정을 드러내지 않는 이유 중 하나는 스트레스를 받고 있다는 사실을 인정하면 상황이 악화될 것이라고 확신하기 때문이다. 그들은 자신이 느끼는 감정을 정의했다가는 통제력을 잃어버릴지도 모른다며 두려워한다. 그런데 사실은 정반대다. 연구에 따르면 스트레스의 근원을 찾아 꼬리표를 붙이는 행위는 투쟁-도피 반응을 일으키는 편도체의 활성화를 감소시킬 수 있다.[78]

UCLA 심리학자 매튜 리버먼은 자신의 연구에서 30명의 참가자에게 서로 다른 표정을 짓고 있는 사람들의 이미지를 보여줬다. 사진 아래에는 '분노', '두려움' 같이 감정을 뜻하는 단어나 '해리', '샐리' 같이 이름을 뜻하는 단어가 적혀있었다. 피실험자들은 이미지에 어울리는 단어를 선택해야 했다. 피실험자들이 사진 속 인물의 표정에 어울리는 단어를 찾아 감정의 꼬리표를 붙이는 작업을 수행했을 때는 편도체의 반응성이 감소되었지만, 알맞은 이름을 선택하는 과제를 수행했을 때는 편도체의 반응성이 감소되지 않았다.[79]

어떤 면에서 꼬리표 붙이기는 내면적 자제력을 증가시키는 수단이기도 하다.[80] 이것을 인지 주짓수의 기술이라고 볼 수 있는 이유가 여기에 있다. 당신은 꼬리표 붙이기를 통해 직접적인 싸움을 피하고 감정의 영향력을 다른 방향으로 전환시킴으로써 감정의 힘에 맞선다. 《부동의 심리학》을 집필한 시카고대학교 심리학자 사이언 베일락은 "두뇌의 감정 중심부에서 일어나는 과잉 반응을 방지할 수 있는 비법은 단순히 그 감정을 이해하는 것이 아니라 그것을 언어로 표현하는 것이다"라고 이야기했다.[81]

꼬리표 붙이기에는 본질적으로 카타르시스적인 속성이 있다. 당신은 스트레스를 유발하는 감정을 내면에 꼭꼭 담아두지 않고 표출하지만, 그 행위가 주변 사람들에게 해를 끼치지는 않는다.

꼬리표 붙이기는 스트레스를 완화하기만 할 뿐 아니라, 다음 장에서 볼 수 있듯 우리의 장기 집중력을 향상시키는 명상적 기능을 수행하기도 한다.[82] 당신이 스스로의 감정을 인정할 때, 자아인식 역시 높아진다. 불안감이나 분노 또는 엄청난 중압감을 느낄 때는 이 감정들로부터 잠시 숨을 돌릴 수 있는 시간을 갖는 것이 유익하다.

다른 귀중한 기술들처럼, 꼬리표 붙이기도 연습이 필요하다. 당장 눈에 보이는 효과가 없다고 포기하지 마라. 시간이 흐를수록 감정을 파악하고 이름을 붙이는 일에 능숙해질 것이다. 또한 이 능력이 향상되면서 함께 높아진 자아인식이 가져다주는 혜택과 그 영향력도 커질 것이다.

## 재평가: 레몬을 레모네이드로 바꾸기

잘 알려져 있든 그렇지 않든, 재구성 기술을 이용해 스트레스에 대응할 뿐 아니라 심지어 자신의 삶을 통째로 바꿔놓은 사례는 셀 수 없이 많다. 우리는 지금 현실부정자들 이야기를 하는 것이 아니다. 이 평범한 사람들은 우리와 똑같이(어떤 경우에는 더 심하게) 스트레스와 긴장, 좌절을 경험했지만, 이 난관을 더욱 긍정적인 관점으로 재해석하는 방법을 찾아낸 장본인들이다. "삶이 당신에게 고작 레몬을 준다면 레모네이드를 만들라"라는 말이 이것을 잘 요약한다. 한편 심리학자들은 이 방법을 훨씬 무미건조하게 '인지적 재해석' 또는 '재구성'이라는 간단한 명칭으로 부른다.

당신의 대뇌변연계는 사실 여부와 상관없이 잠재위협으로 인식되는 모든 것들에 대해 본능적이고 무의식적인 반응을 일으킨다. 이 위협 회로가 활성화된 후에는 당신이 여기에 대해 직접적으로 취할 수 있는 조치가 없다. 그러나 아직 당신이 할 수 있는 일이 남아있는데, 이 반응을 해석하는 방식을 바꾸는 것이다. 이것이 바로 인지적 재해석의 핵심이다.

대뇌변연계가 반응을 하고 집행기능이 그 반응을 해석하기까지의 간격은 매우 짧지만, 이 짧은 순간이 감정조절에 막대한 영향을 끼칠 수 있다. 그러나 매번 감정조절에 성공할 수는 없다. 원하는 즉시 자신이나 타인의 감정을 다른 방향으로 전환시키는 일이 항상 가능하지는 않을 것이다. 그러나 당신이 성실하게 두뇌를 훈련한다면 시간이 흐를수록 감정조절 능력은 향상될 것이며, 당신의 주의력과 에너지가 필요한 곳에서 그것들을 조절하고 유지하는 데 더 유리한 위치를 점할 수 있을 것이다.

## 핵심포인트

**머리와 가슴** __ 뇌의 주도권을 얻기 위해 두 영역이 경쟁을 빌인다. 전전두피질은 이성적인 '사고 영역'이며, 대뇌변연계는 감정이 처리되는 곳이다. 두 영역 간의 싸움에서는 대뇌변연계가 언제나 승리할 것이다.

**위협과 보상** __ 대뇌변연계에는 위협과 보상이라는 두 가지의 주요하고 원시적인 반응체계가 존재한다. 당신이 위협 상태에 있을 때 전전두피질은 잠시 작동을 멈추는 반면, 보상 상태에 있을 때 당신의 사고능력은 강화된다.

**감정 회복력** __ 스트레스의 잠재적 파괴력에 대한 저항을 기르기 위해 양질의 식사, 운동, 충분한 수면이 필요하다.

**신체를 변화시켜라** __ 생각이 변할 것이다. 감정을 조절할 수 있는 두 가지 경로가 있다. 당신의 생각 패턴을 바꾸는 것과 스트레스에 대한 당신의 반응을 바꾸는 것이다.

**속아 넘어갈 때까지 속여라** __ 뇌는 신체를 움직이게 하지만 의사소통 경로는 양방향이다. 자신감 있는 자세를 취하거나 만족스러운 미소를 지을 때, 당신의 뇌는 인위적으로 조성된 분위기에 어울리는 반응을 보일 것이다.

**감사를 잊지 마라** __ 매일 감사하는 시간을 갖는 방법으로 행복 설정값을 최대 25퍼센트까지 올릴 수 있다는 사실이 확인되었다.

**인지 주짓수를 시도하라** __ 스트레스에 대처하는 최선의 방법은 노련한 무예가들이 적수에 맞서는 방식을 차용하는 것이다. 스트레스와 직접적으로 싸우는 대신 꼬리표 붙이기와 재구성을 통해 스트레스의 영향력이 당신에게 유리한 방향으로 전환되게 하라.

**레몬을 레모네이드로** __ 위협은 도전에 필요한 자극으로 바뀔 수 있으며, 갑작스런 난관은 예상치 못한 기회를 가져다줄 수 있다. 어려운 상황을 어떻게 재구성하느냐에 따라 뇌와 몸이 스트레스에 대처하는 방식이 현저히 달라진다.

# 3장
# 집중력을 가다듬어라

중요한 사안에 집중하고 방해물에 대한 통제력을 얻어라

2012년 4월, 40세의 딘 포터<sup>Dean Potter</sup>는 나일론과 강철로 만들어진 40미터 길이의 줄을 타고 2분이 약간 넘는 시간에 중국의 은시 대협곡을 아슬아슬하게 건넜다. 슬랙라인이라고 부르는 이 줄에서 바닥까지의 높이는 1.5킬로미터가 넘었다.[1]

포터에게 영감을 준 인물 중 하나였던 필리페 페팃<sup>Philippe Petit</sup>은 1974년 뉴욕 세계무역센터 건물 사이에 쇠줄을 걸고 줄타기를 한 것으로 유명하다.[2] 그러나 페팃과 달리 포터는 균형봉이나 안전끈의 도움 없이 협곡을 건넜다. 그가 보여준 것은 극도의 집중력이었다. 우리도 연습을 통해 집중력이 높아진 상태를 달성해 성과를 향상시키고 놀라운 결실을 맺을 수 있다.

## 방 안의 고릴라

1999년, 심리학자 크리스토퍼 차브리스와 대니얼 사이먼스는 두 그룹의 학생들이 서서 농구공 두 개를 주고받는 짧은 영상을 촬영했다. 학생 절반은 흰 티를, 나머지 절반은 검정 티를 입고 있었다. 각 그룹은 같은 색의 티를 입은 학생들에게만 공을 패스했다.

영상 촬영과 편집 작업이 끝나자 피실험자들에게는 간단한 임무가 주어졌다. 영상을 보면서 흰 티를 입은 학생들 사이에서 농구공이 몇 번 오고 갔는지 조용히 세어보라는 것이었다.[3]

심리학 실험이 종종 그렇듯, 피실험자들에게 주어진 임무는 그저 눈속임의 수단일 뿐이었다. 사실 차브리스와 사이먼스는 농구공 패스 횟수를 세는 피실험자들의 능력이 아닌 다른 것을 테스트하고 있었다. 영상에서 약 20초 동안 고릴라 복장을 한 학생이 농구공을 던지는 학생들 사이로 곧장 들어와 멈춰 서서 가슴을 두드린 후 다시 화면 밖으로 걸어 나갔다.[4]

패스 횟수를 센 실험 참가자들은 영상에서 이상한 점을 발견했냐는 질문과 선수가 아닌 다른 사람을 본 적이 있냐는 질문을 연이어 받았다. 두 질문에 "아니요"라고 답한 참가자에게 고릴라를 봤냐는 질문이 마지막으로 주어졌다. "뭘 봤냐고요?!" 패스 횟수를 세기 위해 집중해서 영상을 봤던 피실험자들의 절반 정도는 도저히 믿을 수 없다는 반응을 보였다. 그들은 고릴라 복장의 학생을 전혀 인지하지 못했다.

고릴라 실험 이야기를 들은 사람들, 그리고 특히나 직접 실험에 참가했던 이들은 놀라거나 경악을 금치 못했다. 그들은 "어떻게 그걸 못 봤을 수가 있지?"라고 말하며 궁금해한다. 그런데 사실 특정 상황을 제외하고는 이렇게 고릴라를 무시하는 능력이 장점이 될 수 있다. 당신에게는 주위를 분산시키는 방해요소와 상관없이 중요한 일에 집중할 수 있는 능력이 있다는 뜻이기 때문이다.

## 전등의 불처럼 생각이 반짝 —————

우리 세미나에서도 이와 비슷한 사건이 일어났다. 어느 늦은 오후, 우리는 작은 회의실에서 소규모의 청중을 대상으로 세미나를 하고 있었고, 진행자는 앞쪽에 세워둔 전등 가까이에 서서 세미나를 이끌었다. 날이 저물기 시작하자 그는 손을 뻗어 전등 스위치를 눌렀다. 전등은 켜지지 않았지만 그는 진행을 멈추지 않고 실내가 점점 어두워지는 가운데 세미나를 이어갔다.

약 10분 후 갑자기 불이 들어왔다. 전등이 이제야 작동한다는 사실에 정말 놀란 진행자는 "마술 같군요!"라고 말했다. 그런데 많은 청중이 그의 말에 박장대소했다. 진행자가 당황한 표정을 짓자 청중 한 사람이 설명했다. 스태프가 들어와서 진행자 옆에서 전등을 수리했는데 그가 전혀 알아차리지 못했다는 것이다. 전등을 고친 스태프가 고릴라 복장을 한 것은 아니었지만, 진행자는 앞 사례에서처럼 청중과 자신의 강연에 너무 집중한 나머지 전기 작업이 이뤄지는 것을 인지하지 못했다.

고릴라를 인지하지 못한 피실험자들의 놀란 반응은 우리가 집중력의 한계를 잘 파악하지 못한다는 사실을 여실히 보여준다. 만약 당신이 두 가지 인지과제를 동시에 처리하면서 각각의 과제를 완벽하게 처리했다고 생각했다면, 그 생각이 틀렸음을 쉽게 예측할 수 있다. 당신의 두뇌는 과부하에 걸려 과제에 오류가 있다는 사실을 인지하지 못했을 뿐이다. 그 인지의 실패가 바로 방 안의 고릴라인 셈이다.[5]

인지적 재해석이라는 관점에서(**2장 참조**) 방 안의 고릴라를 무시하는 현상에는 긍정적인 면이 있다. 각 사례에서 고릴라와 전기공이 인지되지 못한 이유는 당시 상황과 연관성이 거의 없었기 때문이다. 회의실의 전등을 수리함으로써 얻는 효과를 고려하면 전기공이 당시 상황과 연관된 인물이라고 생각할 수도 있겠다. 그러나 전기공이 작업하는 것을 바라보는 행위로 얻을 수 있는 유익은 지하철이 빨리 도착하기를 바라는 마음에 터널을 바라보는 행위에서 얻는 유익만큼이나 무의미할 것이다.

충분한 경험과 인지적 통제력을 갖춘 진행자는 회의실에서 가장 중요한 요소를 제외한 나머지를 전부 제거해버리는 전략을 통해 가장 필요한 곳에 자신의 주의력을 돌리고 집중력을 가다듬을 수 있었다. 불이 다시 들어오기 전까지 진행자는 전등을 신경 쓰지 않았으며, 전등은 밝혀진 후에야 비로소 상황과 연관성 있는 요소가 되었다.

이런 에피소드들을 보면, 다른 데 정신이 팔려 집중을 못 한다는 이유로 늘 놀림을 받는 교수의 전통적인 이미지에 대해 생각을 달리하게 된다. 종종 주의력 결핍으로 보였던 행동이 사실은 정반대로 고도의 집중력을 발휘할 때 나오는 행동이었다! 당신의 두뇌가 한 가지 특정한 문제를 해결하는 데 거의 모든 자원을 할당했으며, 전략적이면서도 효과적으로 수중에 있는 과제 외에 연관성이 없다고 판단되는 모든 자극을 차단한 것이다.


고도의 집중력은 단점이 아니라 장점이 될 수 있다. 이것은 이성적 뇌가 얼마나 놀라운 힘을 지니고 있는지 보여주며, 깊은 정신 집중이 일궈내는 진정한 승리이기도 하다. (만약 당신이 교수의 배우자라면 짜증날만하다는 건 공감한다!)

## 집중력 이해하기

가만히 생각해보면 당신이 집중할 수 있다는 사실 자체가 놀랍다. 이 책을 읽는 행위를 당연하게 받아들일 수도 있겠지만, 당신 주변에는 수십 개의 다른 자극이 존재하며, 이 모두는 당신의 주의를 빼앗기 위해 시끄럽게 외치고 있다. 청각, 후각뿐 아니라 사실상 방 안의 모든 물건이 다양한 종류의 시각적 자극을 제공한다. 실내가 덥거나 춥다는 느낌, 신발이 잘 맞는가에 대한 판단, 책장을 넘길 때의 감촉이나 전자책을 손에 들었을 때의 무게감 등과 같은 감각도 마찬가지다.

당신이 이 책에 집중할 수 있는 것은 서로 다른 두 가지의 두뇌 메커니즘 조합 덕분이다. 한 메커니즘은 집중채널(이 경우에는 책을 뜻한다)을 강화시키고, 다른 하나는 당신이 무시하기 원하는 신호를 억제시킨다. 신호를 증폭 혹은 감쇠시키는 역할을 담당하는 것이 바로 전전두피질이다.[6]

### 집중력의 시작점은 전전두피질이다 ────

당신이 우리와 같은 보통 사람이라면, 당신이 일자리를 얻게 해준 일등 공신은 바로 전전두피질이었을 것이다. 사실, IQ를 결정하는 일을 포함하여 아주 다양한 역할을 수행하는 두뇌 영역인 전전두피질이 제 기능을 발휘하지 못한다면, 당신은 아마 리더가 되지 못했을 것이다.

이성적 사고처리를 담당하는 전전두피질은 일반적으로 '집행기능'이라고 불리는 추론, 전략 수립, 문제해결 등의 활동을 담당한다. 또한 작업기억을 담당하는 것도 전전두피질이다. 새로운 정보가 유입되었을 때, 당신이 무엇을 할지 결정하는 동안 해당 정보가 저장되는 중간 대기 구역이 전전두피질이라는 의미다. 진화론적인 관점에서 전전두피질은 두뇌에서 가장 어린 부위다. 겨우 50만 년 전에야 완전히 발달한 전전두피질은 인류를 대부분의 동물과 구분시키는 영역이다.[7]

전전두피질이 뇌에서 가장 늦게 성숙하는 부위라는 점도 흥미롭다. 실제로 어떤 사람들의 경우는 20대가 되어서야 완전히 성숙한다고 한다. 10대 자녀를 키워본 사람이라면 누구나 이성적 사고능력의 발달 지연이 얼마나 골치 아픈 일인지 공감할 것이다!

일반적으로 우리가 사고라는 개념에 대해 생각할 때, 우리는 전전두피질을 생각하고 있는 것이다. 독일 태생의 신경과학자 아르네 디트리히 Arne Dietrich는 "우리가 단순한 아이디어를 가져와서 이것을 온갖 복잡한 껍질로 둘러싸는 장소가 바로 전전두피질이다"라고 표현했다.[8] 상대적으로 크기는 작지만 강력한 에너지를 품고 있는 전전두피질은 마치 포르쉐의 출력을 내는 미니 쿠퍼 같다.

크기에 비해 아주 다양한 역할을 담당하는 전전두피질은 우리가 여러 선택지를 두고 고민할 때나 멋진 전략적 계획을 구상하는 데 도움을 주기도 한다. 당신이 저녁식사에서 와인을 더 주문할지 말지를 결정할 때 최종결정을 내리는 것도 전전두피질이다. 전전두피질은 계획 수립이나 의사결정 같은 고차원 사고뿐 아니라 심리학자들이 일반적으로 주의력이라고 부르는 집중능력을 담당하기도 한다.

**주의력 레시피** ___ 전전두피질이 신경전달물질과 호르몬 및 기타 신체화학물질의 적절한 조합을 제공받을 때 주의력이 발생한다.[9] 이들 중 일부는 이상하리만큼 친숙할 것이다. 최고의 성과 DNA인 도파민, 노르아드레날린, 아세틸콜린이 주의력을 만들어내는 레시피 재료라는 사실은 우연이 아니다. 노르아드레날린은 항상 비정상적인 활동에 대해 경계태세를 갖춘다. 또한 무언가 당신의 주의를 끌 때, 아세틸콜린은 그것의 근원지와 정체성을 확인하기 위해 신경을 집중시킨다. 마지막으로 도파민은 당신의 주의를 빼앗은 대상에 대해 당신이 어떤 조치를 취할 것인지 결정할 수 있도록 돕는다. 하지만 유감스럽게도 도파민과 노르아드레날린은 스파이 영화에 등장하는 이중간첩처럼 당신의 주의력을 강화할 수도 있고 방해할 수도 있다.

도파민 분비량이 증가할 때 느껴지는 보상감은 우리가 도파민을 더 많이 얻기 위해 현재 하고 있는 일을 지속하게 하는 원동력이 되며, 종종 그 결과로 집중력이 생긴다. 그러나 이유가 무엇이든 간에 당신의 주의력이 흐려진다면 변덕스러운 뇌는 신경전달물질의 폭발적 분비를 촉진할 새로운 경험을 찾기 시작한다.[10] 다른 말로하면, 처음에 당신이 주의를 집중시키게 만든 장본인이었던 신경전달물질이 다음 순간 당신의 주의력을 흐트러트리는 원인을 제공할 수 있다는 이야기다.

노르아드레날린도 비슷한 변덕을 부린다. 노르아드레날린이 우리의 주의력을 이끌어낸다는 사실은 분명하지만, 이것이 집중력을 유지시키는 데는 아무런 도움이 되지 않는다. 도전적인 과제를 포함한 어떤 형태의 잠재위협이 발생하든, 노르아드레날린은 지체 없이 엄청난 강도로 당신의 주의를 집중시켜 투쟁이나 도피 또는 경직이라는 세 가지 전형적인 선택지 중 하나를 고르게 할 것이다. 그런데 이 응답은 지속적인 활동이 아닌 순간적인 반응이다. 당신이 손을 쓰지 않는다면 도파민과 노르아드레날린이 모두 나서서 다음으로 당신의 주의를 분산시킬 요소를 찾을 것이다.

## 주의분산 물리치기

뇌는 마치 주의력 분산요소를 일부러 찾아내는 탐지기 같다. 물론 뇌는 생존이라는 중요한 목적을 위해 외부 및 내부 환경의 변화를 모두 읽어내려 한다. 하지만 새롭고 참신한 자극에 집중하려는 뇌의 본능이 당신의 집중력에 악영향을 줄 수 있다. 한 유명한 연구에서 피실험자들은 매번 약 50퍼센트의 확률로 자신이 현재 수행하는 과제에서 주의력을 빼앗겼다.[11]

우리의 주의력을 분산시키는 주범은 실제 또는 가상의 잠재위협 및 보상에 반응하는 대뇌변연계이다. 전전두피질은 반응이 더 느리고 약하며, 뇌의 다른 영역보다 자원을 많이 소모한다.

고도의 집중력을 얻는 최고의 방법은 집중력 분산요인을 제거하는 한편 집중력에 유익한 기술을 개발하는 것이다. 의식적으로 주의분산을 억제하는 것이 적극적인 해결법처럼 보이겠지만, 이 행동은 원시적이고 강력한 대뇌변연계를 자극할 가능성이 높기 때문에 거의 효과가 없다고 볼 수 있다. 오히려 우리가 집중력을 발휘할 때 활용해야 하는 한정된 인식자원을 소모시켜 문제를 악화시키는 경우가 다반사다.

주의력을 분산시키는 요인들을 무시하기보다는 가능할 때마다 그것들을 최소화시키거나 없애버리는 것이 최선이다. 한편, 우리의 집중

**멀티태스킹은 집중력의 최대 적이다.**

을 훨씬 더 어렵게 만들고 생산성을 저하시키는 방법 중 하나가 멀티태스킹이다. 멀티태스킹이 마치 생산성의 최고 경지인 것처럼 보일 수도 있겠지만, 사실 이것은 집중력에게 있어 최대의 적이다. 왜냐하면 시각, 청각, 후각처럼 우리가 대체로 통제할 수 없는 방해물과 달리 멀티태스킹은 우리가 스스로 자원해서 집중력을 다른 곳에 돌리는 행위이기 때문이다. 당신이 고의적으로 두뇌역량을 약화시키고 집중력을 흐린다는 이야기다.

## 멀티태스킹 최소화하기

우리는 다양한 색상을 활용해 두뇌와 컴퓨터를 비교하는 흥미로운 자

료를 주변에서 흔히 접할 수 있다. 우리 머릿속에 있는 신체기관이 단순히 책상 위 노트북의 오래되고 물렁물렁한 버전이라고 비교함으로써 두뇌에 대한 이해를 도울 수 있는 것도 사실이다. 그런데 이 비교법은 유용할진 몰라도 정확한 사실을 전달하지는 않는다.

어떤 사람들은 이 말을 듣고 놀랄 수도 있겠지만, 우리의 뇌는 컴퓨터가 아니다. 사실 거의 모든 면에서 뇌는 컴퓨터보다 훨씬 우월하다. 하지만 컴퓨터가 단연 앞서는 영역이 최소한 한 가지 있다. '멀티태스킹'이라는 용어는 본래 동시에 한 개 이상의 애플리케이션을 구동할 수 있는 운영체계를 뜻하는 컴퓨터용어였다. 우리가 컴퓨터를 하면서 너무 많은 시간을 보내기 때문에 멀티태스킹이라는 개념은 컴퓨터 세계에서 인간 세계로 넘어와 일반적인 용어로 사용되기 시작했다.

그런데 작은 문제가 하나 있다.

사실 인간은 멀티태스킹을 할 수 없다.


주의분산 물리치기 **멀티태스킹 최소화하기**

## 멀티태스킹 신화

우리 모두에게는 멀티태스킹을 멋지게 해내는 지인이 있을지도 모른다. 그러나 사실 그들이 수행하는 활동 중 하나는 두뇌의 다른 영역에서 처리되는 경우가 대부분이다. 엄격히 말해서 그것은 멀티태스킹이 아니다. 우리가 말하는 멀티태스킹은 계획, 숙고, 추론 등의 능력을 담당하는 전전두피질의 활동만을 뜻하며, 전전두피질에서 이루어지는 진정한 의미의 멀티태스킹은 실현 불가능하다. 아무리 우리 뇌가 동시에 여러 일을 잘 처리할 수 있다고 해도, 조금 어설픈 면이 있는 전전두피질은 껌을 씹으면서 동시에 걸을 수 없다.

당신이 멀티태스킹이라고 생각했던 것들은 아마 다양한 활동 사이에서 빠르게 집중력을 옮기는 순차적 과업 전환이었을 것이다. 어떤 때는 이 전환이 너무 빠르게 이뤄져서 당신이 정말 한 번에 두 가지 과제를 처리하고 있는 느낌이 들을 수도 있다. 하지만 우리를 믿어라. 그것은 멀티태스킹이 아니며, 이렇게 빠른 전환에는 상당한 대가가 따른다.

주의분산 물리치기 **멀티태스킹 최소화하기**

### 멀티태스킹의 진정한 대가

프레젠테이션 자료를 만들다가 이메일을 확인하는 것처럼 당신이 한 활동에서 다른 활동으로 주의를 전환시킬 때 뇌는 4단계의 과정을 거친다. 얼마나 빨리 집중력을 옮기는지와는 상관없이 모든 과정은 기본적으로 동일한 순서로 진행된다.

①먼저 전방 전전두피질 부위에 혈액이 급격히 몰리면서 당신이 프레젠테이션 작업에 들어갈 것임을 나머지 두뇌 영역에 알린다. ②이렇게 뇌가 수배령을 내리면 두 가지 일이 일어난다. 첫 번째로 서부시대 보안관이 마을에서 민병대원을 모집했던 것처럼 두뇌는 특정 업무를 처리하는 데 적합한 뉴런을 물색해 선발한다. 그다음 다양한 과업을 수행할 줄 아는 이 뉴런들을 프레젠테이션 작성을 담당할 임시 대표로 선정한다. 앞에서 이뤄진 물색과 선발의 과정은 아주 빠르게 처리되지만 여전히 10분의 1초 정도의 시간이 소모된다. ③이제 당신이 프레젠

테이션 작업을 중단하고 이메일을 확인하기로 결심한다면, 당신의 뇌는 현재의 과제에 쏟았던 집중력을 거둬들이고 다음 과제에 집중할 준비를 한다. 이 과정은 빠르긴 하지만 곧 이어지는 논의를 통해 알 수 있듯 충분히 빠르지는 않다. ④마지막 단계는 1단계와 동일하다. 단지 이번에 전방 전전두피질은 프레젠테이션 작성이 아닌 이메일 확인을 할 것이라는 내용을 공지한다. 이번에도 약 10분의 1초가 흘러간다.

결국, 한 과제에서 다른 과제로 주의를 전환하는 전체 과정에는 총 0.5초 정도가 소요된다.[12] 그리 긴 시간이 아니라고 생각할 수도 있겠지만, 당신이 매번 과제를 전환할 때마다 이것이 반복된다는 사실을 깨닫고 나면 생각이 바뀔 것이다. 0.5초는 빠르게 누적되기 시작한다. 게다가 당신이 집중력을 전환하는 것은 어떻게 보면 매번 일을 처음부터 다시 시작하는 것과 같다. 음료수를 광고하듯 멀티태스킹을 광고한다면 슬로건은 아마 "자, 어디까지 했더라?" 정도가 될 것이다.[13]

0.5초씩 더해가며 시간을 낭비하는 것이 대수롭지 않고 끊임없이 주의력을 새로 전환하는 일이 전혀 두렵지 않다면, 추가적인 통계자료를 확인함으로써 더욱 강한 자극을 받아보자.

- 업무에 방해를 받는 사람들은 시간을 50퍼센트 더 쓸 뿐 아니라 오류를 범할 확률도 최대 50퍼센트 더 높다고 한다.[14]
- 한 업무에서 다른 업무로 전환했다가 다시 원래 업무로 돌아오는 과정에는 단 몇 초가 소요된다. 그러나 캘리포니아대학교 어바인캠퍼스 연구팀

에 따르면 심지어 아주 잠깐의 방해를 받더라도 다시 정상적으로 업무에 집중하기 위해서는 평균 23분이 필요하다고 한다.[15]

- 멀티태스킹을 하는 사람들의 주요 특징인 끊임없는 문자나 이메일 확인으로 인해 IQ가 일시적으로 최대 15점*까지 떨어질 수 있다.[16]

- 마지막으로 다양한 연구에 따르면 사람들은 약 3분마다 외부적 방해요소나 스스로 제공하는 원인으로 인해 집중력이 분산된다고 한다![17]

물론 우리가 피할 수 없는 방해도 있다. 그러나 멀티태스킹의 문제는 우연이 아닌 선택으로, 우리가 스스로 방해한다는 점이다. 일부러 자신의 업무 효율을 감소시키고, 오류를 범할 확률을 높이며, 스스로의 지능을 낮춰야 할 이유가 무엇인가? 이제 이 책을 읽은 당신은 더 이상의 멀티태스킹을 중단하기로 결심했을 수도 있다. 이것은 현명한 결정일 뿐 아니라 심지어 당신의 목숨을 구할 수도 있다.

주의분산 물리치기 **멀티태스킹 최소화하기**
### 멀티태스킹은 치명적이다

2008년 로스앤젤레스에서 통근열차가 화물열차와 충돌해서 25명의 승객이 사망하는 사고가 발생했다. 사망자 중에는 사고 당시 문자를 보내다가 경고신호를 놓친 열차의 승무원도 포함되어있었다. 그는 충

---

* IQ 테스트는 본질적으로 PFC를 활용하는 당신의 능력을 측정하기 때문에, 이 비교적 작은 영역을 어떤 자극이 독차지한다면 그 능력은 저하될 것이다. 당신의 주의가 분산되었을 때 IQ 테스트를 받는다면 테스트점수가 떨어진다는 사실이 연구에서 확인되었다. 멀티태스킹이 당신을 영구적으로 바보로 만들지는 않겠지만, 임시적으로 바보로 만들 수는 있다!

돌이 일어나기 약 80초 전에 마지막 문자메시지를 수신했다고 한다.

이제 운전 중 전화나 문자의 위험을 인식한 많은 사람이 전화기를 손에서 놓고 '핸즈프리' 디바이스를 대신 사용한다. 그러나 불행히도 운전 중 통화의 주요 문제는 기기를 손에 들었는지 여부가 아니라 사회적 차원에 있다. "우리 뇌는 사회적 입력신호를 잘 무시하지 못합니다." 캔자스대학교 교통연구소 소속 심리학자 폴 앳칠리Paul Atchley의 말이다. 우리 뇌는 사회적 신호에 우선순위를 부여하기 때문에 다른 차량이 급작스럽게 방향을 틀어 당신의 차선으로 침범할 때 사회적 입력신호가 온다면 문제가 발생할 수 있다.[18] 물론 운전 중 휴대폰을 사용하는 사람 대다수에게 사고는 일어나지 않을 것이다. 다르게 표현하면, 그들은 사고가 일어날 때까지 멀티태스킹을 멈추지 않을 것이다.

이렇게 큰 위험을 무릅쓰는 이유가 무엇일까? 어쩌면 멀티태스킹의 매력이 너무 커서일 수도 있다. 각종 자료가 정반대의 결론을 입증하는 데도 불구하고 멀티태스킹이 당신의 생산성을 향상시킨다는 신화가 잔존하고 있으니 말이다.

주의분산 물리치기 **멀티태스킹 최소화하기**

## 멀티태스킹은 역효과를 낸다

우리의 좋은 의도와 달리, 멀티태스킹은 사실 생산성을 저하시키고 시간을 줄이는 것이 아니라 늘린다. 《슈퍼맨의 부상The Rise of Superman》의 저자 스티븐 코틀러는 "모든 순간, 모든 장소에서 성과를 향상하려

한다면 어떤 곳에서 어떤 일도 이룰 수가 없다"라고 설명했다.[19] 멀티태스킹은 실수와 스트레스를 늘리며 정신적 피로를 야기할 뿐만 아니라, 궁극적으로 우리에게 즐거움을 주지 못한다.

## 멀티태스킹은 뇌를 손상시킨다

멀티태스킹은 단기적인 문제뿐만 아니라 장기적인 문제를 유발할 수도 있다. 지속적으로 멀티태스킹을 하게 하는 주 원인인 '다른 곳으로 주의를 돌리고 싶은 유혹'은 차단이 쉽지 않다. 그 결과, 심지어 당신이 멀티태스킹을 하지 않고 있을 때도 집중력을 발휘하는 것이 어려워질 수 있다. 또한 멀티태스킹은 유연성이 떨어지는 두뇌기억장치를 사용하는데, 이것이 장기기억을 생산하고 회수하는 능력을 저해할 수도 있다는 근거가 확인되었다. 추가적으로 최근 연구에서 동시에 여러 형태의 미디어를 이용하는 미디어 멀티태스킹과 오류검사능력을 담당하는 두뇌 영역인 전대상피질 내 회색질 양의 감소에 연관성이 있을지도 모른다는 가설이 제기되기도 했다.[20]

## 그럼에도 멀티태스킹을 하는 이유

부정적 효과를 뒷받침하는 증거가 이렇게 많은 데도 우리가 여전히 멀티태스킹을 하는 이유는 무엇일까? 시간 절약과 생산성 제고라는 통상적 이유는 우리의 동기를 설명할 수는 있지만 실제적인 결과와는 일치되지 않는다. 앞서 본 것처럼 멀티태스킹은 오히려 우리의 시간을 낭비하고 생산성을 낮췄다. 이제 우리 대부분은 이 사실을 인지하고 있다. 멀티태스킹의 위험과 함정에 대한 기사를 셀 수 없이 많이 읽었지만, 우리는 여전히 그 증거를 무시하고 있다. 왜 그럴까?

주의분산 물리치기
## 우리는 새로운 것에 이끌린다

이를 설명할 수 있는 답변은 우리에게 익숙할 것이다. 뇌를 탓하라. 우리가 멀티태스킹을 하는 이유는 두뇌에 새로운 자극을 찾으려는 강한 욕구가 있기 때문이다. 우리가 주의분산요인에 반응을 하면 도파민이 분출된다. 스탠퍼드대학교 교수이자 심리학자인 러셀 폴드렉Russell Poldrack은 도파민이 '기분 좋은' 신경전달물질이라는 명성과 달리, 실제로는 '탐욕스러운' 신경전달물질이라고 이야기했다.[21] 이 습관은 점차 중독이 되어 새로운 자극 없이는 지루함을 느낄 것이다.[22]

　늘 그렇듯 이러한 속성의 근원에는 생존이라는 문제가 있다. 우리 조상들이 식사를 준비하거나 오두막을 짓는 도중에 갑자기 잠재위협이 나타난다면, 찬찬히 처리해야 하는 과업보다는 생존과 같이 더욱 즉각적인 조치가 필요한 문제로 주의를 전환시켜야 했다. 안타깝게도 새로운 이메일을 알리는 경고음은 먼 옛날 사나운 맹수의 소리와 동일한 기능을 한다.

　우리 두뇌는 주의를 분산시키는 대상을 탐지하는 기기이며, 이메일이나 스마트폰은 자극을 생성하는 기계다.[23] 그런데 이런 방해요소는 수시로 나타난다는 특성 때문에 맹수보다는 두더지게임의 두더지와 더 비슷하게 느껴진다. 이것은 두 배로 나쁜 소식이다. 캘리포니아대학교 어바인캠퍼스에서 진행한 연구에 따르면 이메일 경고음은 우리의 업무에 지장을 줄 뿐만 아니라 스트레스를 유발하기까지 한다. 우리가 처음 '땡'하는 이메일 경고음을 들었을 때는 크리스마스 아침에 선물을 본 아이처럼 흥분할 수도 있다.[24] 그런데 자극이 지속된다 해도 설렘이 가라앉기까지는 그리 많은 시간이 소요되지 않는다.

멀티태스킹은 애초에 새로운 자극에 대한 욕구로 시작되지만, 대부분의 중독과 마찬가지로 이에 대한 보상으로 얻는 효과는 시간이 흐를수록 꾸준히 감소한다.


주의분산 물리치기
## 우리는 롤모델을 모방한다

우리가 멀티태스킹을 하는 또 다른 이유는 우리의 멘토들이 멀티태스킹을 하기 때문이다. 우리에게 영감을 주는 많은 남성과 여성은 자신이 성공하고 있다는 사실뿐만 아니라, 그 성공의 열쇠가 멀티태스킹이라는 인상을 주고 있다. 우리는 대부분 멀티태스킹을 잘하는 것처럼 보이는 지인을 뒀으며, 멀티태스킹 '능력'은 어느 정도의 경외감과 존경심을 유발한다. 상사 혹은 특출하게 유능한 동료가 늘 멀티태스킹을 하는 사람이라면 당신은 멀티태스킹이 그들의 성공비결이라고 생각할 것이다.

그러나 사실 그들은 멀티태스킹을 하는 데도 불구하고 성공을 했던 것이다. 멀티태스킹을 하는 대신 한 번에 한 업무에만 집중했다면 그보다 훨씬 더 큰 성공을 거뒀을 확률이 아주 높다.

## 우리는 스스로 멀티태스킹을 잘한다고 생각한다

멀티태스킹을 하는 동안 사람들은 대부분 자신의 능력을 과대평가한다. 문자메시지를 하다가 사고를 낸 수많은 사람들의 이야기를 들으며 '대체 왜 그런 위험한 행동을 한 거지?'라고 궁금해했다면 답변은 생각보다 간단하다. 그들은 자신이 모든 것을 통제할 수 있다고 생각한 것이다.

그러나 거듭된 연구를 통해 그들의 생각이 완전히 틀렸다는 사실이 입증되었으며, 이러한 착각은 치명적인 결과를 낳기도 한다. 최근한 연구에서는 스스로 멀티태스킹을 아주 잘한다고 답변했던 사람들이 실제로는 전혀 그렇지 않았다는 사실이 밝혀졌다.[25] 역설적이게도 여러 업무를 동시에 처리하는 것이 일상이었던 사람들은 일을 가지고 저글링을 하는 데 익숙하지 않은 사람들보다 멀티태스킹 능력이 낮았다. 스탠퍼드대학교에서 수행한 연구에 따르면 고강도의 멀티태스킹은 주의산만도를 높일 가능성이 크다.[26] 이 연구를 주도했던 클리포드 나스 교수는 습관적으로 멀티태스킹을 하는 사람들을 '무관심할 줄 모르는 사람들'이라고 표현했다.[27]

3장 집중력을 가다듬어라 | 119

## 하지만 여성들은 다르지 않나요?

멀티태스킹과 관련해 모두가 이야기하는 속설이 하나 있다. 여성이 남성보다 멀티태스킹을 더 잘한다는 것이다. 그러나 이를 뒷받침하는 과학적 근거는 없다. 각종 잡지에 넘쳐나는 화려한 헤드라인에도 불구하고 멀티태스킹에 대한 의견은 크게 엇갈리고 있다. 멀티태스킹을 찬양하는 헤드라인이 넘쳐나지만 멀티태스킹에 대한 판정은 크게 엇갈린다. 그리고 어느 성별이 더 유리하다는 결정적 근거는 아직 확인되지 않았다.[28]

그럼에도 불구하고 "내 아내는 나보다 훨씬 멀티태스킹을 잘하죠!"라고 자랑스럽게 이야기하는 지인 한 명쯤은 꼭 볼 수 있다. 그러나 격언처럼 "개인적 일화가 많이 모인다고 객관적인 자료가 되는 것은 아니다."

여성이 멀티태스킹을 더 잘한다는 통념은 여성과 멀티태스킹을 모두 잘못 이해한 결과에서 왔다. 수십 년간 진보가 있어왔지만, 풀타임으로 일을 하는 여성 중 다수는 여전히 요리, 청소, 양육 등 에너지를 많이 소모하는 가사를 병행해야 한다. 아빠가 소파에 앉아 TV를 보는 동안 부엌에서 아침을 준비하는 엄마가 통화를 하면서 자녀의 머리를 빗기는 풍경을 우리는 여전히 심심찮게 볼 수 있다.

엄마에게도 이 모든 일을 정신없이 처리하는 것이 최선의 선택은 아니었을 것이다. 또한 그녀가 하는 일이 진정한 의미의 멀티태스킹도 아니다. 멀티태스킹은 전전두피질이라는 제한된 공간 안에서 벌어지는 영토 분쟁이다. 만일 당신이 1년에 한 번만 셔츠를 다린다면 그 일을 할 때 전전두피질의 도움이 필요할 것이다. 이 경우 셔츠를 태우지 않으면서 다림질과 통화를 동시에 하는 것은 아주 어려운 일이다. 그런데 당신이 매주 셔츠를 몇 장씩 다리는 일에 익숙하다면, 이제는 뇌의 다른 영역에 이 일을 위탁해서 처리할 수 있다. 당신이 업무를 하는 동안에는 통화를 하는 것이 어렵지 않게 느껴졌다면 이유가 여기에 있다. 이 현상은 여성에게서만 발견되지 않는다. 다림질에 익숙한 남성이라면 누구나 똑같이 할 수 있다.

다행스럽게도 습관적인 업무는 인지 영역의 별다른 도움 없이도 기저핵 같은 두뇌 기타 영역을 통해 처리될 수 있다. 그렇다고 엄마의 삶이 덜 바빠지는 것은 아니지만, 최소한 전전두피질이 약간의 휴식을 취할 수는 있을 것이다. 여러 집안일 사이에서 재빠르게 주의를 전환시키는 행위가 반복되면서, 엄마는 자신도 모르는 사이에 이 분야의 전문가가 되었다.

앞서 반복적 경험과 멀티태스킹은 서로 다른 문제라고 했지만, 여성에게 정말 재빨리 주의를 전환시키는 특별한 능력이 있다는 사실이 입증될지도 모른다. 하지만 현재로서는 아직 결론이 도출되지 않았으니 우리도 정확한 판단을 할 수 없다. 게다가 추가 실험을 통해 성별보다는 공간지각력이 멀티태스킹에 더욱 결정적 역할을 할지도 모른다는 가설이 제기되었다. 스웨덴에서 남성과 여성의 멀티태스킹 능력을 시험한 최근 두 연구에서는 남성이 여성을 능가했다. 연구에 따르면 작업기억력과 공간지각력 같은 집행기능은 멀티태스킹 능력의 결정적인 요인이며, 오직 공간지각력만이 성별에 의해 영향을 받는다고 한다.[29]

## 집중력을 유지하는 전략

앞서 살펴본 것처럼 집중력을 유지하는 것은 쉽지 않으며, 멀티태스킹이 이를 더 어렵게 만든다. 주의분산요인에 굴복하지 않는 최선의 방법은 꽤 단순하다. 의도적으로 그 요소를 무시하려고 노력하는 대신 최선을 다해 그것을 제거하라. 그와 동시에 현재 당신이 집중하고 있는 활동이 가장 흥미롭고 즐거운 자극이 될 수 있도록 온 힘을 기울여라.

집중력을 유지하는 전략
### 각자의 새로운 업무에 대비하라

어려운 업무에 착수하기에 앞서 머리를 식히면서 주의를 산만하게 하는 요소들을 줄여나가라. 어떤 활동을 시작하기에 전에 스스로를 차분하게 만들고 집중할 수 있게 하는 시간을 가져라.[30]

집중력을 유지하는 전략
### 현재 하는 일에서 재미와 흥미를 찾아라

감정을 조절하는 방법으로 더 수월하게 집중력을 얻을 수 있다. 당신의 업무가 새롭고 재미있다면 당신이 자극을 찾아 주의를 돌릴 확률은 낮아진다. 현재 얽매여있는 일이 지루하거나 진부하다고 느껴진다면, 그 일을 더 재미있게 만들 수 있는 방법이 없을지 생각해보라.

당신이 정기적인 회의에 권태감을 느끼기 시작했다면 회의실을 옮기거나 최소한 자리라도 바꿔보라. 새로운 회의에 들어가거나 회의 주제가 바뀔 때마다 자리를 바꾸는 방법으로 모든 참석자들이 새로운 시점을 얻을 수 있을 것이다. 회의실의 분위기가 침체되었을 때는 모두 자리에서 일어나 30초 동안 움직일 것을 권해보라. 아니면 다음 주제가 논의되는 동안 창가에 서있는 방법도 있다. 독일의 유명한 조리기구 기업은 월요일 아침마다 진행되는 중역회의를 회의실이 아닌 본사 건물 밖 운동장에서 개최하기로 결정했다. 중역들은 평소처럼 테이블에 둘러앉는 대신 산책을 하며 활력을 충전했다. 그들은 산책을 함으로써 일상적인 업무 환경에 존재하던 주의분산요인에서 벗어날 수 있었을 뿐만 아니라, 참신한 아이디어를 위해 필요한 자극을 얻을 수 있었다. 한 임원은 회의 장소를 옮긴 결과 만족도와 업무효율이 눈에 띄게 개선되었다고 이야기했다.

혼자 일을 할 때도 유사한 전략을 적용할 수 있다. 특정 업무에 집중하기 전에 책상을 깨끗이 정돈하라. 책상에서 한 가지 업무를 마친 후, 노트북을 들고 다른 장소에 가서 다른 업무를 시작하라. 업무 환경의 작은 변화를 통해 뇌는 당신이 무언가 새로운 일에 집중할 것이라는 신호를 전달받을 것이다. 5분 동안 산책을 하거나 커피를 한잔 마셔라. 카페에 가거나 커피머신을 작동시키러 가는 행위(그리고 카페인)가 당신에게 활기를 불어넣어줄 것이다. 한 과제를 끝내고 다음 업무를 시작하기 전에 열 걸음을 걷는 습관을 만들어볼 수도 있다. 책상에서 하던 일을 잠시 멈추고 천천히 스트레칭을 하거나 간단한 운동을 시도해보라. 아니면 다음 과제로 넘어가기 전에 짧은 시를 낭송하거나 음악을 듣는 것도 방법이다. 최소한의 새로운 경험, 운동, 재미를 통해서도 일을 계속 이어가는 데 필요한 돌파구를 얻을 수 있다.

집중력을 유지하는 전략

## 주의분산요인은 초기에 제거하라

당신이 잠재적인 주의분산요인에 저항할 때는 전전두피질의 귀중한 공간이 사용된다. 게다가 이 일은 스트레스를 유발하기도 한다. 우리는 규칙적으로 엄청난 양의 자극을 배제하면서 두뇌 에너지를 소모한다. 어떤 방해요소는 당신이 통제할 수 없지만, 어떤 것들은 충분히 통제가 가능하다. 그러니 자신을 속이려고 노력하는 데 사고력을 낭비하지 마라. 주의분산요인들을 단순히 치워버리는 것이 더 쉽고 에너지 효율적이다.

그림, 종이, 장식품 등 잠재적으로 당신의 집중력을 흐트러트릴 수 있는 모든 물건을 당신의 시야에서 없애라. 작업 공간에 가족사진이 있다면, 이것을 책상 위에 두기보다는 의자 뒤 선반에 놓는 편이 더 나을 수도 있다. 또 문이 있다면 닫아두고, 그렇지 않다면 인이어 혹은 소음차단 이어폰을 사용해볼 수도 있다.

프레젠테이션 작업을 마치기 전까지는 절대 책상 위 물건을 건들지 않겠다고 맹세하는 것보다 잠재적 방해요소를 서랍에 넣거나 집에 두고 오는 것이 훨씬 효과적이다. 자기절제력은 칭찬할만한 자질이지만, 이로 인해 소중한 두뇌 에너지가 무서운 속도로 고갈된다.

## 집중시간을 만들어라

업무의 성격에 따라 동료들과 자신을 완전히 차단하는 것이 불가능할 수도 있다. 그러나 아주 드문 경우를 제외하고는, 하루에 한 번 시간을 내 문을 닫고 휴대폰 전원도 끄고 주변 동료 모두가 당신에게 말을 걸지 않는 '집중시간'을 보낼 수 있어야 한다. 당신이 중요한 회의에 참석하고 있다면 당신과 대화를 할 수 없다는 사실에 누구도 문제를 제기하지 않을 것이다. 그러나 당신이 회의에 들어가 있는 게 아니라면, 동료들은 아무 때나 당신에게 말을 걸어도 될 것이라고 넘겨짚을 때가 많다. 그러나 사실 당신에게 집중력이 필요한 순간은 '자신'과 함께 중요한 회의에 참석하고 있는 것과 다름없다.

당신이 방해를 받고 싶지 않은 순간에는 주변 사람들도 그 사실을 알게 하라. 팀워크가 목적일 때 협업을 장려하기 위해 시행하는 '열린 문 정책'은 집중이 목적일 때 반대로 완전한 재난이 될 수도 있다.

시도 때도 없이 주의를 전환해야 하는 업무 환경에서 일하고 있다면, 상황에 대한 통제권을 어느 정도 얻을 수 있도록 노력하라. 우리가 아는 한 임원은 열린 문 정책이 기본원칙인 기업에 소속되어있었다. 개방성을 지향한다는 정책 목표는 이론상으로 고무적이었지만, 실질적으로 그의 생산성은 극심하게 저하되었다.

이를 해결하기 위해 그는 간단하고 기발한 방법을 고안했다. 사무실 문 밖에 차트를 붙여두고 면담을 원하는 직원들은 차트에 자유롭게 이름을 적어두게 한 것이다. 근처에서 업무를 보던 비서는 정기적으로 차트를 확인한 뒤, 상사가 가능한 시간으로 면담 일정을 잡았다. 차트에 이름을 적은 직원은 그에 따라 초대장을 받았으며, 대부분의 경우 그날 내로 만나 대화를 나눌 수 있었다.

이 조치는 임원의 집중력을 향상시켰을 뿐 아니라, 임원 자신과 면담을 요청한 직원 모두의 통제력을 끌어올렸다. 직원의 통제력이 올라간 이유는 그가 면담을 요청했던 순간의 즉흥적 결정이 아닌 실질적인 약속을 통해 면담시간을 확보할 수 있었기 때문이다.

집중력을 유지하는 전략
## 감당할 수 있는 시간을 정해두고 일하라

한 가지 업무를 시작해서 끝까지 완성할 자신이 없다면 '20분 규칙'을 시도해보라. 여러 업무 사이에서 재빠르게 오가는 것이 아니라 한 가지 업무에 20분을 온전히 할애한 뒤에 다음 과제로 넘어가는 것이다.[31] 각각의 시간을 알차게 보낸 것에 대한 만족감과 '새로운' 업무를 향한 기대감으로 도파민이 분비될 것이다. 또한 각 시간을 효율적으로 사용해야 한다는 적당한 압박감은 노르아드레날린 농도를 높이는 데 도움을 주고, 당신을 성과의 '스윗스팟'으로 더 가까이 인도할 것이다.

캘리포니아주립대학교 심리학과 명예교수 래리 로젠Larry Rosen은 전자기기에 대한 유혹을 좀처럼 떨쳐버릴 수 없는 이들을 위해 '전자기기 타임'전략을 제안했다. 예를 들어, 당신은 15분 동안 업무에 집중한 후

2분 동안 문자메시지, 웹서핑, 포스팅 등의 인터넷 활동을 하고, 다시 15분간의 업무로 복귀해 집중력을 발휘하는 패턴으로 일을 할 수 있다. 당신에게 적정한 시간을 설정하여 실천하다 보면 전자기기를 건드리지 않고도 집중할 수 있는 시간이 점차 연장되는 경험을 할 것이다.[32]

집중력을 유지하는 전략

## 뇌를 지혜롭게 사용하라

최근 연구를 통해 걷기와 같이 가벼워 보이는 행동조차도 당신의 인지기능에 악영향을 초래할 수 있다는 사실이 입증되었다. 설령 당신이 길을 걸으면서 동시에 껌을 씹을 수 있는 사람일지라도, 걷기를 하면서 집중력을 요하는 업무를 수행하면 생산성이 저하되고 오류를 범할 확률이 높아질 수 있다. 배경음악이 집중력에 유익한지 아니면 해로운지에 대한 의견은 엇갈리게 나타나고 있다.[33] 당신이 공장에서 부품을 조립하는 것 같이 반복적인 업무를 수행한다면 음악이 긍정적인 영향을 줄 수도 있다. 또한 반복적인 잔잔한 음악이 독서와 같은 특정 분야의 고차원적 인지 활동에서 성과를 개선하는 경우도 있다는 사실이 확인되기도 했다. 그러나 일반적으로 많은 이들이 여가시간에 듣는 대중음악은(특히 가사가 있는 경우 더욱이) 독해나 정보처리 같은 능력을 방해할 확률이 높다.[34]

물론, 걷기나 음악이 뇌에 긍정적 영향을 준다는 주장을 뒷받침하는 근거는 많다. 우리는 이를 어떻게 받아들여야 할까? 확실한 것은 음

3장 집중력을 가다듬어라 | 127

악과 걷기가 긍정적인 정서효과를 불러온다는 사실이다. 우리는 업무를 시작하기 전에 음악을 듣는 것으로 도전적인 과제를 수행하기 전에 활력을 얻을 수 있으며, 걷기를 통해 억제된 스트레스를 제거할 수도 있다. 그러나 당신의 생계가 뇌의 생산성에 달려있는 경우라면, 음악 감상이나 산책은 당신이 일을 하지 않는 시간으로 미루는 것이 가장 좋다.

집중력을 유지하는 전략

## 당신의 이메일 습관을 조절하라

이메일은 "이것 때문에 못 살겠지만, 이것 없이는 살 수 없어"라는 불평에 아주 잘 어울리는 습관이다.[35] 일반적인 전문직 종사자들은 업무시간의 23퍼센트를 이메일을 처리하면서 보낸다. 캘리포니아대학교 어바인캠퍼스 연구팀의 글로리아 마크Gloria Mark와 스티븐 보이더Stephen Voida는 인근 기업에 있는 직원 열세 명에게 5일 동안 이메일 없이 업무를 할 것을 요청했다. 그 결과 직원들은 스트레스가 감소했으며, 다른 화면에 주의를 돌리지 않은 채 한 가지 업무에 집중할 수 있는 시간이 훨씬 길어졌다는 사실을 발견했다.

그러나 대부분의 사람들은 오랜 기간 이메일 없이 업무를 처리하는 것이 거의 불가능하다. 그 대안으로 마크와 보이더가 제안한 방법은 '이메일을 확인하는 시간을 따로 정해두는 것'과 '나머지 시간에는 이메일 알람을 꺼두는 것'이었다.

의식적으로 이메일과 문자의 온오프시간을 지정함으로써 이 장치들이 당신의 하루를 어느 정도까지 지배하는지 명확히 파악할 수 있다.

스마트폰과 이메일이 당신의 주의력에 어떤 영향을 미치는지 알아두는 것이 자기절제력 향상의 첫걸음이다.[36]

## 이열치열

주의분산요인에 이끌리는 우리의 천성과 깊은 집중력에서 나오는 힘을 조합해 수렁에 빠진 회의를 순조롭고 효율적인 회의로 바꿀 수도 있다. 회의에 들어갔을 때 참석자 한 명이 세부사항에 집착하는 바람에 전혀 진전을 보지 못한 경험이 있을 것이다. 사소한 디테일을 가지고 입씨름하는 것이 아니라 전체적인 전략 그림을 그리는 것을 목표로 하는 회의에서는 세부사항을 적은 메모나 표를 유용하게 사용할 수 있다. 까다로운 참석자에게 이것을 넘겨주고 면밀히 검토하게 해보라. 그들은 그 문서에 완전히 심취해 주된 논의를 듣지 못할 것이며, 회의는 마술처럼 제 속도를 회복할 것이다. 세부사항에 집착하던 사람이 마침내 정신을 차렸을 때는 이미 주요사항이 결정된 상태일 것이고, 반대론자들의 잔소리는 더 이상 문제가 되지 않을 것이다. 물론 화합이라는 취지에서 회의의 끝 무렵에 꼼꼼한 팀원의 복귀를 환영해준다면 모두가 만족감과 성취감을 느끼는 상태에서 회의를 종료할 수 있을 것이다.

당신이 문을 닫고, 귀마개를 한 다음, 창문 블라인드를 내리고, 벽에서 모든 그림을 떼어낸 후, 펜과 빈 종이를 제외한 책상의 모든 물건을 치워버린다 해도, 성공적으로 집중할 수 있으리라는 보장은 여전히 없다. 이유가 무엇일까? 그것은 시각, 청각, 후각 등의 외부 감각보다 더욱 강력하며 가장 집요한 주의분산의 원천이 바로 당신 자신의 방황하는 마음이기 때문이다.

사실 최근 갤럽 조사에서 미국 근로자의 71퍼센트가 자신의 업무에 '의욕이 없다'거나 '불만스럽다'고 보고했다고 한다. 또한 학력이 높아질수록 집중력에 대한 예상치는 더 낮아졌다. 대학원 과정을 마치거나 대학원 학위를 취득한 사람들 중 오직 27퍼센트만 업무에 의욕을 느꼈다.[37] 이것은 상사들뿐 아니라 모두에게 좋지 않은 소식이다. 마음의 방황은 깨어있는 삶의 약 50퍼센트를 점령했을 뿐 아니라 행복도에도 악영향을 준다.[38]

당신의 마음이 방황할 때 정확히 어떤 일이 일어날까? 저드슨 브루어Judson Brewer나 조너선 스쿨러Jonathan Schooler같은 일류 신경과학자들은 이제 꽤 명쾌한 답변을 제시할 수 있다. 마음의 방황은 디폴트 모드 네트워크, 간단하게 디폴트 네트워크라고 알려진 신경회로 영역에서 일어난다. 디폴트 네트워크는 그 이름에서 유추할 수 있듯, 우리가 깨어있는 대부분의 시간 동안 두뇌가 기본설정값으로 사용하는 회로다. 이

회로는 계획 수립이나 공상, 심사숙고와 같은 활동을 관장하며, 우리가 자기 자신이나 타인에 대해 생각할 때도 활성화된다.

디폴트 네트워크는 서사적 네트워크라고 불리기도 하는데, 뇌에 입수된 정보를 개개인의 필터로 거른 후 정보의 함축된 의미를 바탕으로 이미 발생한 사건과 발생할 사건에 대해 개개인의 서사적인 해석을 만드는 역할을 하기 때문이다. 디폴트 네트워크가 잘 못하는 일 중 하나는 그 순간에 집중하는 것이다. 집중력을 발휘해야 하는 순간에는 당연히 이것이 문제가 될 수 있다.

마음의 방황을 예방하는 데 도움이 될 수 있는 두 가지 방법은 행복과 인지제어다.[39]

## 섹스를 하지 않고도 집중력을 유지하는 방법 ——

몇 해 전, 하버드대학교 심리학자 매튜 킬링스워드[Matthew Killingsworth]와 대니얼 길버트[Daniel Gilbert]는 아이폰 애플리케이션을 사용해 임의로 사람들에게 연락을 취한 뒤 그들이 무엇을 하고, 어떤 생각을 하며, 기분이 어떤지를 물어봤다. 2,000명 이상의 응답자들이 내놓은 25만 개 이상의 답변에서 명백한 결과가 도출되었다. 행복도가 가장 높았던 사람들은 당시 섹스를 하고 있던 사람들이었다. 그들의 행복점수는 100점 만점 기준으로 90점이었으며, 이는 두 번째로 높은 점수를 기록한 운동의 점수보다 평균 15점 높은 수치였다. 행복도가 가장 낮았던 응답자들은 보통 외모 단장을 하거나, 출퇴근길에 있거나, 업무를 하고 있었다.[40]

섹스와 집중력에는 어떤 연관성이 있을까? "현재 무슨 생각을 하는가?"라는 질문을 받았을 때, 섹스를 하고 있던 응답자들 중 10퍼센트 미만만이 다른 생각을 하고 있다고 답변했다. 다른 말로, 그들은 현재 하고 있는 일에 강하게 집중하고 있었다. 다른 활동을 하던 응답자들 중 잡다한 생각을 한 사람의 비율은 30퍼센트에서 높게는 65퍼센트까지로 나타났다. 종합적으로 응답자들의 마음이 방황한 비율은 47퍼센트에 달했다.[41]

섹스를 하지 않고도 집중력을 유지하는 방법 ──────
## 행복에 집중하기

상관관계는 분명해 보인다. 현재의 활동이 더 즐거울수록 우리의 마음이 방황할 확률은 줄어든다. 섹스의 사례가 가장 이해하기가 쉬웠겠지만, 응답자들의 행복도는 활동의 종류와 상관없이 잡다한 생각을 하지 않고 집중했을 때 더욱 상승했다. 사실 응답자들이 당시 참여하고 있던 활동의 종류보다는 응답자들의 마음이 방황하고 있었는지의 여부가 전반적 행복도에 큰 영향을 주는 예측변수였다.[42] 여기에 더해, 우리가 행복할 때 뇌는 도파민을 포함한 다수의 신경전달물질을 분비해 학습력과 기억력을 크게 향상시킨다. 또한 마음이 방황을 멈출 때 우리는 기분이 나아지는 것을 느끼는데, 그 이유는 미래의 잠재위협에 대한 경계 태세를 버릴 수 있기 때문이다.[43]

현재 처리하는 업무를 향한 흥미와 집중력을 유지하는 데 행복이 어떤 역할을 하는지 이제 이해했을 것이다. 그렇다면 인지제어는 어떤 역할을 하는가? 앞서 살펴본 모든 것에도 불구하고 당신의 마음이 여전히 방황하고 있다면, 생각과 주의력을 되찾기 위해 어떤 조치를 취할 수 있을까? 의외일 수도 있겠지만 한 미식축구팀이 여기에 대한 조언을 제공해줄 수 있다.

## 마음챙김 연마하기 ────

2014년 2월 2일 저녁, 뉴저지주 메트라이프스타디움에서 진행된 경기를 한 단어로 묘사한다면 그 단어는 '압도적'이 될 것이다. 21년의 역사를 자랑하는 미국 최고의 인기 스포츠 행사는 그날 미국 역사상 가장 높은 시청률을 달성했으며, 엄청난 점수차로 막을 내렸다.[44] 8년간의 공백 끝에 슈퍼볼에 복귀한 내셔널컨퍼런스 소속 시애틀 시호크스는 43대8로 덴버 브롱코스를 완파하며 챔피언십 역사상 세 번째 최다 점수차 승리라는 기록을 수립했다.

예상대로 분석가들과 나서기 좋아하는 스포츠팬들은 시호크스의 압도적 승리 원인을 분석하는 다양한 의견을 자유로이 제시했다. 그런데 시호크스에는 다른 미식축구팀들과 구별되는 독특하고 흥미로운 요소가 하나 있었다. 일반적으로 미식축구팀에는 20여 명 이상의 코치와 트레이너가 소속되어있다. 그런데 시호크스는 2012년부터 코치진에 독특한 구성원을 편입시키기 시작했다. 바로 마음챙김 코치였다.[45]

당신이 다른 곳에 너무 정신이 팔린 나머지 누군가 그 사실을 지적하는 난처한 상황을 경험한 적이 있을 것이다. 그럴 때 우리는 멋쩍어하며 "죄송합니다. 제가 딴생각을 했나봐요"라고 이야기한다. 주변 사람들이 알아차리지는 못하더라도, 우리 대부분의 마음은 깨어있는 시간의 절반 이상을 다른 곳에서 방황한다고 한다. 우리가 책상 앞에서 일을 하거나 회의에 참여할 때 마음의 방황이 시작된다면 생산성이 저하되거나 골치 아픈 일이 일어날 것이다. 그러나 당신의 직장이 미식축구장이나 전쟁터라면, 이로 인해 위험하거나 심지어 치명적인 사고가 발생할 수도 있다.

5장에서 자세히 다루겠지만, 마음의 방황에도 장점이 있을 수는 있다. 다만 이것은 우리가 마음의 방황을 고의적이고 전략적으로 활용할 때만 가능하다. 방황하는 마음의 해독제인 마음챙김요법에는 아무런 가치판단 없이 우리의 생각과 마음을 때때로 점검하는 행위가 포함된다.[46] 이를 통해 우리는 자신의 사고 과정을 외부 관찰자의 시점에서 바라보는 기술을 습득한다. 이 기술은 우리가 무언가에 집중하고 있을 때 주의력이 끊임없이 분산되는 것을 예방하는 통제력을 늘려줄 수 있다.[47]

숙련된 마음챙김 명상가들의 경우 마음의 방황과 관련 있는 주요 두뇌 영역이 보통 사람들보다 덜 활성화되어있을 뿐 아니라, 이들이 명상을 하지 않을 때도 자기점검과 인지제어 관련 두뇌 영역이 더 긴밀한 연결 상태를 유지한다.[48]

마음챙김의 일반적 정의인 '현재에 충실하기'가 어떤 이들에게는 간단하고 더할 나위 없이 만족스러운 설명이 될 수 있다. 그러나 어떤 이들은 명상을 하는 종교인의 모습을 떠올리며 다소 반감을 느낄 수도 있을 것이다. 세계 주요 종교에 다양한 형태의 마음챙김요법이 필수로 포함되어있는 것은 사실이지만, 집중력을 얻기 위해 종교를 가질 필요는 없다. 종교성을 배제한 마음챙김의 또 다른 정의는 '편안한 인식'이다. '인식'은 당신이 주의를 집중할 뿐 아니라 그 사실을 스스로 인지한다는 뜻이며, '편안한'은 당신이 오밤중에 도둑을 잡아내기 위해 살금살금 움직이는 상황과는 달리 예민하지만 스트레스를 느끼지 않는다는 의미다. 즉, 불안감이 없이 촉각을 곤두세운 상태라는 말이다.

어느 날 우리는 마음챙김의 개념을 파악하려고 노력하는 고객과 저녁식사를 함께한 적이 있다. 그는 건포도 한 알을 골똘히 보면서 집중하는 식의 대표적인 마음챙김 훈련 활동이 너무 별나다고 생각했다. 우리가 좋아하는 '샤워 훈련법'도 마찬가지였다. 이것은 리더들로 하여금 자신이 평소에 씻는 모습을 자세히 관찰한 후 매일 의도적으로 조금씩 다른 방법을 이용해 샤워하도록 하는 훈련법이었다. 고객은 두 훈련법 모두 말도 안 된다고 생각했다.

와인 전문가였던 그는 그날 모임에서 식사에 곁들일 값비싼 와인을 주문했다. 그가 잔을 들어 조명빛에 와인의 진홍색을 신중히 확인하는 모습을 우리는 아주 흥미롭게 지켜봤다. 이어서 잔을 코 밑으로 가져와 와인의 풍부한 향을 깊게 들이마시고는 마침내 첫 모금을 취하며 와인에 담긴 다양하고 복잡한 맛을 음미했다. 그가 시음을 끝내자 우리는 그에게 "방금 마음챙김 수련을 하셨군요"라고 이야기했다. 이 말을 들은 그는 처음에 놀란 표정을 지었지만, 곧 무슨 말인지 알아차렸다는 표정을 보였다. 드디어 그는 우리가 무엇을 말하려고 했는지 이해했으며, 이날 배운 교훈을 절대 잊지 않았다고 한다.

마음챙김의 정말 놀라운 점은 마음챙김이 당신의 생각뿐 아니라 당신의 물리적인 뇌 구조 역시 변화시킬 수 있다는 사실이다.

마음챙김 연마하기 ─────

## 연결을 강화하라

위스콘신대학교 매디슨캠퍼스의 심리학과 및 정신의학과 교수 리처드 데이비슨은 연구팀과 함께 아주 충격적이고도 흥분되는 사실을 발견했다. 그는 캘리포니아주 마운틴뷰 소재의 구글캠퍼스 연설에서 "의도적인 명상훈련전략을 통해 뇌의 가소적 변화를 유도하는 일이 분명 가능하며, 이 변화의 상태가 유지되면서 우리의 인지 유형과 정서 유형을 바꿀 수도 있습니다"라고 이야기했다.[49]

이 말은 외과적 개입이나 의약품의 사용 없이도 뇌의 전반적인 구조를 바꿀 수 있다는 의미다. 짧게는 8주의 시간 안에 마음챙김 훈련이 두 뇌의 일부 영역을 물리적으로 변화시킬 수 있다는 사실이 확인되었다.

마음챙김은 당신의 전두엽피질과 후대상피질을 두껍게 만들어 주의력과 기억력 및 사고처리능력을 향상시킨다.[50] 이렇게 인지제어가 강화되면 우리는 더욱 이성적으로 행동할 수 있을 뿐만 아니라, 더욱 수월하게 부적절한 감정 반응을 피할 수 있다.[51]

명상가들의 경우 감정조절과 관련 있는 영역인 우측 안와전두피질 내 회색질의 용적이 더 크다는 사실이 확인되었다.[52] 또한 마음챙김

은 신체지각을 담당하는 섬엽 부위에 대한 연결성을 강화한다. 신체지

각은 직관력에 도움이 되고, 그 결과 의사결정에도 긍정적인 영향을 준

다(5장에서 다시 살펴볼 것이다). '몸의

소리에 귀 기울이는 능력'이 향상되어,

**마음챙김은 두뇌의 동적인 배선 능력을 강화한다.**

당신은 사소하고 미묘한 신체적 징후

나 경계신호를 포착할 수 있게 된다. 병

을 앓는 횟수도 줄어드는데, 이것은 어떤 문제가 발생했을 때 그 사실을

초기에 알아차릴 수 있기 때문이다. 한편, 마음챙김을 통해 감정에 대한

인지제어를 강화시킬 수도 있다. 이것은 특정 자극에 대해 당신의 주의

가 분산될 것인지의 여부를 결정하는 주요인이다.[53]

섬엽이 우리 자신의 신체지각을 책임지는 반면, 측두두정접합[TPJ, temporal parietal junction] 영역은 타인을 향한 당신의 지각을 관장한다.[54] 섬엽의

사례와 마찬가지로, 마음챙김 훈련을 통해 측두두정접합 내 회색질을

증가시킬 수 있으며, 이는 사회관계 기술과 공감능력을 향상시킨다.[55]

마음챙김이 늘 무언가를 증가시키기만 하는 것은 아니다. 마음챙

김이 특정 두뇌 영역의 밀도를 감소시키는 경우가 있는데, 그 부위가

바로 정서 반응 및 공포심 관련 영역인 편도체다.[56]

종합하면 마음챙김은 두뇌의 동적인 배선능력을 강화한다. 6장에

서 논의하겠지만, 뇌의 가소성으로 잘 알려진 이 현상은 우리의 정신적

유연성과 학습력을 향상시킨다.

## 고도의 집중력을 얻어라

습관적으로 멀티태스킹을 하는 사람들은 단 한 가지의 일을 수행할 때도 집중력을 유지하는 데 어려움을 겪는 반면, 숙련된 명상가들은 명상을 하지 않을 때도 마음의 방황을 더 잘 통제할 수 있다.[57] 마음챙김 훈련은 내외부적 주의분산요인에 주의를 빼앗기지 않으면서 현재 상황에 집중하는 능력을 증진시켜 당신의 두뇌 주의집중력을 강화한다.[58]

집중력을 향상시키기 위해서는 전전두피질과 두정엽의 활동을 늘려야 한다. 전전두피질은 집중력 유지에 결정적 역할을 하며, 두정엽은 당신의 집중력을 특정 목표물에 조준시키는 역할을 담당한다.[59] 리처드 데이비슨 교수의 연구에 따르면 마음챙김 명상을 오랫동안 수행해온 사람들이 한 가지 대상에 집중할 때, 전전두피질과 두정엽이 활성화되는 정도는 일반인들보다 더 높다고 한다.[60]

마지막으로 마음챙김은 전전두피질과 편도체의 연결성을 강화한다. 우리는 모두 통제 불능의 상황에서 부정적인 생각을 하게 마련이지만, 두 영역의 연결성이 강화되었을 때는 그럴 확률이 낮아진다.[61]

## 마음챙김을 습관으로 만들어라

마음챙김을 실천하는 최선의 방법은 매일 시간을 정해두고 수련하는 것이다. 양치질이나 커피머신의 전원 켜기처럼 마음챙김을 하루일과의 하나로 포함시켜라. 대부분의 사람들은 이런 일상 행동을 일정표에 적어두지 않고 단순히 습관으로 만든다.

마음챙김 연마하기 ————
## 마음챙김 연습

마음챙김은 우리의 직접 경험에 귀를 기울이는 동안 그것과 무관한 생각을 차단하는 행위다. 그러므로 식사, 산책, 샤워, 달리기, 심지어 책상에서의 휴식시간까지 다양한 상황에서 마음챙김을 연습할 수 있다.

우리 호흡의 리듬이나 바닥에 닿은 발의 느낌과 같은 특정 감각에 초점을 맞추고, 가능하면 매일 이 과정을 자주 반복하는 것이 가장 좋은 방법이다. 이 일을 반복하다 보면 다른 모든 것을 배제시키고 한 감각에만 집중하는 일에 점차 능숙해질 것이다.

마음챙김 연마하기 ———— **마음챙김 연습**
### STOP: 마음챙김을 위한 응급조치

마음챙김을 이용해 일상의 스트레스와 불안감을 줄여줄 수 있는 손쉬운 방법이 하나 존재한다. 마음과 신체의 균형을 되찾게 해줄 이 간편하고 효과적인 전략은 STOP[62]이라는 머리글자로 요약된다.

S = 멈춘다 Stop

T = 호흡한다 Take a breath

O = 관찰한다 Observe

P = 나아간다 Proceed

STOP이 함축하고 있는 개념은 간단하지만 강력하다. 하루 동안 정기적으로 짧은 타임아웃을 요청한 후 깊게 숨을 쉬어보라. 그 순간 자신이 무엇을 하고 있었는지 관찰하고, 이것이 당신과 타인의 기분을 어떻게 만드는지 생각해보라. 당신의 어깨가 경직되어있는가? 배가 고프거나 피곤한가? 마음 한구석에서 무언가를 곱씹고 있는가? 당신이 변화시키고 싶은 것이 있는가? 현재의 상황에 다르게 대처할 방법은 없는가?[63]

상황에 대한 다른 대처법을 생각해낼 수 없다면 이전과 동일한 방식으로 진행하라. 다른 대처법을 생각했다면 상황적 특성을 고려해 행동, 태도, 사고방식, 해당 상황에 대한 당신의 전반적인 느낌에 작은 변화를 주도록 노력하라. 심리학자들은 이 기본적인 반성 행동을 '메타인지 지각metacognitive awareness'이라고 부르는데, 이를 통해 당신의 사고패턴과 신체 반응 방식에 강력하고 긍정적이며 영구적인 변화를 이끌어낼 수 있다.

STOP 단계의 큰 장점은 지금 당장 실천할 수 있을 뿐 아니라, 심지어 스트레스를 받는 회의 도중에도 조용히 시도할 수 있을 만큼 장소의 제약을 거의 받지 않는다는 사실이다. STOP은 우리가 '지금 나는 잘하고 있는가?'라는 질문을 하면서 정기적으로 스스로를 점검하게 해주는 훌륭한 수단이다. 어떤 임원들은 특정 활동을 앞둔 상황이나 자신이 긴장하거나 곤란할 때 이 기법을 즐겨 사용한다. 또한 캘린더 애플리케이션의 알람기능을 활용해 하루 종일 자신의 기분과 이에 대한 인지 상태를 빠짐없이 점검하는 사람들도 있다.

상대적으로 복잡한 다른 기법들과 달리 STOP은 기억하고 적용하기에 용이하다. 주문을 외우거나 특별한 자세를 취할 필요가 없으며, 명상 수업에 등록하지 않아도 된다. 더 중요한 것은 STOP이 당신의 자아인식을 높이도록 돕는다는 사실이다. STOP을 실천하면서 당신은 하루 동안 당신의 기분이 비교적 더 좋을 때와 그렇지 않을 때를 예측할 수 있게 될 것이다. STOP은 당신의 인지를 높임으로써 이런 상황을 파악해두고 필요에 맞게 적절한 조치를 취하게 해준다.[64]

여느 스킬과 마찬가지로 마음챙김도 연습이 필요하다. 연습 기간이 길어질수록 마음챙김도 더욱 쉬워질 것이다.

마음챙김 연마하기 ── 마음챙김 연습
## 침묵은 금이다

강도 높은 회의에 참석하는 사람들이 간절히 원하는 것 중 하나는 침묵 속에서 자신의 생각을 정리하고 집중력을 가다듬을 시간을 단 몇 분이라도 갖는 것이다. 그러나 너무 많은 경우 회의 분위기는 정반대로 흘러간다. 거침없이 이야기하기를 좋아하는 두세 명의 참석자가 주도권을 잡기 위해 서로 설전을 벌이고 침묵의 시간을 바라기란 불가능하다. 심지어 동시에 여러 사람이 함께 말을 할 때도 있다. 결국 대부분의 회의 참가자들은 날카로운 분석과 깊은 숙고를 위한 충분한 시간을 얻는 대신, 끊임없이 그들의 주의를 분산시키는 신호 속에 매몰된다.

거의 모든 기업에서 발견되는 이 회의의 역기능 사례는 당신에게도 친숙할 것이다. 그러나 흥미로운 대안을 찾은 기업들도 존재한다. 장기간 성공을 유지해온 우리 파트너사의 임원회의시간에는 불문율이 하나 있다. 그것은 회의에서 침묵하는 시간이 대화가 오고가는 시간보다 길어야 한다는 규칙이다. 즉, 누군가 2분 동안 한 의견을 제시하면, 다음 2분 또는 그 이상의 시간 동안 모든 사람들은 방금 들은 의견을 소화시킬 조용한 시간을 갖는 것이다.

자문위원으로 이 특이한 형식의 회의에 참석했던 우리 역시도 처음에는 다소 어리둥절했던 것이 사실이다. 솔직히 말하자면 젊은 직원들 중에는 이것을 희화화하는 사람들도 있었다. 쉼 없는 경쟁과 전례 없는 정보 범람의 시대에서 대부분의 관리자들은 긴 침묵을 견디기 힘들어할 것이다. 사실 오늘날에는 아무리 짧은 침묵이라도 좀처럼 견뎌내지 못하는 사람이 허다하다. 우리 고객 중 대다수는 조용한 시간을 어색해하면서 완전한 시간낭비라고 생각한다. 적어도 침묵의 영향력을 보기 전까지는 우리조차 어색함을 느꼈다.

이렇게 독특한 형식의 회의에 세 번째로 참석한 우리는 세 가지의 놀라운 효과를 발견했다. 첫째, 모든 참석자들은 동료들의 의견을 소화시키고 자신의 상황에 맞게 이해할 충분한 시간을 가질 수 있었다. 둘째, 모든 사람들이 귀를 기울이고 집중한 덕분에 대화의 총량이 줄었음에도 불구하고 오고간 대화의 무게감과 중요도는 상승했으며, 각각의 의견이 더욱 신중하게 고려될 수 있었다. 일반적인 회의는 산만하게 진행될 뿐 아니라 참석자들이 자신의 말할 내용을 준비하느라 타인의 의견을 듣지 않을 때가 많다. 하지만 이 회의에서 모든 참석자들은 그 순간의 논의에 주의를 기울여 집중할 수밖에 없었다. 셋째, 참석자들의 상호존중도가 보통의 회의보다 확연히 높았다. 잠시 생각할 시간을 가진 덕분에 참석자들의 감정조절에 도움이 되었음은 물론, 큰소리로 논쟁을 벌이는 일도 줄었기 때문이다.

그 결과 참석자들은 서로가 라이벌인 것처럼 행동하는 대신, 모두가 한 팀이라는 사실을 기억하며 회의에 임하는 태도를 보였다. 참고로 이 회사에서 회의가 열리는 횟수는 경쟁사에 비해 현저히 적었던 반면, 참여도라는 측면에서는 훨씬 우수한 결과를 달성했다.

마음챙김 연마하기 ── **마음챙김 연습**
## 일시정지의 힘

앞서 언급한 기업만 유별났던 것은 아니다. 다른 최첨단 기업들도 적극적으로 마음챙김 훈련을 실천하고 있다. 구글 국재인재개발부 팀장 울리 하이츠호퍼Uli Heitzlhofer는 최근 회의의 중요한 순간을 방해할 수 있는 주의분산요인을 감소시키기 위해 정신휴식팀Mental Pause Team을 꾸렸다고 이야기했다. 예를 들면, 중요한 결정이 이뤄져야 하는 팀회의를 앞두고 직원들은 2분간의 명상시간을 보낸다. 이 명상시간을 위해 회의를 앞둔 팀은 정신휴식팀 소속의 전문가를 부르거나, 자신들이 스스로 명상시간을 이끌기 위한 상세한 진행 방법을 배울 수 있었다. 이 제도가 처음 시행되었을 때 직원들은 긍정적인 피드백을 압도적으로 많이 보냈다고 한다.

한편, 구글 본사 주변에 위치한 다국적 소프트웨어기업 SAP는 최근 마음챙김 강사들을 양성하기 시작했다. 이들의 역할은 사내에서 아주 중요시되기 때문에 마음챙김 강사들은 이 직함을 자랑스럽게 명함에 올린다고 한다.

## 집중에서 몰입으로 ─────

이렇게 되기까지 오랜 시간이 걸렸지만, 괴상하고 상식 밖이라고 치부되어왔던 마음챙김이 최첨단 기업을 변화시키고 있다. 신경과학자들의 탄탄한 연구에 힘입어 점점 더 많은 리더들이 주의분산요인과 멀티태스킹을 줄이며 마음챙김의 중요성을 인식하고 있다. 직원들은 이러한 실천을 통해 가장 충만하고 생산적인 수준의 집중 상태를 일컫는 '몰입'의 길로 인도될 것이다.

## 몰입의 달성

당신이 주의분산요인들을 차단하고, 현재의 업무에 집중하며, 지금 하는 일을 진정으로 즐길 때 마법 같은 일이 발생한다. 아침에 출근해서 당신은 이메일 답장을 보내고 동료들과 잡담을 나눈다. 이제 전화를 인턴에게 돌려놓고, 사무실 문을 닫은 채, 당신은 고도의 집중력을 발휘하기 시작한다. 몇 분 내로 당신은 오후에 예정된 주요 고객과의 회의에서 사용할 전략 프레젠테이션을 만들어내기 시작한다. 고객의 이슈는 간단하지 않지만 당신은 현실적인 해결책을 제시할 수 있다고 자신한다. 강력한 근거자료를 수집하는 일도 모두 완료했다. 이번 건에서 멋지게 활약할 수 있으리라는 확신이 생긴다. 번뜩이는 아이디어가 머릿속에서 튀어나오는 것만 같다. 프레젠테이션 작업에 착수하고 나서 거의 3시간이 흘렀지만 당신은 이를 알아차리지 못한다.

긍정심리학자 미하이 칙센트미하이에 따르면 인간 본성에 있어 숙련과 통제와 관련된 행동양식은 번식욕구만큼이나 중요하다고 한다.[65] 사실, '몰입flow'이라는 용어를 새롭게 만든 사람이 바로 칙센트미하이다. 몰입은 최고의 성과를 내게 하는 최상의 집중 상태를 뜻하며, 비슷한 표현으로는 '몰두', '심취', '무아지경' 등이 있다.

몰입의 달성 ————

## 몰입은 어떤 느낌을 주는가

몰입은 당신이 무언가에 완전히 심취해서 그 외의 모든 것을 차단시키는 주관적 상태를 말한다.[66] 몰입 상태에 들어갔던 사람들은 그 순간 자의식을 잃었던 경험을 종종 보고한다. 그들은 자신에게 통제력이 있다는 것을 느끼지만, 그 통제력을 잃는 것에 신경 쓰지 않는다.[67] 또한 주의를 산만하게 하는 요소들이 있다는 것을 어렴풋이 알고 있지만, 주의를 빼앗기지는 않는다. 흘러가는 시간이 그 중요도나 긴박성을 한결같이 유지하듯이, 그 활동에 대한 몰입 상태도 동일하게 흘러간다.

운동선수에서 사업가에 이르기까지 각 분야에서 가장 큰 성공을 이룬 사람들은 대부분 자신이 원할 때 자유자재로 몰입 상태에 들어갈 수 있다. 한편, 한 설문조사에서 미국과 유럽의 성인 중 15~20퍼센트

는 몰입의 경험이 전혀 없다고 답했다. 그런가 하면, 비슷한 비율의 응

**최고 임원들이 몰입했을 때** 답자들은 매일 몰입을 경험한다고
**생산성은 5배나 향상되었다.** 답변했다.[68]

몰입하고 있는 리더와 그렇지 않

은 리더의 차이는 엄청나다. 맥킨지에서 10년 동안 수행한 연구에 따르

면 최고임원들이 몰입했을 때 생산성은 다섯 배나 향상되었다.[69]

몰입의 달성 ————
## 무엇이 몰입을 만드는가

몰입을 만드는 것은 보통 외부적 보상이 아닌 내재적 동기다. 몰입이

시작되는 곳은 뇌의 보상센터이자 도파민의 진행경로인 중격핵이다.

마이크로소프트 직원들이 급여를 받고 제작한 엔카르타Encarta는 일

반인들이 그저 재미로 제작한 온라인 백과사전 위키피디아를 이길 수

없었다. 이 외에도 많은 사례에서 결정적인 차이점을 만들어낸 것은 아

마 몰입이었을 것이다. 엔카르타 서비스는 2009년 중단됐지만 위키피

디아는 세계에서 여섯 번째로 인기 있는 웹사이트라는 타이틀과 함께

여전히 건재하다.[70] 당신이 즐거움을 느끼지 못한다는 것은 아마 당신

이 몰입하지 않고 있다는 뜻일 것이다.

몰입의 달성 ————
## 몰입에 필요한 것

몰입을 달성하기 위해서는 구체적인 목표, 최적의 난이도, 명확하고 즉

각적인 피드백이 필요하다. 목표를 수립하면 우리의 집중력을 유지시켜줄 아세틸콜린이 분비될 것이고,[71] 적절한 난이도의 과제는 노르아드레날린을 자극할 것이며, 피드백에 대한 보상으로 도파민이 크게 증가할 것이다.

몰입의 달성 ─── **몰입에 필요한 것**
## 구체적인 목표

단순히 일을 하는 것만으로는 몰입 상태에 들어갈 수 없다. 몰입 상태에 들어서기 위해서는 특정한 방향성에 따라 일을 해야 하며, 당신의 노력이 어떤 결과를 낳을 것인지 확실히 파악하고 있어야 한다. 예를 들어, 애플리케이션 개발자들에게 더 사용하기 편한 소프트웨어를 만들어달라는 말은 너무 막연한 목표다. 그런데 만일 다섯 번의 클릭이 필요한 작업을 세 번의 클릭으로 줄일 수 있도록 바꿔달라는 구체적인 목표를 제시한다면 그들은 갑자기 최상의 기량을 발휘할 조건을 얻게 될 것이다.

목표를 눈으로 볼 수 있게 만드는 방법도 큰 변화를 만들어낼 수 있다. 어떤 팀은 '2년 안에 2배의 수익 달성' 같이 아주 명료한 목표를 세웠지만 여전히 집중하는 데 어려움을 겪었다. 그런데 이들이 결국 목표를 달성해 '올해의 팀'이라는 문구가 적힌 자신의 사진이 CEO의 사무실에 걸리자 목표에 대한 시각적 동기가 제공되었고, 그들은 몰입에 필요한 자극을 얻을 수 있었다.

당신이 분명한 목표를 설정했다면, 목표 달성에 필수적인 요소와 주의를 분산시키는 요소를 더욱 수월하게 구별해낼 수 있다. 작가 스티븐 코틀러는 "두뇌에게 분명한 목표가 주어졌을 때, 집중의 범위는 상당히 좁혀진다. 중요하지 않은 사항은 배제되고 오직 '현재'만이 남는다"라고 이야기했다.[72]

분명한 목표는 집중력을 가다듬어줄 뿐만 아니라 우리의 기분까지 나아지게 한다. 칙센트미하이는 이를 "주의력을 집중시키는 과제가 없다면 우리 대부분은 점점 우울해질 것이다. 그러나 몰입 상태에서는 이런 생각이 머물 공간이 없다"라고 표현했다.[73] 마찬가지로 멀티태스킹이 머물 공간은 없다. 한 번에 두세 가지의 일을 달성하려 시도하는 과정에서 쪼개지는 주의력은 한 가지 목표를 추구할 때 따르는 생산성과 만족감을 빼앗아간다.

몰입의 달성 —— **몰입에 필요한 것**
### 최적의 난이도

몰입을 위한 최상의 조건은 당신의 역량보다 약간 더 어려운 과제를 만났다고 느끼는 상황이다. 업무의 난이도와 당신의 실력이 조건에 부합한다면 업무에 대한 집중력을 유지시킬 수 있을 것이다.

주어진 도전이 자신의 능력 밖일 경우 우리는 불안감을 느낀다.[74] 버거운 일 앞에서 자신감을 느끼기 어려운 것은 당연하다.[75] 이로 인해 당신이 몰입 상태에서 벗어나 위협 반응의 태세를 취한다면 노르아드레날린의 농도가 짙어지면서 당신을 최고의 성과 곡선의 최적점 밖으로 이동시킬 것이다(1장 참조). 그 결과로 발생한 스트레스는 우리를 중재하는 전전두피질로부터 주도권을 빼앗을 것이다. 반면 너무 쉬운 과제가 주어진다면 최고의 성과에 이르게 하는 노르아드레날린과 도파민이 분비되지 않고, 당신은 지루하다고 느낄 것이다.[76]

몰입을 경험하는 확률이 우리의 능력에 비례한다는 사실에 주목하자. 우리의 숙련도가 높아질수록 몰입이 시작될 확률도 높아진다. 똑같이 본인의 능력을 상회하는 과제를 만났더라도, 피아니스트가 음대 1학년 학생보다 몰입을 더 자주 경험할 가능성이 높다. 숙련도가 더 높을수록 상황을 즐기기가 더 쉬워지기 때문이다!

**몰입의 달성 —— 몰입에 필요한 것**
## 명확하고 즉각적인 피드백

우리가 지금 잘하고 있는지, 현재의 방침을 변경해야 할지, 아니면 유지해야 할지를 알 수 있다면 큰 힘이 될 것이다. 비디오게임 제작자들은 오래전부터 이 원칙을 따르면서 성공을 거둬왔다. 게임에서는 대부분 레벨이 나뉘어져있다는 사실에 주목하라. 당신이 새로운 미션을 달성할 때마다 집중력을 유지하고 도전을 지속하게 하는 도파민이 보상으로 분비된다. 보스턴 소재 비영리단체 미디어심리학연구센터Media Psychology Research Center의 에릭 그레고리Erik Gregory 총재는 "비디오게임이 전 세계적으로 인기를 얻게 하는 열쇠는 플레이어들을 몰입시키는 것이다"라고 설명했다.[77]

## 몰입을 전략적으로 활용하기

당신이 모든 순간에 몰입을 하려 한다면 그 효과는 거의 나타나지 않을 것이다. 사실 오랜 기간 동안 몰입을 유지하려 하다가는 극도의 피로를 느낄 수도 있다. 자신의 의지에 따라 몰입 상태에 들어가기 위해서는 의도적으로 과제의 난이도를 향상시켜야 한다. 예를 들어, 피아니스트들은 점점 더 어려운 곡을 연주하는 방법으로 늘 자신의 한계를 시험하며 이를 통해 몰입을 얻는다.

새로운 기술의 습득을 통해 몰입을 달성할 수도 있다. 과거의 경험을 바탕으로 자신이 몰입하게 하는 조건이나 상황을 알아둔다면 아주 유용할 것이다. 하루 중 특정 시간, 업무 환경, 기분 상태, 함께 일하는 동료 등이 조건이 될 수 있다. 팀으로 일하는 상황이라면 자신을 가장 잘 몰입하게 하는 업무에 지원하는 한편, 불안감이나 지루함을 느끼게 하는 업무는 동료와 함께 분담하거나 다른 사람에게 위임할 수도 있다.

몰입은 최고의 성과를 내는 극치다. 최상의 감정조절과 고도의 집중력을 통해 몰입을 완성한다. 몰입은 탁월한 성과를 지속함에 있어 필수적인 스윗스팟을 찾고 활용할 수 있는 길을 열어줄 것이다.

딘 포터의 심장 멎도록 아슬아슬했던 은시 협곡 횡단은 3분이 채 안 되는 시간에 이뤄졌으며, 모험으로 가득한 그의 커리어를 이루는 하나의 곡예였을 뿐이었다.[78] 스티븐 코틀러가 집필한 최고 성과자들에 대한 감명 깊은 도서 《슈퍼맨의 부상》에서 딘 포터는 요가 트레이너였던 어머니와 육군 대령이었던 아버지가 자신의 성격을 형성하는 데 어떤 도움을 줬는지 설명했다. "요가를 하면서 처음으로 몰입의 상태에 발을 들였던 것 같아요. 그런데 아버지의 부대와 함께 훈련을 받으면서 정말 확실한 러너스 하이runner's high를 느낄 수 있었어요."[79]

포터를 후원했던 등산복 기업 프라나prAna의 설립자 비버 테오도사키스Beaver Theodosakis 사장은 "딘 포터가 몇 시간씩 지속했던 몰입은 마음이 방황하지 않고, 스스로의 판단에 의문을 제기하지 않으며, 모든 동작이 신중하면서 동시에 확신에 차있는 상태였습니다"라고 이야기했다.[80] "매일 사무실에 출근해 같은 수준의 집중력을 유지할 수 있다고 상상해보세요." 그는 생각에 잠겨 말했다.[81]

여러분도 상상해보라.

궁극적으로, 그리고 아마도 필연적으로 딘 포터는 상상력과 집중력조차도 한계에 부딪힐 수 있음을 증명했다. 2015년 5월 16일, 포터와 동료 등반가 그레이엄 헌트Graham Hunt는 요세미티 국립공원에서 사고로 사망했다.[82] 포터가 지녔던 불굴의 집중력은 수차례 그의 생명을 구했고, 그가 평생 놓지 않았던 마음챙김은 한 치의 오차도 없는 인지제어를 실현시켜줬다. 그러나 그가 지속적으로 스스로의 한계를 시험하고 목표를 달성할 수 있게 해준 원동력은 산 정상에서뿐만 아니라 회의실에서도 달성될 수 있는 몰입이었다.

## 핵심포인트

**집행기능** __ 계획을 수립하고, 욕구 충족을 뒤로 미루며, 주의가 분산되지 않은 상태에서 집중력을 유지하는 능력은 모두 전전두피질에서 비롯된다.

**주의를 빼앗기려는 욕구** __ 전전두피질은 강력하지만 다양한 방해요소에 취약하다. 사무실에서 당신의 집중력을 방해하는 두 가지는 예기치 못하게 우리를 끊임없이 간섭하는 요인들과 가장 큰 주범인 멀티태스킹이다.

**멀티태스킹을 할 수 있다고 생각하는가?** __ 전전두피질에 전적으로 의존하는 진정한 의미의 멀티태스킹은 불가능하다. 당신의 뇌는 재빨리 왔다 갔다 하며 업무를 처리할 뿐이다. 이는 집중력과 생산성을 모두 저하시켜 효율을 대폭 감소시킨다.

**주의분산요인에 저항하지 말고 제거하라** __ 의식적으로 주의분산요인들을 무시하려는 행위는 멀티태스킹만큼 뇌의 에너지를 소모할 수 있다. 성공적인 집중을 위한 열쇠는 당신의 마음과 책상, 그리고 모든 잠재적 주의분산요인들을 정리한 후에 중요한 과제나 문제를 처리하는 것이다.

**혼자만의 회의시간을 설정하라** __ 집중력을 가다듬을 수 있는 간단한 전략 하나는 정기적으로 시간을 정해두고 사무실 문을 닫은 채 전자기기를 끈 다음 몇 분간 오직 한 업무에 집중하거나 아무런 방해를 받지 않는 상태에서 혼자만의 회의시간을 갖는 것이다.

**마음챙김의 기적** __ 마음챙김이라 불리는 강력한 정신수련 기법의 효과를 입증하는 과학적 자료는 아주 풍부하다. 마음챙김은 우리 뇌의 회로를 바꿔 성과를 향상시키고 집중력을 높여줄 수 있다.

**성과의 정점은 '몰입'이다** __ 주의가 완전하게 집중된 상태를 뜻하는 몰입은 당신의 역량과 과제의 난이도가 적절한 균형을 이룰 때 발생한다. 고도로 숙련된 사람들에게 약간의 부담을 느끼게 하는 과제가 주어졌을 때, 그들이 필요에 따라 몰입 상태에 들어갈 확률은 아주 높아진다.

# 2부

## 당신의 두뇌를
## 변화시키는 법

# 2부

당신의 두뇌를
변화시키는 법

# 4장
# 습관을 관리하라

자동운전 모드로 작동할 수 있는 두뇌의 능력을 활용하라

버락 오바마 전 대통령과 여배우 제니퍼 애니스톤은 그다지 어울리지 않은 한 쌍이다. 그러나 매력적이고 똑똑하며 재능이 많다는 점을 제외하고도 이 두 사람에게는 특이한 공통점이 하나 있다. 이들은 인생의 한 시점에서 흡연 중독에 시달린 적이 있다.

〈프렌즈〉에서 인지도를 쌓은 제니퍼 애니스톤은 촬영 세트장에서 담배를 피우는 모습이 자주 찍히곤 했다. 2002년, 그녀는 "영원히 금연하겠다"라고 맹세했다. 약 10년 후, 급격히 체중이 불은 모습에 대한 질문에 그녀는 "그저 담배를 끊었기 때문에 살이 몇 킬로 찐 것뿐이에요"라고 해명했다.[1]

제니퍼의 커리어뿐 아니라 개인사에도 큰 관심을 가졌던 팬들은 안도의 한숨을 내쉬고 그 결정에 박수를 보냈다. 팬들은 제니퍼가 남자친구인 배우 저스틴 서로(전 남편)가 그녀의 흡연 습관에 종지부를 찍도록 긍정적인 영향을 줬다고 생각했다.[2]

그러나 남자친구조차도 기적을 일으키기엔 역부족이었다. 2013년 2월, 영화 및 TV 스타들과 남자친구 서로가 참석한 그녀의 생일파티에서 제니퍼가 담배를 피우는 모습이 다시 한 번 카메라에 잡힌 것이다.[3]

버락 오바마 전 대통령이 언제부터 담배를 피기 시작했는지는 확실히 알 수 없지만, 그는 자신이 1980년 옥시덴탈대학교에 신입생으로 입학할 당시부터 이미 흡연자였다고 이야기했다.[4] 그 이후로 담배를 끊기 위한 그의 노력은 끊임없이 지속되었다. 그가 백악관에서 흡연을 한 최초의 인물은 아니었지만, 흡연의 유해성에 대한 반론이 거의 존재하지 않는 오늘날 좋은 모범을 보여야 한다는 압박감은 대통령 선거 기간 내내 점점 커졌다. 그럼에도 불구하고, 대통령 임기가 시작되고 6개월 뒤, 오바마는 기자회견에서 아직도 한 번씩 담배를 핀다는 사실을 대중에게 인정했다.[5]

2010년 초, 대통령 주치의인 제프리 쿨먼Jeffrey Kuhlman 해군 대령이 오바마에게 '금연 노력'을 지속해야 한다고 이야기하자 대통령이 아직도 담배를 끊지 못했다는 사실이 분명해졌다.[6] 2010년이 끝나갈 무렵 로버트 깁스Robert Gibbs 전 백악관 대변인은 만났다 헤어짐이 지속되는 대통령과 흡연의 관계에 대한 질문을 받자 "최근 9개월 동안 대통령이 흡연을 하는 모습이나 그렇다는 사실을 짐작하게 할만한 정황을 목격한 적이 없습니다"라고 이야기했다.[7] 몇 달 후 백악관은 대통령이 더 이상 흡연자가 아니라는 사실을 공식화하는 듯 했다.

이 발표가 이뤄지고 며칠 뒤 영부인 미셸 오바마는 인터뷰 도중 남편이 드디어 금연에 성공했고, 딸들의 눈을 똑바로 쳐다보며 담배를 끊었다고 정직하게 이야기할 수 있게 되었다는 이야기를 전했다.[8] 그러나 오바마 대통령이 마이크가 켜진 사실을 모른 채 마이나 키아이Maina Kiai UN 특별보좌관과 나눈 사담에서는 그가 약간 다른 이유로 금연을 했

다는 사실을 엿들을 수 있었다. 그는 키아이 보좌관에게 "아내가 무서워서" 담배를 끊었다고 털어놨다.[9]

부유하고 재능이 많으며 아주 똑똑한 사람들조차도 담배의 심각한 유해성과 이를 뒷받침하는 확실한 증거를 알면서도 금연에 실패하는 이유는 무엇일까? 어떤 사람들은 신체에 미치는 니코틴의 중독성을 지적한다. 그러나 제니퍼 애니스톤과 버락 오바마의 사례에서는 신체적 중독의 징후가 사라지고 오랜 시간이 흐른 뒤에도 흡연에 대한 욕구가 지속된다는 사실이 분명히 드러난다. 사람들이 흡연으로부터 집요하게 괴롭힘을 당하는 이유는 상대적으로 간단하다. 습관이 되었기 때문이다.

우리는 '습관'이라는 단어를 들었을 때, 종종 타인의 미간을 찌푸리게 하는 흡연, 음주, 도박, 마약, 심지어 손톱 물어뜯기 같은 행동을 떠올리지만, 사실 매일 아주 다양한 종류의 습관적인 행동을 하며 하루의 대부분을 보낸다. 또한 이것은 대개 긍정적인 일이다. 서던캘리포니아대학교 심리학자 데이비드 닐David Neal에 따르면 우리의 일상생활에서 각종 습관적 행동이 차지하는 비율은 약 45퍼센트라고 한다. 이 시간 동안 우리는 자동운전 모드로 전환되고, 이성이나 동기가 아닌 상황의 맥락, 자동화된 행위, 시간적 압박, 그리고 심지어 낮은 자기제어에 의존하면서 우리 행동에 필요한 연료를 공급한다.[10]

이렇게 하는 데는 타당한 이유가 있다. 우리가 모든 행동을 의식적으로 한다면 뇌는 과부하에 걸릴 것이다. 좋은 습관들은 삶을 더 편리하게 하며, 뇌를 더 효율적으로 쓸 수 있게 해준다. 나쁜 습관들은 삶을 더 힘들게 만들고, 어떤 경우에는 유해하거나 치명적인 문제를 유발할 수도 있다.

좋은 습관이든 나쁜 습관이든 우리 뇌에게 오래된 습관은 더 적은 에너지를 필요로 하기 때문에 매력적인 존재다. 새로운 습관을 형성하기 어려운 이유가 바로 여기에 있다. 습관 형성 초기 단계에 뇌는 스스로 원하는 수준보다 에너지를 더 많이 쓰면서도 낮은 효율성으로 작업을 해야만 한다. 그러나 당신이 일단 건설적인 새 습관을 만들어 충분히 강화한다면, 뇌는 이제 오래된 습관 대신 새로운 습관을 자동적으로 선택할 것이다.

## 의외로 어려운 30까지 세기

우리가 '악마의 숫자 7'이라고 부르는 게임이 있다. 만약 당신이 어느 정도 나이가 있다면 초등학생 시절에 이와 비슷한 종류의 게임을 해보았을지도 모른다.

우리는 먼저 참가자들을 두 그룹으로 나눠 둘러앉게 했다. 처음에 그들에게 주어진 과제는 비교적 간단해보였다. 시계 방향으로 1에서 30까지 세라는 것이었다. 첫 번째 사람이 '1'이라고 하면 다음 사람이 '2'라고 대답하는 방법으로 30까지 세는 아주 간단한 게임이었다.

하지만 예외 상황 하나가 이 게임을 재미있게 만들었다. 7이 들어가는 숫자나 7의 배수가 등장했을 때는 숫자를 말하는 대신 일어나서 박수를 치고 자리에 앉는 것이 규칙이었다. 그러고 나서 다음 사람은

'8'이라고 말하고, 또 다시 7의 배수인 14가 나오면 해당 순서의 사람이 일어나서 박수를 친 후 다음 사람이 '15'라고 말하는 방식이었다.

이 게임이 시합이었다는 사실을 우리가 언급했는가? 상대편 팀원들이 당신의 모든 동작을 감시하고 실수가 일어날 때마다 즐거워하는 동안, 당신과 팀원들은 정확한 순간에 맞춰서 일어나 박수를 치면서 더 빠른 시간 안에 30까지 도달하기 위해 노력해야 했다. 아, 그리고 또 한 가지가 있다. 만약 누군가 숫자를 빼먹거나 7 관련 숫자에서 일어나 박수치는 것을 잊는다면 팀 전체는 처음부터 게임을 다시 시작해야 했다.

공교롭게도, 가장 빈번하게 나타난 위기의 순간은 팀이 30이라는 숫자에 거의 도달했을 때였다. 대부분의 경우, 숫자 27을 만난 팀원은 정확하게 일어나서 박수를 쳤다. 그런데 숫자 28은 어떤가? 7을 포함하는 숫자 27 다음에 7의 배수 28이 바로 나온다는 사실이 많은 사람에게 반복적으로 걸림돌이 되는 듯 했다. 단 몇 개의 숫자만을 남겨두고 그들은 처음으로 돌아가야만 했다.

이 게임은 여러 차례 진행되었다. 이제 대부분의 참가자들은 숫자를 배운 이래로 가장 스트레스를 받으면서 숫자를 세는 순간이 바로 지금이라고 생각하는 것 같았다.

하지만 아직 우리가 할 일이 남아있었다. 당신도 예상했겠지만, 명석한 참가자들 중 다수는 자신이 다음에 어떤 숫자를 말하게 될지 미리 계산하고 마음속으로 준비를 하고 있었다. 자신이 일어나서 박수를 쳐야 하는 경우에는 특히 더 신경을 썼다. 그래서 우리는 게임 규칙을 한 번 더 뒤틀었다. 누군가 일어나서 박수를 칠 때마다 숫자를 세는 방향이 바뀌었다. 만약 시계 방향으로 숫자를 세고 있던 그룹이 숫자 7에 도달하면, 이들은 이제 숫자 14가 나와서 누군가 박수를 치며 다시 방향을 바꿀 때까지 반시계 방향으로 돌아야 했다.

말할 필요도 없이 30까지 세는 경주에는 훨씬 더 오랜 시간이 소요되었다.

이 게임은 잘 형성되고 깊게 베어든 습관에서 벗어나는 일이 얼마나 어렵고 우리를 서투르게 만드는지 보여줄 뿐 아니라, 우리 뇌의 중요한 두 부위인 전전두피질과 기저핵이 작동하는 방식에 대해서도 많은 정보를 준다.[11] 우리는 이전 장에서 전전두피질이 어떤 역할을 하는지 배웠다. 그러나 보통 우리가 숫자를 셀 때 일을 하는 부위는

**똑똑한 우리 두뇌에는 게으른 면도 있다.**

골프공 크기만 한 기저핵이다. 오래 전에 숫자 세는 법을 배운 우리들은 거의 무의식적으로 숫자를 셀 수 있다. 그러나 30까지 세는 것과 같이 우리가 '외워서' 할 수 있는 일에 추가적인 조건을 붙이면 어떻게 될까? 우리가 당연하게 처리하던 일들은 갑자기 추가적인 인지적 노력을 요구한다.

숫자 세기와 자전거 타기는 다른 활동이지만 담당하는 영역은 기저핵으로 동일하다. 이 활동들은 우리 장기기억에 저장되어 비교적 편안하게 처리할 수 있다. 똑똑한 우리 뇌에는 게으른 면도 있다. 뇌의 관점에서 기저핵에 저장된 각각의 습관은 식기세척기처럼 노동력 절감 기능을 한다.

## 매크로 같은 습관

컴퓨터 파워유저들은 다양한 유형의 생산성 소프트웨어를 이용해 정기적으로 사용하는 기능을 위한 정형 프로그램인 루틴routine을 만들고 저장할 수 있다는 사실을 알 것이다. 마이크로소프트 워드나 엑셀에서 이 기능은 매크로라고 불린다. 한편 매킨토시 기반 애플리케이션은 애플스크립트라는 기능을 사용하며, 어도비 포토샵과 일러스트레이터에서는 이 기능을 액션스크립트라고 부른다.

이름은 다르지만 기본개념은 동일하다. 당신이 정기적으로 수행하는 열몇 개 단계의 작업을 한 개의 루틴으로 저장하고, 한 개의 명령어만으로 해당 작업을 개시하는 것이다. 루틴을 만들고 난 후에는 언제든 매 단계를 힘들게 반복할 필요 없이 메뉴 아이템을 선택하거나 버튼을 눌러 루틴을 활성화하면 된다.

습관도 유사한 방식으로 작동한다. 신발을 신고 신발 끈을 묶는 데 필요한 모든 단계를 잠시 떠올려보라. 이 과정에 속하는 모든 단계를 나열해보라고 한다면 엄두가 나지 않을 것이다. 하지만 당신은 의식적으로 생각조차 하지 않으면서, 적어도 하루 한 번 이 모든 과정을 밟는다. 습관이라는 분야에서 우리는 모두 파워유저다. 두뇌의 기저핵이 컴퓨터의 매크로와 같은 저장 공간을 제공해준다.

습관을 구성하는 요소를 이해하고 나면, 나쁜 습관을 바꾸고 좋은 습관을 형성하는 일이 더욱 용이해질 것이다. 일반적으로 습관은 신호,

루틴, 보상이라는 세 가지 요소로 구성된다. 신호란 특정한 자극이나 자극들의 조합을 뜻한다. 장소, 감정, 하루의 시간, 물건, 심지어 단어나 문장까지 사실상 그 어떤 것이든 신호가 될 수 있다.

신호가 촉발하는 것이 바로 루틴이다. 루틴은 습관 그 자체를 말하는 것이다. 인상 찌푸리기와 같이 지극히 간단한 것에서부터 넥타이를 묶는 방식이나 아침에 출근할 때 선택하는 경로 같이 상대적으로 복잡한 것까지 루틴은 아주 다양한 범위를 아우른다. 보상에 대한 기대감이 루틴에게 추진력을 주며, 루틴을 기저핵에 저장한다. 음식이나 약물, 아니면 단순하게 안도감, 성취감, 만족감 역시도 보상이 될 수 있다.[12]

## 습관 바꾸기 ———

좋은 습관을 형성하거나 나쁜 습관을 없애는 방법에는 동일한 세 가지 기본기술이 포함된다. ①목표 수립 및 동기부여, ②시작하기, ③유지하기다.

습관 바꾸기 ———
### 목표 수립 및 동기부여

당신이 어디를 향하는지 모른다면 목적지에 도착했다는 사실을 어떻게 알겠는가? 목표 수립은 목적지를 정하는 단계다. 새로운 습관을 형성하거나 오랜 습관을 없애기 위해 필요한 초점을 제공하는 것도 목표의 역할이다.

가장 효과적인 목표에는 두 가지 특징이 있다. ①동기부여를 위한 정서적 요인이 있다. ②목표를 수립하는 사람은 자신이 목표를 달성하는 모습을 그려볼 수 있을 뿐 아니라, 더 중요하게는 이를 달성하는 데 필요한 과정을 그려볼 수 있다.

습관 바꾸기 ——— 목표 수립 및 동기부여
### 감정적 연결고리를 확립하라

단순히 그것이 올바른 일이라는 이유로 나쁜 습관을 바꾸거나 새로운 습관을 만들려는 시도가 성공으로 이어지는 일은 드물다. 이런 접근법은 이론상으로 훌륭해 보일지 몰라도, 실제로는 별 효과가 없다. 자신이 설정한 목표를 생각했을 때 눈이 번쩍 뜨이거나 실패에 대한 두려움이 생기지 않는다면, 그것은 아마도 당신에게 좋은 목표가 아니다.

감정회로를 위한 기초 토대가 되는 보상 및 위협회로는 목표의 성공적인 추구와 달성에 필수적인 역할을 한다(2장 참조). 감정적 요인이 배제된 목표는 실패할 것이 거의 확실하다. 또한 목표 추구에 수반되는 감정의 강도는 종종 새로운 습관이 형성되는 속도에 영향을 준다. 당신이 설정한 목표는 구체적이고 개인적이어야 하며, 글로 적어둬야 한다. 이에 더해, 목표 완성에 필요한 행동의 목록을 만들어야 한다. 성공적인 습관변화의 주요소가 몰입의 주요소와 동일한 것은 우연이 아니다(3장 참조). 목표가 분명할 때, 우리는 노력의 결과물이 목표와 근접한지의 여부를 더 쉽게 판단할 수 있으며, 그에 따른 보상을 얻기도 더 수월하다. 이 둘의 조합으로 동기부여의 수준이 높아진다.

## 목표를 그려보라

일반적인 사무실 건물에서 정기 비상 훈련을 시행하면 모든 사람이 면밀하게 계획된 경로를 따라 차분하고 정돈된 태도로 건물에서 대피하는 법을 배운다.

목표를 추구하기 위해 당신이 정리한 실행 단계를 시각화하는 것은 비상 훈련과 비슷하다. 이것은 특정 목표를 달성하기 위해 당신이 따를 신경경로를 구축해두는 것이다. 그리고 당신이 단순히 머릿속에서가 아니라 실제 세상에서 목표를 추구하는 순간이 왔을 때, 당신이 선택할 경로는 이미 잘 닦여져 있을 것이다. 실제로 당신의 뇌는 이렇게 이야기할 것이다. "걱정 마, 난 길을 알아. 이제부터는 나를 따라와."

일반적으로 당신을 목표에 데려다줄 길을 그려보는 것은 목표 달성 순간을 상상하는 것보다 더욱 강력한 효과를 지닌다. 화재를 피해 대피할 경로를 생각하는 것이 연기와 불꽃에서 안전하게 벗어난 자신의 모습을 상상하는 것보다 효과가 큰 것과 동일한 이치다. 그렇다고 해도, 목적지에 도달한 자신의 모습을 상상하는 것이 동기부여에 도움이 되지 않는 것은 아니다.

불타는 건물에서 대피하는 것이든 아니면 성공적으로 발표를 마치는 것이든, 긍정적인 결과를 마음속에 그려보는 행위를 심리학자들은 긍정적 판타지와 긍정적 기대감의 차이로 중요하게 구분했다.

긍정적 판타지는 우리를 현실로부터 도피할 수 있게 해주는 수단으로서 즐거움을 줄 수는 있지만, 목표 설정의 측면에서 효과는 제한적일 뿐 아니라 해로울 수도 있다. 성공한 순간의 생생한 이미지가 가끔씩 뇌를 속여 우리가 첫걸음을 떼기도 전에 이미 목적지에 도달했다고 믿게 만들 수도 있으니 말이다.

이와 달리 긍정적 기대감은 우리 스스로의 자신감에 '나는 이 일을 해낼 수 있다. 어떻게 목표를 달성할 수 있는지 알고 있다'라는 메시지가 추가된다는 장점이 있다. 뇌는 때 이른 축하를 하는 대신, 임박한 성공에 대한 기대감으로 동기부여를 높이고 도파민을 분비한다.

습관 바꾸기 ────────
## 시작하기

분명한 목표와 훌륭한 기대감, 세심한 계획이 있다 해도 새로운 습관을 만들거나 오래된 습관을 버리려는 사람들 중 다수는 '시작하기'라는 즉각적인 장애물에 부딪힌다. 변화에서 가장 어려운 부분 중 하나가 시작인만큼, 시작하기 가장 좋은 시간은 바로 지금 당장이다. 습관변화의 초기 단계에서 뒤로 미루려는 버릇은 우리의 주된 방해요소다.

우리가 감당할 수 있는 작은 단계로 세분화하기 전까지 커다란 목표는 우리에게 겁을 줄 수 있다. 그러므로 작은 단계를 실천해나가는 전략인 '개선'은 우리를 지체시키는 원인인 위협 반응을 방지하는 데 도움이 될 것이다.

**한 번에 한 바퀴씩**

다이어트를 원하던 우리 동료 한 사람이 수영장에 등록해 운동을 하기로 결심했다. 그는, 과거에도 그랬던 것처럼, 새롭게 운동 계획을 세웠다가 실패할까 봐 걱정스러웠다. 게다가 꾸준히 수영을 하려는 그의 결심이 실패했을 경우, 매일 출근길에 수영장을 지나칠 때마다 자신의 실패가 끊임없이 상기되면서 낙담할 것 같은 예감이 들었다.

수영장은 올림픽 규격에 훨씬 못 미치는 작은 규모였고, 그는 최소한 20~30바퀴는 돌아야 충분한 유산소 운동을 할 수 있겠다고 생각했다. 그러나 이 목표는 너무 단조로울 뿐더러 달성하기도 어려웠다. 그래서 그는 '하루에 다섯 바퀴씩 돌기(여기에는 5분이 소요되었다)'라는 계획에 아주 간단한 규칙을 더한 다음 운동을 시작했다. 그가 원한다면 언제든 자유롭게 다섯 바퀴 이상 수영장을 돌아도 되지만 총 바퀴 수를 늘린 다음부터는 더 적게 돌 수 없다는 규칙이었다.

이론상으로 그는 영원히 다섯 바퀴만을 고집할 수도 있지만, 인간의 본성은 이를 허락하지 않았다. 그는 자신도 알아차리지 못하는 사이 하루에 다섯 바퀴씩 돌던 것에서 날씨가 좋든 나쁘든 70바퀴 이상을 완주하는 습관을 만들었다. 이제 이 습관은 아주 단단히 자리를 잡았다.

그 당시 우리는 인지하지 못했지만, 수영 습관을 만들기 위한 그의 전략은 개선의 훌륭한 사례라고 할 수 있다. 개선 기술은 일본과 깊게 관련되어있다. 일본 기업은 '지속되는 개선'이라는 슬로건 하에 경영 방식을 소소하고 꾸준하게 변화시켜왔다. 개선의 일본식 발음인 카이젠은 일본 산업계 전역에서 열렬한 지지를 얻었다. 또한 일본은 이 전략을 통해 결국 생산과정의 효율성과 뛰어난 품질을 이루었고, 경제 대국이 되었다.[13]

개선은 어떻게 일본 산업계의 흐름을 변화시켰을까? 이것은 '작음'을 강조하는 여섯 개의 기본원칙을 따랐다.

**1. 작은 질문을 하라** ___ 카이젠의 '작은 질문'은 뇌를 프로그래밍할 수 있는 강력한 수단이다. 위협 반응을 촉진하는 경향이 있는 큰 질문과 달리, 작은 질문은 우리를 즐겁게 만드는 경우가 많다. 당신의 목표가 너무 크거나 어려워 보인다면, 단순히 스스로에게 '목표에 가까워지기 위한 작은 한 발자국은 무엇인가?'라는 질문을 해보라.[14]

**2. 작은 생각을 하라** ___ 스스로 질문에 답을 했다면, 이제 이를 실천하는 자신의 모습을 그려볼 차례다. '마음 조각하기' 원칙은 뇌가 한 번에 많은 양이 아닌 적은 양을 차근차근 배울 때 더욱 잘 학습할 수 있다는 이론이다. 바닷가에서 파도가 서서히 당신의 발을 모래 속에 묻는 경험을 했다면, 이 작고 꾸준한 변화의 효과를 목격한 것과 다름없다. 자신을 두렵고 불편하게 하는 과업을 따로 분리하고, 그 일에 착수하는 자신의 모습을 아주 조금씩 그려본다. 한때 두려움을 유발했던 일을 향한 당신의 마음가짐은 시간이 흐르면서 새롭게 변화될 것이다.[15]

**3. 작은 행동을 취하라** ___ 작은 질문과 작은 생각은 궁극적으로 작은 행동을 요구한다. 우리의 코칭을 듣는 임원들은 부하 직원에게 너무 많은 것을 바라고, 그들에게 너무 큰 목표를 설정해주는 경우가 많다. 그러나 이것은 양쪽 당사자 모두가 실망감을 느끼고 사기가 저하되게 만들 것이다. 직원에게 '매일 열 명의 고객에게 전화를 걸기'와 같은 목표를 설정하는 일을 절대 삼가라. 그 대신, 첫 주에는 직원들이 하루에 한 명의 고객에게, 두 번째 주에는 두 명의 고객에게 전화를 거는 방법으로 목표에 다가설 수 있도록 장려하라. 또한 정기적으로 직원들과 만나 진행 상황을 체크하라. 일주일이 지날 때마다 하루의 통화 건수를 한 개씩 늘려가는 것은 어렵지 않을 것이다. 꾸준하게 전진하는 것이 성공의 열쇠다.[16]

**4. 작은 문제를 해결하라** ___ 가족, 친구, 동료, 또는 고객을 거슬리게 하는 행동을 하고 있지는 않는지 자문해보라. 이때, 자신을 벌주려는 태도는 지양하도록 노력해야 한다. 부정적인 자기대화는 변화를 만들어내는 자신감을 저하시키기 때문이다. 부정적인 평가가 아닌, 질문을 통해 얻은 새로운 깨달음을 바탕으로 같은 실수를 반복하는 일을 예방하라. 이 문제와 더 큰 이슈의 연관성이 확인된다면 행동변화를 위해 노력해야 할 추가적인 유인책이 생긴 것이다.[17]

우리에게 코칭을 받는 한 고위임원은 팀원들을 진심으로 생각하지 않는다는 피드백을 받았다. 이 불평은 그룹 내에서 큰 긴장감을 조성했지만, 사실 너무 광범위하고 애매모호하기도 했다.

우리가 하룻밤 사이에 그를 공감의 달인으로 만들 수 있으리라는 기대는 현실성이 없었다. 그 대신 우리는 그가 해결할 수 있는 가장 작은 문제를 먼저 추려보기로 했다. 그에게는 회의시간에 이메일을 확인하는 버릇이 있었고, 이 간단한 문제를 고치는 것은 그리 어려운 일이 아니었다. 그러나 이 변화가 팀원들의 태도에 불러온 효과는 극적이었다.

팀원들은 변화를 바로 알아차렸다. 이에 힘을 얻은 우리는 대화 중 직원들의 눈을 보지 않는 것, 대화가 아직 끝나지 않았는데 갑작스럽게 중단하는 것, 1대1 미팅에서 해야 할 예민한 이야기를 모든 팀원 앞에서 하는 것 등, 문제를 유발하는 그의 행동을 열다섯 개 더 찾아냈다. 그가 변화를 위한 동기부여를 얻기는 어렵지 않았다. 그가 몇 달에 걸쳐 점진적으로 개선을 이뤄나가자 문제는 사라졌다.

**5. 작은 보상을 하라** ___ 이제 모두들 알겠지만, 우리의 습관 대부분은 본래 보상에 대한 기대감으로 형성된 것이다. 바꾸고 싶거나 만들고 싶은 습관에 대한 보상은 목표에 어울리는 것으로 선택해야 한다. 예를 들어, 힘든 과제를 완성한 후에 초콜릿 한 개를 먹는 것은 좋은 보상이지만, 건강한 식습관이 목표인 사람에게는 적절하지 않은 보상이다.

말도 안 되는 이야기 같겠지만, 작은 보상은 어떤 때 큰 보상보다 더욱 훌륭한 동기부여요인이 될 수 있다.[18] 사실 심리학자 댄 애리얼리가 이끈 연구팀은 더 높은 보상이 동기부여를 약화시킨다는 사실을 밝히기도 했다.[19] 게다가 당신의 직원들에게 그 보상책은 원하지 않는 것일 수도 있다는 가능성도 염두에 둬야 한다. 우리의 지인인 한 경영 컨설턴트는 높은 급료를 받지만 전 세계를 돌아다니느라 자주 녹초가 되곤 했다. 그런 그녀에게는 또 한 차례의 상여금보다 하루 동안의 휴가 혹은 심지어 잠시 체육관에서 운동을 할 수 있는 휴식시간이 더 높은 가치의 보상이었다.

**6. 작은 순간을 식별하라** ___ 사소한 것들이 큰 의미를 지닐 때가 있다. 하찮아 보이는 세부사항을 놓치지 않은 사람들은 그것이 극적인 결과로 이어지는 일을 종종 목격한다.[20] 19세기 말, 샌프란시스코 조폐국은 4년에 한 번 씩 카페트를 태워서 3,200달러 상당의 금가루를 되찾았다고 한다.[21] 요즘 물가로 환산하면 금가루의 가치는 20만 달러 이상이 된다. 또한 아메리칸항공의 전임 CEO는 승객들에게 무료로 제공하는 샐러드에서 올리브 한 톨을 빼는 것으로 연간 약 4만 달러를 절약할 수 있다는 사실을 발견한 것으로 유명하다.[22]

그러나 작은 순간들이 모두 돈과 관련된 것은 아니다. 어떤 경우는 당신이 하거나 하지 않은 작은 행동이 작은 순간을 불러오기도 한다. 존 가트맨의 연구에 따르면 성공적인 부부관계에서 그가 '다가가기'라고 부른 긍정적인 주의력은 그가 '시비걸기'라고 부른 부정적 주의력보다 5대1의 비율로 더 많이 발견되었다.

무엇이 긍정적 주의력을 만들까? 답을 알고 나면 당신은 아마 놀랄 것이다. 배우자를 호화로운 저녁식사에 초대하거나 지중해 크루즈 여행에 데려가는(모두 아주 멋진 일이기는 하다) 등의 거창한 행동이 아니었다. 그보다는 같이 장을 보거나, 배우자가 힘든 하루를 보낼 때

격려의 메시지를 보내는 등, 겉보기에는 사소한 매일의 상호작용이 긍정적 주의력을 구성하는 요소에 더 가까웠다.[23]

이 작은 행위는 그들이 분리되어있지 않고 함께 협력한다는 생각에 힘을 실어준다. 우리가 쉽사리 간과하는 작은 것들이 커다랗게 변해서 불쑥 나타날 수 있다.[24] 잠을 청하려는 당신이 수도꼭지에서 물방울이 떨어지는 것을 무시했다가 아침에 물바다가 된 화장실을 발견하는 것 또는 매달 조금씩 빠진 돈이 장래에 어마어마한 퇴직금이 되는 것처럼, 이 작은 것들은 모여서 큰 결과를 만들어낼 수 있다.

이런 작은 순간들은 직장에서도 큰 효과를 일으킬 수 있다. 우리 고객이 운영하는 공장의 노동자들은 상사와 쉽게 만날 수 없다는 사실을 못마땅하게 여겼다. 그들의 불만은 상사가 언제 공장에 있는지 전혀 알 길이 없으며, 아무리 사소한 문제에 대해 논의를 하려 해도 비서를 통해서만 그를 만날 수 있다는 것이었다.

우리는 그가 매일 별도의 출입구를 통해 사무실에 들어온다는 사실을 발견했다. 이 방법으로 그는 몇 미터를 덜 걸어도 되었지만, 직원들이 상사를 볼 수 있는 가능성은 완전히 차단되었다. 우리는 그에게 뒷문을 잠가두라고 제안했다. 조금 더 멀지만 작업 현장을 지나 사무실에 도달하는 경로를 억지로라도 만들기 위해서였다.

이 작은 변화는 직원들의 사기를 크게 높였다. 매일 하루가 즐거운 인사와 웃는 얼굴로 시작됐다. 상사는 아침에 사무실로 향하는 길에 직원들이 겪는 작은 문제를 해결하거나 재빠르게 조언을 해줄 수 있었다. 다른 경로로 사무실에 갔다면 5~10분을 아꼈겠지만, 그의 시간 투자는 다음 근로자 만족도 조사에서 훌륭한 결실을 냈다.

'작음'을 이렇게 강조하는 이유가 무엇일까? 초기 단계부터 큰 변화를 만드는 것이 더욱 빠르고 효율적인 길 아닐까? 큰 변화가 좋은 결과를 낼 확률이 낮은 이유를 설명하기 위해서는 뇌의 위협 및 보상회로로 되돌아가야 한다. 우리는 모두 스스로를 안락 지대에서 벗어나게 하는 요인이 무엇인지는 잘 파악하고 있지만, 이 반응의 기저에 있는 신경과학을 이해하는 사람은 거의 없다. 당신이 회사의 업무처리 방식을 근본적으로 개혁하려고 노력해본 적이 있다면 직원들의 저항도가 얼마나 높은지 깨닫고 진심으로 놀랐을 수도 있다. 이런 상황에서 어떤 사람들은 극도로 방어적인 태세를 취한다. 어떤 이들은 "그건 우리 방식이 아니에요", "이전 방식으로도 잘 돌아갔는걸요", "절차를 전부 새로 익혀야 하는 이유가 뭐죠?"라고 반발할 것이다.

종종 강점으로 작용하기도 하는 이러한 의구심은 거의 본능적으로 생겨난다. 당신이 좋은 뜻에서 제시한 개선안은 동료들의 이성적인 전전두엽을 지나쳐 악명 높은 투쟁-도피 반응이 일어나는 주무대인 편도체로 직진한다. 다른 말로 하면, 당신이 제안한 변화가 위협으로 인식되었다. 습격을 일삼는 경쟁부족의 적이나 야생동물만큼 위협적이지는 않겠지만, 두뇌는 근본적으로 난폭한 공격과 프로젝트 관리전략상의 예기치 못한 변화를 크게 구분하지 않는다. 어떤 상황에서는 "제가 의견을 하나 제시해도 될까요?" 같은 악의 없는 말조차도 마치 "제가 당신의 배우자와 자녀를 납치해도 될까요?"라는 질문과 비슷한 수준의 반응을 이끌어낼 수 있다.

놀랍게도 이 반응은 자연스러운 것이다. 우리 뇌는 보상이 곧 주어질 것이 확실하지 않다면 대부분의 변화를 위협으로 인지하도록 진화적으로 길들여졌다. 우리 뇌의 관점에서 위협은 단순히 당신의 삶을 즉각적인 위험에 빠뜨리는 것들만을 지칭하지 않는다. 물론 이런 유형이 가장 극적인 것은 확실하지만, 사실상 두뇌가 부적절한 자원의 배분으로 인식하는 모든 것들이 위협요소가 될 수 있다. 당신이 일을 처리하는 특정 방식에 익숙해지면서, 그 과정은 에너지 효율적인 습관으로 변화한다. 업무를 하는 방식이나 하루의 시간을 배분하는 방식, 아니면 심지어 식사시간에 무엇을 먹을 것인지 정하는 일까지 습관화된 일은 그 종류와 상관없이 변화시키기 위해서는 추가적인 인식적 노력과 에너지를 들여야 한다. 편안한 안주 상태에서 자극을 받은 두뇌는 경보를 울려 대뇌변연계의 파수꾼인 편도체를 깨울 것이고, 위협 반응이 시작될 것이다.

카이젠의 비결은 두뇌 위협 반응의 레이더망 밖에서 일을 한다는 사실이다. 당신은 따뜻한 표면을 만졌을 때 손가락을 통해 온도를 느끼지만 급격한 반응을 보이지는 않는다. 그러나 아주 뜨거운 표면을 만진다면 당신은 의식적인 두뇌가 무슨 일이 일어났는지 깨닫기도 전에 반사적으로 손을 뿌리쳐 떼어낼 것이다. 이와 비슷하게, 주변에 있는 누군가가 소곤거리며 이야기를 할 때 당신은 보통 일을 계속 할 수 있다. 그러나 만약 누군가 갑자기 비명을 질러 사무실의 침묵을 깬다면 대부분은 놀라서 팔짝 뛰고 말 것이다.

카이젠은 아주 뜨거운 표면보다는 따뜻한 표면처럼, 고함보다는 속삭임처럼 작용한다. 《오늘의 한걸음이 1년 후 나를 바꾼다》의 저자 로버트 마우어는 당신이 취하는 행동이 너무 작고 점진적이며 하찮아 보여서 "편도체 바로 옆을 까치발을 들고 살금살금 지나간다"라고 이야기했다.[25]

## 유지시키기

당신이 의지력과 자기제어의 힘으로 새로운 습관을 만들려 한다면 결코 쉽게 성공하지 못할 것이다. 미국인의 약 50퍼센트가 새해 계획을 세우지만 92퍼센트는 실천하지 못한다.

'강인한 정신력'에 의존해 결심이나 계획을 지키려는 행위는 매력적으로 보이겠지만, 매우 에너지 비효율적이고 거의 실패할 수밖에 없는 시도다. 자동차에 기름을 한 통만 채우고 미국 대륙을 횡단하겠다고 결심하는 것과 다름없다. 아무리 의지가 확고하고, 가장 평탄한 길만을 고른다 해도 기껏해야 한 지방 안에서 멈출 것이다. 이것은 '기름을 다 쓰면 연료가 떨어진다'라는 말만큼이나 당연하고 간단한 에너지 문제다.

당신의 의식적인 두뇌는 포도당을 연료로 사용하며, 클래식 캐딜락이나 초대형 허머처럼 연료를 많이 잡아먹기로 악명 높다. 결정을 내리거나 계획을 수립하는 일, 전화번호를 기억하거나 다이어트 식단을 유지하는 일은 모두 두뇌의 동일한 영역에 의존하면서 제한된 연료를 소진시킨다.

결심을 유지시키는 비결은 에너지 효율성을 증가시키는 것이며, 그 방법은 결심을 습관으로 변화시키는 것이다. 우리가 아무런 결심 없이도 아침에 일어나서 커피머신을 켜고, 식사 후 이를 닦으며, 회사 네트워크에 로그인하고, 중요한 이메일의 참조 목록에 담당자들을 추가하는 것을 생각하면 이해하기 쉬울 것이다. 유명 스포츠용품 브랜드의 슬로건을 빌자면, 우리는 '그냥 행동하고(Just Do It)' 있다.

우리가 연초에 다짐하는 계획들 중에는 그리 거창하지 않은 것들도 있지만, 여전히 엄청나게 많은 사람이 결심을 실천으로 옮기지 못한다. 차이점은 무엇일까?

결심이 실천으로 이어지는 최상의 조건은 우리의 무의식에 특정 루틴을 활성화하라는 명령을 내리고 자동화하는 것이다. 우리는 몸에 깊이 밴 습관들을 발동시키는 신호 대다수를 오래 전에 잊었다. 커피머신의 경우라면 매일 아침 부엌으로 가장 먼저 발걸음을 향하는 것이 그 신호일 수 있다. 또한 양치질 습관을 자동적으로 촉진하는 신호는 식사 후 화장실에 들어가는 행동일 수 있다.

당신의 뇌는 이미 오래전에 이런 신호를 학습하고 그에 수반하는 습관적 행동양식을 정립해뒀다. 이 신호 덕분에 우리는 매일 아무런 힘을 들이지 않고 습관을 좇을 수 있다. 우리가 새로운 결심을 했을 때는 이 신호가 없는 경우가 많기 때문에 문제가 되는 것이다. 신호 없이는 행동에 앞서 생각을 먼저 해야 하고, 뇌의 제한된 의지력이 추가적으로 소모된다.

무작정 습관을 멈추거나 새로 시작하는 것은 거의 불가능하다. 2장에서 이미 논의했듯이, 우리의 강력한 무의식과 정면으로 맞서려는 시도는 실패할 운명에 처할 수밖에 없다. 효과적인 장기전략은 인지 주짓수를 참고해 무의식과 싸우는 대신 이와 협력하는 것이다. 이 경우 협력이란 습관의 틀을 이루는 신호, 루틴, 보상의 세 영역을 의식적으로 조작하는 과정을 뜻한다.

실행의도라 불리는 전략을 활용한다면 습관을 구성하는 세 가지 요소를 인공적으로 만들어내 습관을 유지시키는 일이 가능하다. 실행의도전략에서 당신은 신호, 루틴, 보상을 의식적으로 선택한다.

습관 바꾸기 —— 시작하기
## 새 습관을 형성하기 위해 If/Then 전략을 활용하라

실행의도전략은 아주 유연하다는 특성 때문에 비공식적으로 if/then 전략으로 불리기도 한다. 기존의 신호에 새로운 루틴을 더해 오래된 습관을 고칠 수도 있고, 희망하는 루틴에 특정 신호를 연결해 새로운 습관을 만들 수도 있다.

한 예로 경비지출 내역을 빼놓지 않고 관리하겠다는 결심을 세우는 것은 바람직한 일이지만, 당신이 기억력과 의지력에 의존할 심산이라면 다른 대부분의 결심과 동일한 실패의 길로 이어질 확률이 높다. 그러므로 이 결심을 서서히 습관으로 만들어줄 실행의도전략을 고안해보라. '아침에 컴퓨터가 부팅되는 동안 어제 받은 영수증을 모아 봉투에 담겠다'라는 실행의도를 수립한다면 이제 컴퓨터를 켜는 행위라는 촉발제가 생겼고, 이것은 영수증 수집이라는 루틴을 시작하게 할 자극이 되어줄 것이다. 여기에 '탕비실에 갈 때 회계부에 영수증을 넘기겠다'라는 또 다른 실행의도전략을 추가함으로써 다음에 이어질 행동을 유도한다면, 이 결심을 이루는 데 필요한 행동 과정을 완전하게 마무리 지을 수 있다.

컴퓨터의 전원을 켜는 시간과 탕비실에 들르는 일을 신호로 해서 이 과정을 충분히 반복한다면, 어느 순간부터는 영수증 제출을 깜박 잊는 일이 오히려 더 어색하게 느껴질 것이다. 그리고 결국 이 실행의도전략은 다른 습관들처럼 자동화될 것이다.


직원의 발전 목표를 세우는 상사와의 대화에서 실행의도전략을 사용한다면 행동변화에 큰 도움이 될 수 있다. 변화를 위한 개인적 노력이 구체적 실행의도로 뒷받침될 때, 특정 목표를 달성할 확률이 두 배가 된다는 사실이 우리 연구에서 확인되었다. 예를 들어, 한 직원은 상사와의 면담에서 '더욱 적극적으로' 회의에 참여하기로 결정했다. 그런데 이것은 좋은 목표이긴 하지만 정확히 무엇을 의미하는지 알 수 없다.

대부분의 기업들은 이러한 유형의 발전 목표가 구체적이고Specific, 측정 가능하며Measurable, 달성 가능하고Attainable, 현실적이며Realistic, 시의적절Timely해야 한다는 의미의 SMART 목표에 부합할 때 만족한다. 이 직원이 적극적인 태도를 위해 회의시간에 발언을 늘려야 하는 상황이라면

SMART 기준에 따라 여섯 명이 참가하는 60분간의 회의에서 발언시간을 최소 10분 이상으로 연장한다는 목표를 세울 수 있을 것이다.

그러나 안타깝게도, 이것은 목표의 범위를 분명히 나타냈을지는 몰라도 목표를 실행하는 데 기준이 되어줄 구체적 가이드라인은 전혀 제공하지 않는다. 그 직원은 정확히 언제 발언을 시작해야 하며 어떤 식으로 팀에 기여할 수 있을까? 그는 더 적극적인 태도를 보여주겠다는 굳은 의지와 함께 회의에 참석하겠지만, 자신의 의도와 달리 회의가 끝날 때까지 아무런 의견을 제시하지 못할지도 모른다.

실행의도전략이 필요한 이유가 여기에 있다. 수줍음이 많은 이 직원을 위해 우리는 그가 발언을 하도록 상기시켜줄 신호가 포함된 if/then 전략을 제안했다. 이 직원이 발언할 시간이라는 사실을 알려주는 신호는 상사가 고의적으로 펜을 똑딱거리는 것이었다. 이 신호로 인해 발언이라는 '루틴'이 형성되었다.

이 작은 변화는 그 직원의 참여도를 높였을 뿐 아니라 회의시간 동안 그의 전반적 집중도를 향상시키는 큰 차이를 만들어냈다. 여기에 더해, 각 회의가 끝난 직후 팀원들은 즉각적인 피드백을 통해 해당 직원의 기여도가 양적으로나 질적으로나 모두 높아졌다는 사실을 확인해줬다.

기본틀에 대한 파악이 끝나면 실행의도전략을 다양한 영역으로 확장시키는 일은 상대적으로 어렵지 않다. 개별 팀원의 행동양식을 개선하기 위한 목표로 실행의도전략을 다양하게 활용할 수 있다. 예를 들면, 당신은 20분마다 알람소리가 들리게 설정을 해두고 이에 맞춰 고객에게 전화를 걸거나, 매번 통화를 마친 후 자리에서 일어나 스트레칭을 하면서 스트레스를 줄이는 루틴을 만들 수 있을 것이다.

우리 동료 중 한 명은 달리다 멈추기를 반복하는 교통체증 때문에 스트레스를 받곤 했다. 그러나 이제 그는 차가 멈추는 순간을 복식호흡을 유도하는 신호로 활용한다. 이 새로운 루틴을 통해 교통체증의 짜증으로부터 주의를 돌릴 수 있었을 뿐 아니라 긴장완화에 유익한 습관을 새로이 만들 수 있었다.

이런 사소한 변화들은 기적 같은 결과를 만든다. 캘리포니아대학교 산타바바라캠퍼스의 심리학자 조너선 스쿨러는 "기계적으로 발동될 수밖에 없는 엄격하고 철저한 if/then 관계에 마법이 있다"라고 이야기했다. if/then 관계에는 연관성이 없어도 된다. 예를 들어, 당신이 사무실 문을 닫을 때마다 기업의 5대 정신을 떠올리는 것이나, 이 책의 한 장을 마칠 때마다 의자에 등을 기대고 그 장에서 가장 중요하게 다룬 세 가지 요점을 떠올려보는 것으로도 같은 효과를 누릴 수 있다.[26]

습관 바꾸기 ─────
## 3D 습관변화

어떤 습관은 너무 깊게 몸에 배서 깨는 일이 불가능해 보인다. 많은 사람이 손톱 물어뜯기, 끊임없이 이메일 확인하기, 제니퍼 애니스톤과 오바마 대통령처럼 담배 피우기 같은 충동에 시달린다. UCLA 정신과 연구교수 제프리 슈워츠 박사는 강박장애를 겪고 있는 환자를 위해 4단계로 이루어진 습관변화 과정을 고안했다.[27]

대부분의 습관은 강박장애라고까지는 부를 수 없는 수준인 것이 사실이다. 그래서 우리는 슈워츠 박사의 4단계를 우리 식으로 간소화해 '3D 습관변화'라고 부르는 3단계의 강력하고 단순한 과정을 만들었다. 여기서 D는 묘사하기<sup>Describe</sup>, 주의전환하기<sup>Distract</sup>, 미루기<sup>Delay</sup>를 의미한다.

**묘사하기** ___ 몸에 깊게 밴 습관을 제거하는 첫걸음은 습관을 발동시키는 신호를 식별하는 것이다. '긴장이 될 때는 손톱을 물어뜯고 싶어', '맥주를 마실 때는 담배를 태우고 싶어', '더 이상 프로젝트를 진전시킬 수 없을 때는 이메일을 확인하고 싶어' 같은 패턴을 파악해두라.

이 단계가 낯설지 않게 느껴지는 게 당연하다. 우리가 2장에서 설명한 꼬리표 붙이기와 동일한 인지 기법을 바탕으로 하기 때문이다. 꼬리표 붙이기와 마찬가지로 당신의 습관 촉발제를 묘사하는 행위는 메타인지 혹은 '생각에 대해 생각하기'로 이어진다. 평소 무의식 영역에 속해있는 행동 과정을 의식 영역 안으로 들이는 것이다. 또한 이 행동은 지금 이 순간에 대한 당신의 전반적 인식을 강화시킴으로써 마음챙김의 힘을 불러온다. '묘사하기'는 무의식 반응에 대한 인지제어를 되찾고, 다음 단계를 위한 무대를 세팅할 기회를 제공한다.

**주의전환하기** ___ 이제부터 당신은 많은 에너지를 소모하고 두뇌를 지치게 만드는 자기제어로 자신의 충동을 억제하는 대신, 인지 주짓수(2장 참조)를 참고해 에너지의 방향을 다른 곳으로 전환시켜라. 맥주에 곁들이기 위해 담배에 불을 붙이고 싶다면, 차라리 과자를 몇 개 집어먹어 보라. 이메일을 확인하거나 손톱을 물어뜯고 싶은 유혹이 생긴다면, 종이에 바를 정(正)자를 그리는 것과 같이 이 유혹에 대항할 수 있는 의식을 만들어 처음의 충동으로부터 당신의 주의를 잠시 돌릴 수 있다.

그런데 사실 가장 효과적인 주의전환요소는 당신을 즐겁게 만드는 것들이다. 즐거움은 당신을 보상 상태로 전환시키며, 두뇌가 변화를 더 잘 수용하게 만드는 도파민의 분비를 촉진한다.

그러나 안타깝게도 많은 사람이 하나도 매력적이지 않은 주의전환 요소를 선택함으로써 습관 바꾸기를 스스로 더 어렵게 만든다. 이들은 마치 일부러 자신을 벌주려 하는 것 같다. 예를 들어, 달콤한 초콜릿 아이스크림을 먹고 싶은 충동으로부터 주의를 전환하려는 목적으로 생양 배추를 먹으려 한다면, 이 전략이 실패하리라는 것은 노련한 신경심리학자가 아니더라도 쉽게 알 수 있다.

묘사하기와 마찬가지로 '주의전환하기'는 습관을 담당하는 두뇌 무의식 영역의 에너지를 의식적인 주의력의 근원지인 전전두피질로 이동시킨다.[28] 또한 묘사하기가 2장의 꼬리표 붙이기와 유사한 것처럼, 주의전환하기는 같은 장에서 소개된 인지적 재구성 기법과 공통점이 많다. 직접적으로 습관에 맞서는 것은 달갑지 않은 감정을 눌러 담는 '억제'만큼이나 비효율적이다. 사실 이 두 경우는 모두 상황을 호전시키기보다는 악화시킬 확률이 높다. 무의식 영역의 힘을 제압하는 대신 살짝 전향시키는 인지 주짓수 기술이 두 상황에서 더욱 성공적인 결과를 만들어낼 수 있다.

때로는 잠깐의 주의전환으로도 나쁜 습관의 악순환을 끊을 수 있다. 의사이자 대체의학 분야의 신봉자로 잘 알려진 앤드류 와일 박사는 손목에 고무줄을 차는 행위 등과 같이 상대적으로 가벼운 형태의 '혐오요법(바람직하지 않은 행동에 대하여 불쾌한 자극을 제공해 그 행동을 줄이는 치료법_옮긴이)'을 소개한다. 당신이 손톱을 물어뜯는 것과 같이 좋지 않은 습관에 대한 충동을 느낄 때 약간의 따끔함을 느낄 수 있도록 손목의 고무줄을 튕기는 것이다. 당신을 정말 아프게 만들기보다는 '탁' 소리를 낼 정도의 자극으로 당신의 경계심을 이끌어낼 뿐 아니라, 이 습관을 '탁' 털어버리라고 상기시키는 것이 목적이다.[29]

**미루기** ___ 오래된 습관 행동을 피하게 할 효율적인 대안을 찾았다면, 이제는 유지하는 것이 관건이다. '유지'는 어떤 경우 지속되는 기간을 의미한다. 이는 충동에 있어 특히 중요하다. 예를 들어, 당신이 늘 이메일을 확인하려는 충동을 느낀다면, 당신이 '항복'하지 않고 버틸 수 있는 기간이 길어질수록 새롭게 구축된 신경경로도 뚜렷해질 것이다.

또 다른 상황에서는 새로운 행동양식의 유지가 반복을 의미할 수도 있다. 당신이 대안적 행동양식을 선택하는 일이 잦아질수록 이 행동양식이 강화될 뿐 아니라, 더욱 중요하게는 오래된 습관이 약화될 것이다. 두 습관이 우위를 다투는 동안 당신은 새로운 습관이 옛 습관을 따라잡아 결국 오래된 무의식의 루틴을 앞지를 수 있도록 의식적으로 노력해야 한다. 마침내 그 일이 일어나면, 옛 습관이 그랬던 것처럼, 새로운 습관은 당신에게 제2의 천성이 될 것이다.[30]

가까운 친구와 가족만이 정확히 판단할 수 있겠지만, 오바마 전 대통령은 마침내 금연에 성공한 듯하다. 반면, 재니퍼 애니스톤의 경우는 약간 불분명하다. 확실한 것은 흡연이라는 생생한 사례가 습관이 얼마나 집요하게 우리를 괴롭히는지를 보여준다는 사실이다.

습관은 인간의 무의식이 어떤 힘과 효용을 지니고 있는지를 극적으로 보여준다. 그러나 무의식의 영향력은 습관에서 그치지 않는다. 우리가 평생 두뇌가 가진 능력의 10퍼센트만을 사용한다는 이야기는 잘못된 미신이지만, 더욱 효율적으로 두뇌를 사용할 길이 있다는 것은 확실하다. 이것이 다음 챕터의 주제다.

## 핵심포인트

**습관 바꾸기는 어렵다** _ 우리 뇌는 저항이 가장 적은 경로를 선호한다. 새로운 신경경로를 개척하기 위해서는 모든 추가적인 노력에 그럴만한 가치가 있다는 사실을 두뇌에게 확신시켜야 한다.

**습관 바꾸기** _ 좋은 습관을 형성하거나 나쁜 습관을 없애는 방법에는 동일한 세 가지 기본기술이 포함된다. 1) 목표 수립 및 동기부여, 2) 시작하기, 3) 유지하기다.

**전심을 담아라** _ 외적으로 바람직해 보이는 목표라도 성공할 것이라는 보장은 없다. 성공을 위해서는 당신의 정서적 반응을 이끌어낼 수 있는 목표가 필요하다.

**내게 어떤 이익이 있는가?** _ 정서적 요인이 결여된 방법으로는 변화를 만들 수 없다. 의미 있는 보상이나 위협에 대한 기대가 없다면, 노력하는 시늉은 할 수 있겠지만 변화를 만들어낼 충분한 노력을 이끌어낼 수는 없다.

**항상 첫걸음이 가장 어렵다** _ 우리를 시작하지 못하게 하는 가장 큰 원인은 뒤로 미루려는 버릇이다. 천성적으로 변화를 기피하는 뇌를 속일 수 있는 방법은 아주 작은 조치를 취하는 개선을 이용하는 것이다. 개선을 통해 뇌 속 경보를 울리지 않고도 꾸준한 진보를 만들어낼 수 있을 것이다.

**습관의 유지 가능성은 촉발제에 달렸다** _ 오래 유지되는 변화를 만들고 싶다면 좋은 의도만으로는 부족하다. 새로운 루틴을 발동시킬 신호를 만들어라. 이 신호와 루틴의 조합은 실행의도라는 기술적인 명칭으로 불리지만, if/then이라는 비공식적 명칭으로 더욱 잘 알려져 있다.

# 5장
# 무의식을 해방하라

가장 빠르고 가장 좋은 결정은 종종 무의식 속에서 이루어진다

갑작스러운 경보음이 정적을 깨고 소방서에 울려 퍼지기 시작했을 때, 대부분의 대원들은 휴식을 취하던 중이었다. 단독주택의 주방에서 화재가 발생한 것 같다는 신고가 접수되었다.

대원들을 이끌고 주택 내부에 진입한 소방대장은 무언가 이상하다는 사실을 직감했다. 화재가 주방에서 시작되었다고 하기에는 거실이 너무 뜨거웠던 것이다. 또한 집안은 너무나도 조용했다. 불이 났을 때는 소음이 생기기 마련이고, 화재 규모가 클수록 소음도 커지는 것이 정상이다. 그를 더 불안하게 만들었던 것은 주방에서 퍼져나오는 불꽃을 진화하려는 노력이 실패로 돌아가고 있다는 사실이었다.[1]

이제는 더 볼 것도 없었다. 불길한 느낌을 떨쳐낼 수 없었던 소방대장은 대원들에게 즉시 대피하라는 명령을 내렸다. 아니나 다를까, 마지막 대원이 빠져나오고 불과 몇 초 후 주택의 거실 바닥 전체가 무너져 내리기 시작했다. 조금만 더 지체했어도 일부 대원 또는 심지어 모두가 화를 당했을지도 모르는 일이었다.

그 후로 몇 년 동안, 소방대장은 절체절명의 순간 자신에게 경고를 보낸 것이 일종의 초감각적 지각력이라고 굳게 확신했다. 그러나 그것은 착각이다. 인간이 초감각적 지각능력을 지닐 수 있는지를 둘러싼 과학자들의 논쟁은 여전히 진행 중에 있지만, 소방대원들의 목숨들 구한 것은 모든 인간이 지니고 있는 강력한 무의식이다.

## 무의식의 힘 ────

가장 강력하면서도 가장 저평가되고 있는 뇌 부위는 우리가 인식하지 못하는 것이 당연한 무의식의 영역이다. 독일 프랑크푸르트 막스플랑크뇌과학연구소Max-Planck-Institute for Brain Research 전임 소장 볼프 싱어에 따르면, 무의식 영역은 인간의 의사결정 활동 대부분을 관장한다.

실제로 우리가 어떤 행동을 할 때마다 그것을 가장 마지막으로 알아차리는 것은 의식 영역일 때가 많은데, 여기에는 타당한 이유가 있다. 우리의 무의식은 생존이라는 목적을 위해 의식보다 더욱 빠른 속도로 반응하도록 설계되어있기 때문이다. 맹수를 맞닥뜨린 인간에게 여러 행동의 장단점을 비교하며 최선의 대응책을 찾아 고민할 여유가 어디 있겠는가. 우리가 아무 생각을 하지 않아도 심박과 호흡을 유지하게 해주는 무의식은 문자 그대로 우리의 생명을 지켜주고 있다. 또한 일반적으로 한 번에 네 건의 정보만을 수용할 수 있는 작업기억과 달리, 무의식 영역의 용량은 사실상 무제한이라고 할 수 있다.

무의식의 힘 ────
### 분석마비

대부분의 사고 활동은 의식 영역 안에서 일어나지만, 복잡한 평가가 요구되는 활동에서 의식 영역이 무의식 영역보다 열등한 접근법이 되는 두 가지 요인이 있다. 그것은 작업기억의 제한된 용량과 심리학자들이 분석마비analysis paralysis 또는 결정피로decision fatigue라고 부르는 현상에 대한 위험성이다.

작업기억은 영리할지는 몰라도 용량이 작은 영역이다. 사실 오직 작업기억만을 사용하여 복잡한 의식적 결정을 내리는 일은 거의 불가능하다고 볼 수 있다. 작업기업에는 모든 변수를 수용할만한 공간이나 자원이 부족하기 때문이다. 작업기업의 에너지가 소진되면 우리는 결정피로 상태에 빠진다.

결정피로 상태에서 모든 두뇌 활동이 감소되는 것은 아니다. 대신 결정피로는 특정 영역의 활동을 증가시키는 동시에 다른 영역의 활동을 감소시킨다. 뇌는 단기적 보상에 더욱 초점을 맞추는 반면 장기적 전망에는 흥미를 잃는다.[2] 당신은 혹시 단지 색상이 마음에 든다는 이유로 안정성에 문제가 있는 차량을 구입한 적이 있는가? 그렇다면 범인은 아마 결정피로였을 것이다.

이상하게 들릴지도 모르겠지만, 많은 생각을 하지 않는 것이 더 현

**많은 생각을 하지 않는 것이 더 현명한 답으로 향하는 길이 될 수도 있다.**

명한 답으로 향하는 길이 될 수도 있다. 어떤 경우에는 시간의 부족과 의식적 정보의 부족, 두뇌 '사고 영역'인 전전두피질의 활동 감소가 오히려 더 나은 결정과 행동 그리고 결과를 불러오기도 한다. 이 경험은 누구에나 일어날 수 있지만, 결정이 필요한 영역에서 당신이 전문가일

때 확률은 특히 더 높아진다. 또한 어떤 경우에는 우리가 더 많은 생각을 할수록 최적의 결과에서 더욱 멀어지기도 한다.

## 무의식이 열쇠가 되는 순간

숙련된 의사결정은 숙련된 업무처럼 의식적인 자각 없이 이루어질 때가 많다. 그러나 이것은 아침에 양치질을 하거나 커피를 만드는 것과는 다른 문제다. 이 행위들은 매일 거의 똑같이 반복되는 습관이다. 그러나 새롭고 변화하는 정보에 대응하면서 업무를 처리하는 상황은 습관과는 다르다.

밴더빌트대학교와 고베대학교의 인지심리학자들은 숙달된 속기사들에게 아무 글자도 새겨지지 않은 키보드를 제공하고, 자판의 특정 영역에 표시를 한 뒤 각 글자의 조합이 어떤 단어를 만드는지 맞추게 하는 실험을 진행했다. 그런데 놀랍게도 대부분의 피실험자들은 자판 위 글자의 위치를 부정확하고 불완전하게 파악하고 있었다. 그들이 키보드에서 글자의 위치를 정확히 찾은 비율은 50퍼센트가 조금 넘었고, 글자의 위치를 잘못 파악한 비율은 약 23퍼센트였으며, 글자의 위치를 전혀 찾지 못한 비율도 20퍼센트나 됐다.

실험 참가자들이 노련한 속기사들이었다는 사실을 기억하라. 이들의 평균 타자 속도는 분당 76단어 이상이었으며, 평균 정확도는 거의 95퍼센트에 달했다. 그러나 이렇게 높은 숙련도에도 불구하고, 그들이 글자의 위치를 정확히 판별해낼 수 있는 비율은 절반을 조금 넘겼을 뿐이었다. 이들이 빠르게 타자를 칠 수 있었던 이유는 그들이 자판의 위치를 의식적으로 파악하고 있었기 때문이 아니라 무의식적으로 알고 있었기 때문이다.[3]

무의식의 힘 —— 분석마비
## 다다익선이 늘 옳은 것은 아니다

정보에 관한 한 다다익선이 늘 옳은 것은 아니다. 한 연구에서 고등학교 상담교사들은 졸업반 학생들에 관한 방대한 양의 자료를 제공받고, 자료를 바탕으로 학생들이 대학 신입생으로서 어떤 성적을 받을지 예측하는 실험에 참가했다. 그들이 받은 자료에는 성적표, 시험점수, 자기소개서, 성격 및 직업 적성검사 결과 그리고 심지어 실물 면접 기록까지도 포함되어있었다. 한편 연구진은 내신 성적과 한 건의 표준시험 점수라는 단 두 가지의 요소만을 수학 공식에 대입하여 학생들의 성적을 예측했다. 그 결과 상담교사들의 면밀한 평가보다 간단한 공식을 근거로 한 예측의 정확도가 훨씬 높았다.[4] 생애 대부분을 의사결정 관련 연구에 헌신했던 노벨상 수상자 허버트 사이먼Herbert A. Simon은 "정보의 풍요는 주의력의 빈곤을 야기한다"라는 간결한 말로 이를 표현했다.

무의식의 힘 —— 분석마비
## 초킹

더욱 극적이면서도 가장 흔하게 나타나는 분석마비 현상의 사례는 바로 '초킹choking'이다. 초킹은 스포츠 분야와 가장 밀접하게 연관되어있지만, 비즈니스 세계를 포함하여 고도의 스트레스를 유발하는 거의 모든 환경에서 일어날 수 있는 현상이다.

편도체가 무의식에 의해 장악되어 우리로 하여금 상식을 버린 채 충동적이거나 심지어 파멸적인 방식으로 행동을 하게 되는, 이른바 편도체 '납치' 상황을 기억하는가? 그런데 재미있게도 이러한 감정조절의 실패와 정반대 격의 상황이 바로 초킹이다. 편도체 납치 상황에서는 위협 반응이 주도권을 잡으며, 사고적이고 이성적인 의식 영역은 잠시 활동을 멈춘다.

이와 달리 초킹은 전전두피질이 무의식을 납치하는 상황이다. 프로골퍼가 자신의 타법에 포함되는 개별 동작들을 불필요하게 분석함으로써 평소의 순조로운 마무리동작이 방해를 받게 만든다면, 그는 갑자기 '입스Yips(갑자기 호흡이 빨라지며 손에 가벼운 경련이 일어나는 불안 증세_옮긴이)'를 겪을지도 모른다.


프로골퍼들이 아마추어보다 입스를 겪을 가능성이 더 많다는 것은 한 가지 흥미로운 사실을 일깨워준다. 전문가와 초심자 사이의 직관력 또는 프로골퍼와 아마추어 사이의 퍼팅에는 중요한 차이가 있다. 초심자들은 생각을 더 많이 함으로써 유익을 얻지만, 전문가들에게는 많은 생각이 오히려 방해물이 될 수도 있다.

테니스 경기에서도 이 현상의 전형적인 사례를 볼 수 있다. 열등한 선수가 경기에서 상대 선수의 멋진 백핸드리턴 기술을 칭찬한다. 그녀는 감명을 받았다는 듯이 "와! 어쩌면 그렇게 잘하시죠? 라켓을 살짝 바꿔 쥔 건가요 아니면 팔꿈치를 조금 더 뺀 건가요?"라고 질문을 던진다. 설사 그녀가 상대 선수로부터 제대로 된 답변을 얻지 못한다 해도 (상대 선수가 전문가라면 아마 정확한 답변을 주지 못했을 것이다) 의도했던 목적은 이미 달성되었을 확률이 높다. 이제 상대 선수는 전만큼 훌륭한 백핸드 기술을 펼치지 못할 것이다. 열등한 선수의 질문으로 인해, 상대 선수는 자신이 평소에 무의식적으로 하는 행동을 의식적으로 생각해야 했기 때문이다.

이렇듯 순조로운 과정을 방해하고 선수의 리듬을 깨는 것은 보통 질문 하나로도 충분하다. 거의 모든 운동선수들이 보고하는 초킹의 불쾌한 경험은 대부분 외부 개입 없이 일어나지만, 앞의 사례에서는 영악한 질문이 초킹을 유발했다.


당신이 새로운 기술을 배우고 연습하고 숙달시킬 때, 학습한 내용을 정리하고 분석하며 복습하기 위해서는 두뇌의 의식 영역이 꼭 필요하다. 예를 들면, 다리를 어깨 넓이로 벌리고, 채를 쥐는 법을 조절하며, 팔꿈치를 구부린 채 유지하는 과정에 대해 생각을 해야 한다는 뜻이다. 그러나 당신이 전문가가 되었을 즈음에는 해당 정보가 이미 오래 전 당신의 절차기억procedural memory에 저장된 상태다. 이제 이 작업을 수행할 때 당신은 의식 영역을 더 이상 사용하지 않으며, 당신의 스트로크는 더 부드럽고 확실하며 정확하다. 마찬가지로 당신의 업무상 의사 결정은 빠르고 자신감 있게 진행된다. 지금 하는 일에 대해 생각하는 행위는 단순히 불필요한 것을 넘어서 유해한 작용을 할 수도 있다.

당신이 프로골퍼이든 세계적인 기업의 노련한 임원이든, 가능할 때마다 뇌의 비밀무기인 무의식적 직관력에 더욱 많이 의존함으로써 전전두피질의 짐을 덜어주는 것이 해결책이다.

무의식 영역에 대한 활용도를 높인다면 우리 성과의 속도, 효율, 정확도 역시 높아질 수 있다. 무의식은 우리가 의사결정을 하고, 문제를 해결하며, 참신한 접근법을 떠올리는 순간의 주인공 역할을 해줄 수 있다.

## 직관적 결정

2009년 '설리' 설렌버거 기장이 조종하던 여객기는 비행 중에 기러기 떼와 부딪혔고, 몇 마리의 새가 급작스럽게 엔진 속으로 빨려 들어가면서 기체에 중대한 고장이 발생했다. 설리 기장은 이에 신속하게 대응하여 성공적으로 허드슨강에 비상착륙했고, 155명의 승객 전원을 살렸다.

그는 이 사건으로 온 국민의 인정을 받는 영웅이 되었지만 신중한 태도를 보였다. 설리 기장은 CBS 뉴스 앵커 케이티 쿠릭에게 "이 일을 이렇게 볼 수도 있습니다. 나는 지난 42년 동안 경험, 교육, 훈련이라는 은행에 정기적으로 적은 액수를 납입해왔습니다. 그리고 지난 1월 15일 예금 잔액이 충분해져서 아주 큰 금액을 인출할 수 있었죠"라고 이야기했다.[5]

역대 최고의 아이스하키선수인 웨인 그레츠키는 그리 특별해 보이는 외모의 소유자는 아니지만 적재적소에 나타나 초인적인 능력을 보인다. 그레츠키는 "승자가 되기 위해서는 하키 퍽이 있는 곳이 아니라

하키 퍽이 향할 곳으로 움직여야 한다"라는 말을 남겼다.[6] 팬들이 '하키 센스'라고 불렀던 능력을 탁월하게 이용할 줄 안 그는 북미아이스하키 리그 역사상 그 어떤 선수보다도 많은 업적을 남겼다. 또한 그는 한 시즌에서 총 200점을 기록했던 유일한 선수이며, 이 기록을 통산 네 차례나 달성했다.[7]

설리 기장과 웨인 그레츠키 그 누구도 충분한 시간이라는 호사를 누리지는 못했다. 그들은 아주 빠르게 그리고 직관적으로 결정을 내려야 했다. 많은 사람이 직관적인 결정은 무작위적이며 능력의 부족을 뜻한다고 오해를 하고 있지만, 진실은 정반대다. 직관적 결정은 수년간의 경험과 수천 시간의 연습에서 비롯되는 경우가 많다. 당신이 축적한 경험들이 가장 효율적으로 진가를 발휘하는 때가 바로 직관적 결정의 순간이다.

## 동전 던지기

직관적 의사결정의 가치에 의문을 제기하는 사람들 중 일부는 직관적 의사결정이 동전 던지기와 같이 무작위적인 성격을 띤다는 점에 염려를 표한다. 그런데 아이러니하게도 동전 던지기는 훌륭한 의사결정의 수단이 될 수 있다. 그러나 아마 당신이 생각하는 방식은 아닐 것이다.

만약 당신이 거의 동등한 가치를 지닌 것처럼 보이는 선택지 앞에서 망설이고 있다면, 동전을 던져라. 동전 던지기를 통해 결정된 사항으로 만족감이나 안도감이 든다면 그 결정을 따르라. 그러나 당신이 동전 던지기로 정해진 결과 때문에 마음이 불편하거나, 애초에 이렇게 중요한 사안을 왜 동전 던지기 같이 임의적인 방식으로 결정하려 했는지 의문이 든다면 다른 선택지를 골라라. 당신이 옳은 결정을 내릴 수 있도록 '직감'이 경보를 보낸 것이기 때문이다.

그렇다면 '직감'이란 무엇인가? 이에 답하기 위해서는 직관력의 구조를 알아야 한다.

## 직관력의 해부

직관적 결정을 담당하는 두뇌의 두 영역은 기저핵과 섬엽이다. 4장에서 살펴보았듯이, 우리가 축적한 전문성을 반영하는 저장된 행동양식과 루틴을 관리하는 부위가 기저핵이다. 섬엽피질이라고도 불리는 섬엽은 신체지각을 담당하며, 모든 신체상의 변화에 아주 민감하다. 이 영역은 맥박과 같은 생체기능을 관리할 뿐 아니라, 피부에 닿는 온도가 높거나 낮을 때 혹은 방광이 가득 찼거나 배가 부를 때를 알아차리는 역할도 한다. 간단히 말해서 섬엽은 우리에게 도움이 되는 존재다!

결정을 내려야 하는 상황이 오면, 비록 당신이 의식하지 못할지라도, 뇌의 무의식 영역은 곧바로 처리를 시작한다. 그리고 마침내 당신이 의식적으로 결정을 내리려는 순간, 뇌는 무의식이 이미 결정한 사항과 의식이 결정한 사항을 비교한다. 의식과 무의식의 결정이 일치한다면 당신의 뇌는 미세한 보상 반응을 일으키며, 결정이 일치되지 않을 때는 위협 반응이 시작된다. 두 반응은 모두 신체상의 변화를 유도한다.

뇌가 보상을 예측하고 있는데 보상이 오지 않는다면 '놀람'의 반응이 일어난다. 이를 처리하는 것은 전대상피질이다. 도파민 뉴런이 빽빽하게 들어찬 이 영역은 오류 감지기다. 전대상피질은 예상했던 보상이 오지 않을 때 오류감지신호라고 알려진 뇌파를 발생시킨다. (이것을 '이런 젠장!'회로라고 부르는 사람들도 있다.[8])

섬엽 부위 덕분에 신체지각능력이 높은 우리는 변화를 감지한다. 직감을 '육감六感'이라고 부르기도 하는 이유가 여기에 있다. 우리는 기분 상태의 미묘한 변화를 바탕으로 어떤 결정이 좋은지 나쁜지를 감지한다.

직관력의 해부 ———

## 전문가의 직관

전문가의 직관이 무의식만의 전유물은 아니다. 설리 설렌버거 기장이 이야기했던 것처럼, 직관은 경험의 은행에서 상당 부분을 인출하여 활용한다. 전문가의 직관은 먼저 의사결정 과정에 필요한 자료를 의식적으로 수집하는 작업으로 시작된다. 무의식 영역이 소매를 걷고 일에 착수한 다음부터 의식 영역은 다른 곳에 주의를 돌린다.

전문가의 직관에 의한 의사결정은 기본적으로 의식적 의사결정과 동일한 과정으로 진행되지만, 두뇌의 한정적인 자원을 더욱 적게 사용하면서도 훨씬 빠르고 효율적으로 진행되는 것이 차이점이다. 이렇게 생각해보자. 설거지를 하는 한 가지 방법은 당신이 손으로 직접 그릇을 닦는 것이다. 그러나 당신은 그릇을 식기세척기에 넣고 세제를 부은 다음 세척기 문을 닫고 전원을 켠 후 자리에 앉아 책을 읽거나 조깅을 할 수도 있다. 당신이 자리를 비운 동안 접시들은 더욱 빠르면서도 당신의 노력이 훨씬 적게 드는 방법으로 깨끗하게 세척된다. 전문가의 직관을 사용하는 것은 식기세척기로 설거지를 하는 것과 같다.

직관적 의사결정이 더 효과적인 이유 중 하나는 무의식이 더 넓은 두뇌 공간을 차지하기 때문이다. 집에 있는 수백 권의 책을 알파벳 순서로 정리한다고 가정해보자. 의식적 분석 과정은 좁은 공중전화 부스 안에서 책을 정리하려고 시도하는 것과 비슷하다. 반면 직관은 넓은 거실 바닥에서 책을 정리하는 쪽에 더 가깝다.

심리학자 조셉 존슨Joseph Johnson과 마커스 랍Markus Raab은 핸드볼선수들을 대상으로 실험을 진행했다. 연구팀은 선수들에게 핸드볼 경기 영상을 보여주면서 주기적으로 영상을 일시정지시키고 선수들에게 자신이 생각하는 최선의 다음 동작이 무엇인지 답하게 했다. 또한 연구팀은 영상을 재개하기 전에 선수들에게 다른 대안적인 동작에는 무엇이 있을지 이야기해달라고 요청했다. 실험 결과에 따르면 선수들의 최초 답변이 거의 항상 최선의 답변이었다.[9]

체스는 아마 그 무엇보다도 고도의 분석력과 많은 두뇌 에너지를 요구하는 게임일 것이다. 그러나 당신이 진정한 체스 마스터들을 관찰해 본다면 말의 움직임이 어떻게 결정되는가에 대한 놀라운 통찰을 얻을 수 있을 것이다. 체스선수 망누스 칼센Magnus Carlsen은 "물론, 체계적인 분석이 직관보다 더욱 정확한 결과를 가져다주는 경우도 있겠죠. 하지만 그것은 너무 번거로운 일이에요"라고 이야기했다. 참고로 칼센은

22세에 전설적인 체스 그랜드마스터 가리 카스파로프를 제치고 역대 최고 등급의 체스선수가 되는 영예를 얻었다.[10]

보편적으로 체스선수들은 고도로 이성적인 분석가로 인식되지만, 칼센은 확연히 다른 방법으로 월드챔피언의 자리를 따냈다. 그는 〈파이낸셜타임즈〉와의 인터뷰에서 "저는 보통 직관이 시키는 대로 따릅니다. 만약 제가 생각하는 데 시간을 쓴다면, 그것은 제 직관적 결정이 옳았는지를 재차 확인하는 시간입니다"라고 설명했다.

직관력의 해부 ────

## 우리가 직관을 믿지 않는 이유

전문가의 직관이 의식적 의사결정보다 빠르고 효율적이며 정확하다면, 왜 더 많은 사람과 기업이 직관을 활용하지 않을까?

잠시 생각해보라. 당신이 고위임원에게 새로운 시장으로 사업을 확장시키기 위해 엄청난 금액을 투자해야 한다고 주장하면서 그 근거로 오직 당신의 직감을 제시한다면 어떤 일이 벌어지겠는가? 직관의 힘을 잘 이해하는 사람들조차도 이런 상황에서는 조금 주춤할 것이다. 그들은 혼잣말이나 큰소리로 "그렇지만 내 직감이 틀리면 어떡하지?"라고 궁금해할지도 모른다.

독일 심리학자 게르트 기거렌처는 직관에 대한 뿌리 깊은 불안감에서 비롯된 부산물을 가리켜 '방어적' 의사결정이라고 불렀다. 위험이 기피되는 기업 세계에서 직관적 결정에 의존하는 임원들은 종종 자신의 결정을 뒷받침하는 근거를 제시해야 한다는 압박감을 느낀다. 이로 인해 그들은 직감에 따라 먼저 결정을 내린 다음, 뒷받침할 자세한 설명을 사후에 찾아 추가한다.

이와 비슷하게, 노련한 의사들은 환자의 상태에 대해 즉각적인 판단을 내린 이후에 값비쌀뿐더러 외과적 개입을 요구하기까지 하는 검사를 진행하여 자신이 이미 아는 사실들을 재검증해야 한다는 압박감을 느낀다. 더 나쁜 경우, 어떤 리더는 단지 근거자료 및 수치를 제시할 수 있다는 이유만으로 최선이 아닌 차선이나 그 이하의 선택을 하기도 한다.

기거렌처 박사의 추정에 따르면 중요한 의사결정의 상황에서 이런 식의 소심하고 열등한 접근법이 채택되는 경우는 약 30~50퍼센트에 달한다. 그는 〈하버드비즈니스리뷰〉에서 "방어적 의사결정은 의사결정자를 보호하지만 회사를 다치게 한다"라고 이야기했다.[11]

직관에 대한 보편적인 불신은 역사적 선입견, 편향된 분석, 직관의 진정한 의미에 대한 오해라는 여러 요소에 기인한다.

직관력의 해부 —— 우리가 직관을 믿지 않는 이유

## 역사적 선입견

이성은 지난 250년간 세상을 지배해왔으며, 여기에는 그만한 이유가 있다. 계몽주의는 이성의 시대를 열었고, 과학과 수학을 강조했으며, 생명을 앗아가기도 했던 미신을 타파하고, 현대 민주주의를 위한 길을 닦았다. 그러나 계몽주의가 겉으로 보이는 것만큼 계몽적이지 못했던 영역도 있었다. 계몽주의는 유감스럽게도 직관이라는 가치를 희생시킴으로써 사회적 간접 손실의 원인을 제공했다.

이성이 다스리는 시대에서 직관은 금기의 대상이다. 당대의 리더들은 대부분 남성이었고, 이성을 그 무엇보다 중요한 가치로 여겼다. 이들은 설상가상으로 '직감에 따르는 행위'를 단순한 '직관'이 아니라 '여성적 직관'이라고 부름으로써 마치 끔찍한 기피 대상이라도 된다는 듯 이중적으로 직관을 모독했다.[12]

그렇게 주사위는 던져졌다. 직관은 계몽주의 이래로 자신의 명성을 되찾기 위해 노력하고 있다.


직관력의 해부 —— 우리가 직관을 믿지 않는 이유
## 편향된 분석

인간이 계몽주의 시대 이후로 끊임없이 진보해왔다고 믿고 싶겠지만, 오래된 습관을 깨는 것은 쉬운 일이 아니다. 우리는 여전히 전문가의 직관보다는 의식적이고 이성적인 사고를 더 중요하게 여긴다. 이에 대한 책임을 물을 수 있는 또 다른 대상은 우리의 이마 정중앙에 있는 전전두피질이다. 의식적 사고의 중심 부위가 무의식적 의사결정을 의심의 눈초리로 바라보는 것이 그리 놀라운 일은 아니다.

전전두피질은 집중과 분석에 있어서는 영웅적인 역할을 하지만(3장 참조), 때로는 심술궂은 중상모략가처럼 행동하기도 한다. 전전두피질은 자신이 자랑스럽게 제공하는 의식적이고 성실한 서비스보다 직관이 더 우월할 수는 없다고 우리를 확신시키려 애쓴다.

열등감이든 무엇이든, 두뇌의 의식 영역이 라이벌인 무의식 영역의 능력에 회의적이라는 사실은 별로 놀랍지 않다.

이성적 분석과 직관 중에 무엇이 더 우월할까? 당신이 이 문제를 생각해본다면 직관에 대한 선입견에 잘못된 점이 있을지는 몰라도 이성적 분석의 우월성 자체는 타당하다고 느낄 것이다. 그런데 어느 쪽이 더 우월한지 판단하는 두뇌 영역이 어디인가? 당연히 의식 영역이다! 예쁜 아기 선발대회의 유일한 심사위원이 자신의 아기를 출전시켰다면 그를 신뢰할 수 있겠는가? 물론 아닐 것이다!

뇌의 의식 영역은 천성적으로 늘 한쪽만을 편애하며, 물론 그것은 당신이 추측한대로 의식 영역이다. 작가이자 신경학자인 로버트 버튼은 그의 저서 《회의론자의 마음 안내서 A Skeptic's Guide to the Mind》에서 '우리의 생각을 이해하기 위해 생각에게 조언을 구하는 것은 소문난 사기꾼에게 견적서를 요청하는 행위와 다를 바가 없다'라고 표현했다.[13]

직관의 주요 특징 중 하나는 우리가 무엇에 이끌려 결정을 내렸는지 명료하게 판단할 수 없는 경우가 많다는 것이다. 직관이라는 복잡한 사고처리 과정에서 우리가 의식할 수 있는 유일한 단계는 우리 신체의 본능적인 반응과 의사결정의 순간이다. 앞의 사례에서 소방대장이 초감각적 지각능력 덕분에 결정을 내릴 수 있었다고 생각한 이유가 이로서 설명된다. 그 당시 소방대장은 더 만족스러운 설명을 내놓을 수 없었다. 그저 그렇게 행동하는 것이 옳다고 '느꼈을' 뿐이다. 느낌보다는 설명과 더 밀접한 뇌의 의식 영역이 이를 잘 받아들이지 못한 것도 이해할만하다.

신경과학자 데이비드 이글먼은 이렇게 서로 다른 두 영역을 '라이벌 팀'으로 즐겨 비교한다. 두 영역은 함께 협력하기도 하지만 약간 다른 행동지침을 따른다. 이성적 두뇌에게 직관은 자신의 행동지침에 대한 직접적 공격으로 느껴질 것이다.[14] 하지만 그것이 사실일까?

직관에 대한 가장 흔한 불평 중 하나는 '너무 감정적'이라는 것이다. 우리는 대외적으로 냉정하고 계획적인 의사결정을 더 우선시하려는 경향을 보인다. 그러나 안타깝게도 이러한 경향은 우리가 이성적 의사결정의 정확한 처리 과정에 대해 근본적으로 오해를 하고 있다는 사실을 보여준다.

성공한 직장인이자 남편이었던 EVR은 현대 신경과학 분야에서 가장 많이 인용되는 환자다. 그는 복내측전전두피질$^{vmPFC}$이라고 불리는 전두엽 부위에 뇌종양을 얻었다. 수술을 통해 종양을 성공적으로 제거한 EVR은 겉보기에는 정상인 같았지만, 그는 일적으로나 개인적으로 신뢰하지 못할만한 사람으로 완전히 바뀌었다. 그는 자주 지각을 했으며, 업무를 완수하지 못했고, 아주 간단한 사항조차도 좀처럼 결정하지 못하는 사람이 되었다. 복내측전전두피질이 손상됨으로써 그의 기억력이나 지적 능력이 감퇴된 것은 아니었다. 이 부위의 손상은 두뇌의 사고 영역과 감정 영역의 중요한 연결 고리를 끊어버렸다.[15]

우리는 어떤 목적을 염두에 두고 선택을 내리며, 목적은 보상 또는 위협회로에 연결되어있다. 다른 말로 하면 '다음에 어떤 업무에 착수할 것인가' 또는 '점심 메뉴로 무엇을 주문할 것인가'와 같은 사소한 결정과 정에도 감정적인 요소가 포함된다. 감정은 우리의 결정에 작은 영향을 주는 것이 아니라 필수적인 역할을 담당한다. 신경과학자 안토니오 다마지오에 따르면 한 측면에서는 이성적 결정조차도 직감이라고 볼 수 있다. 우리는 감정요인 없이 목표를 마음에 간직할 수 없으며, 목표가 없이는 의사결정에 있어 어떤 정보가 중요하고 중요하지 않은지를 판단하는 것이 불가능하다. EVR의 사례에서 그의 두뇌는 방대한 양의 잡다한 정보에 매몰되어 아주 간단한 일조차도 결정하지 못하는 지경에 이르렀다.[16]

**한 측면에서는 이성적 결정조차도 직감이라고 볼 수 있다.**

직관력의 해부 —— 우리가 직관을 믿지 않는 이유
## 우리는 직관이 무엇인지 이해하지 못한다

우리가 만일 슈퍼스타 리오넬 메시가 다음 코너킥에서 득점을 할 것 같다는 직감이 든다고 말한다면, 이것은 진정한 직관이 아니라 미화된 어림짐작일 뿐이다. 또한 점쟁이가 당신의 손바닥을 보고 당신이 까무잡잡하고 키 큰 사람을 만날 것이라고 이야기하면, 이것은 전문가의 직관력이 아니라 저녁식사나 영화 관람에 쓸 수 있었던 25달러가 낭비되었다는 뜻일 뿐이다. 당신이 어떤 마을이나 지방에서 트라우마적인 경험을 한 후 그곳을 지날 때마다 '나쁜 예감'이 든다면, 그것 역시 직관이 아니다. 이것은 과민한 위협 반응이다.

이 책에서 우리가 직관을 말할 때는 축적된 전문성을 활용하여 더 빠르게 정보를 분석하는 '전문가의 직관'을 뜻한다. 만약 전문성이 없다면 직관은 아무런 힘을 발하지 못한다. 우리가 말하는 직관은 어림짐작이 아니다. 그러나 아쉽게도 많은 사람이 '직관'이라는 단어를 들었을 때 생각하는 것이 바로 어림짐작이다. 만약 당신이 어떤 주제나 사업 분야에 처음으로 발을 들였다면, 직관력을 사용하는 것은 현명하지 못할 뿐 아니라 무책임한 행동이 될 것이다. 그러나 당신이 오랜 시간 전문지식을 축적해왔다면, 직관이 최선의 길이 될 수도 있다.

직관을 적절하게 조사하기 어려운 이유 중 하나는 직관이 오랫동안 비과학적이라는 오명을 써왔기 때문이다. 실제로 당신이 인터넷에 '직관'이라는 단어를 검색한다면, 합리적인 신경과학적 근거뿐만 아니라 터무니없고 마술 같은 이야기들이 동시에 검색 결과로 나타나 당신을 혼란스럽게 만들 것이다.

그러나 실제로는 전문가의 직관에 마술 같은 요소는 없다. 이것은 견고한 주류 신경과학에 기초를 두고 있다. 축적된 전문지식과 연습의 산물인 직관은 과거 경험과 외부신호의 조합에 따라 작동한다. 이에 따라 결정된 사항은 무의식 영역에 입력되며, 우리가 일반적으로 '육감'이라고 부르는 신체 반응에 의해 해석된다. 의사결정 분야의 권위자 허버트 사이먼은 "직관력과 판단력은 습관으로 굳어진 분석력일 뿐이다"라고 이야기했다.[17]

직감은 겉보기와 달리 순간적으로 이루어지지 않는다. 반대로 당신이 질문을 떠올릴 기회를 얻기도 전에 당신의 무의식은 답변의 기초를 마련한다.[18] 사실 당신의 무의식은 우리 평생의 경험을 집대성하는 백과사전을 만들어간다. 디즈니 전임 CEO 마이클 아이스너도 여기에 동의했다. "직감은 우리 경험의 총합이다. 수백만 번이 넘는 경험의 총합이 우리로 하여금 이성적 결정을 내릴 수 있게 해준다."[19]

광속처럼 빠른 직관적 결정이 때때로 조작에 취약한 것은 사실이지만, 시간 소모적이고 때로는 예산 소모적이기까지 하는 이성적 의사결정 또한 심각한 오판을 내릴 수 있는 것도 사실이다.

직관력의 해부

## 우리가 이성적 의사결정을 항상 믿을 수 없는 이유

1985년 뉴코크New Coke의 도입만큼 큰 실패를 불러온 비즈니스 판단착오는 거의 없을 것이다. 대표적인 청량음료 브랜드 코카콜라는 그 유명한 이벤트 펩시챌린지에서 최대 라이벌인 펩시를 이기기 위해 심혈을 기울여 뉴코크라는 신제품을 개발했다. 코카콜라는 이 변화에 타당성을 부여해줄 근거자료를 많이 보유했지만, 새 음료의 데뷔는 완전히 실패했다. 코카콜라는 엄청난 대중의 반발을 잠재우기 위해 겨우 79일 만에 코카콜라클래식이라는 이름으로 '예전'의 콜라를 재출시했다.

코카콜라의 충성고객 대부분은 '직감'을 통해 코카콜라가 몇 달간의 연구와 넘치는 자료를 통해서도 예측하지 못했던 사실을 순식간에 판단했다. "펩시가 있는데, 우리가 왜 펩시와 비슷한 맛이 나는 뉴코크를 마셔야 하는가?"

좋다. 직관력은 완벽하지 않다. 그러나 이성적 의사결정도 마찬가지다. 코카콜라 이야기는 이성적 의사결정이 아주, 굉장히, 크게 잘못된 결과를 불러온 유명한 사례 중 하나일 뿐이다. 이와 비슷한 사례는 차고 넘쳤다.

클레이튼 크리스텐슨의 베스트셀러 《혁신기업의 딜레마》는 신흥 라이벌 기업들이 전혀 위협적이지 않은 존재라고 확신했던 기존 기업들의 이야기를 들려준다. 백화점들은 할인점의 가능성에 관심이 없었고, 중앙컴퓨터 기업들은 개인용 컴퓨터의 부상을 전혀 신경 쓰지 않았다. 또한 케이블구동식 굴착기 제조업체들은 유압식 굴착기의 도입을 두려워할 이유가 없었다. 이들은 왜 걱정하지 않았을까? 스스로 최선을 다해 조사를 했고, 의사결정을 뒷받침하는 수치와 자료 모두 얻었다고 착각했기 때문이다. 이 기업들은 이성적인 의사결정 과정을 통해 현상을 유지하기로 결심했고, 파멸로 이어지는 길에서 벗어나지 않았다.[20]

한때는 거대기업이었던 제록스코퍼레이션은 복사기시장을 거의 독점했으며, 연구개발의 중요성을 인지하여 1970년대 초 제록스파크 팔로알토연구소를 설립했다. 불행히도 당시 연구소에서 개발되고 있던 마우스, GUI, 레이저 프린터 같은 도구는 경영진을 조금 불안하게 만들었다. 일부 혁신작이 복사기라는 기업의 핵심사업을 약화시킬 것을 염려한 제록스는 이런 아이디어들을 비밀로 묻어두었다. 그러나 빌 게이츠나 스티브 잡스 같이 연구소를 방문했던 젊은이들은 의욕을 꺾지 않았다.

몇 년 후, 잡스는 믿기지 않는다는 태도로 그 기념비적인 방문 경험을 회상했다. "연구소는 스스로 얼마나 위대한 일을 이루었는지 전혀 모르고 있었습니다."[21] 지금 같은 인터넷 시대에 제록스파크에서 개발한 도구들 없이 컴퓨터를 하는 것은 가히 상상할 수도 없다. 그러나 이성적 사고는 제록스가 그것을 기회로 활용할 길을 차단해버렸다.

직관력의 해부 ────
## 의심이 들 때는 맡겨라

직관과 이성적 의사결정 모두에 실패 가능성이 있다는 것을 아는 상황에서 리더들은 어떻게 해야 할까? 개인의 의사결정에도 적용 가능한 유서 깊은 경영전략이 하나 있다. 다양한 의사결정 상황에서 최적으로 두뇌를 활용할 수 있는 방법은 가장 큰 몫의 업무를 무의식 영역에 분담시키고, 의식 영역은 주로 무의식적 의사결정 과정을 감시 및 점검하게 하는 것이다. 무의식은 일을 빠르고 효율적으로 처리하는 데 탁월하고, 의식은 그 과정이 적절하게 이루어졌는지 재차 확인하는 일에 적격이다. 전전두피질에서 일어나는 주요 활동이 통상적으로 집행기능이라고 불리는 데는 그만한 이유가 있다!

직관력의 해부 ────
## 직관적 의사결정 기술을 향상시켜줄 팁

태생적으로 다른 사람보다 풍부한 직관력을 가진 사람들도 있지만, 당신의 전문지식을 늘리고 신체지각을 강화함으로써 직관력을 개선시키는 것이 가능하다.

**1. 전문성을 향한 길을 닦아라** ___ 풍부한 경험과 전문지식을 무의식적으로 활용할 때 최고의 직관적 결정이 탄생할 수 있다. 그러나 당신이 현재 해당 분야의 전문가가 아니라면 분석을 활용하는 편이 더 낫다.

**2. 신체지각을 개선시켜라** ___ 소위 말하는 육감은 전문가 직관력의 주요 요소다. 마음챙김(3장 참조) 수련을 통해 신체의 작은 경고신호들을 더욱 잘 지각하게 하는 두뇌 영역인 전두엽 오른쪽 섬엽 내 회색질을 두껍게 만들 수 있다는 사실이 밝혀졌다.[22]

**3. 직관을 믿어야 할 때와 믿지 말아야 할 때를 구분하라** ___ 축적된 전문성을 바탕으로 한 직관적 결정은 능률적이고 대개 신뢰할 수 있다. 그러나 뿌리 깊은 고정관념이나 선입견을 바탕으로 한 결정은 그렇지 않다.

무의식은 효율적 의사결정뿐 아니라 문제해결에도 중요한 역할을 한다. 이성과 의식에 따라 내린 결정 역시 없어서는 안 될 역할을 하고 있지만, 세계적으로 가장 혁신적인 아이디어는 참신한 통찰력에서 비롯된 것들이 많다. 이 아이디어들은 마음이 방황하는 순간에 번뜩이는 영감으로 떠올랐다. 혁신을 위한 토대를 마련하는 데 무엇이 창조적인 영감을 이끌어내는지 아는 것은 매우 중요하다.

## 이성적 문제해결

이성적 문제해결로 충분하거나 이 방법이 더 우월한 경우도 있는가 하면, 이성적 문제해결이 유일한 선택지인 경우도 존재한다. 예를 들어, 거의 모든 수학 문제는 당신이 계산기를 사용한다 해도 오직 이성적으로만 풀 수 있다. 당신이 아무리 노력을 해도 길게 나열된 숫자의 총합이 갑작스런 깨달음의 순간 머릿속에 반짝 떠오르지는 않을 것이다.

다음은 이성적 해결법을 요하는 문제의 전형적인 예다. 어떤 집에 강도가 들자 경찰은 네 명의 용의자를 추려낼 수 있었고, 각각의 용의자 A, B, C, D로부터 진술을 받았다.

- A는 "C가 범인입니다"라고 말했다.
- B는 "나는 범인이 아니에요"라고 말했다.
- C는 "D가 범인입니다"라고 말했다.
- D는 "내가 범인이라고 말한 C는 거짓말을 했어요"라고 말했다.

이 네 개의 진술 중 오직 하나만이 진실이고 용의자 중에 범인은 한 명뿐이다. 이 중에 누가 진실을 말했고 누가 범인인지 추측할 수 있겠는가? (정답은 페이지 하단에 나와 있다.[*])

위 문제의 답이 머릿속에 갑자기 떠오르는 것은 불가능하다. 당신은 정확한 답을 얻기 위해 여러 가능성을 염두에 두고 논리적으로 사고해야 한다. 이성적 문제해결은 드넓은 무의식 영역의 도움을 받지 않고

---

[*] 진실을 말한 사람은 D이고, 범인은 B이다.

전전두피질의 좁은 범위 내에서 의식적인 분석, 비교, 정보의 재배치 작업을 수행한다.

어떤 문제는 이성적으로도 풀 수 있고 창의력으로도 해결할 수 있다. 단어 스크램블 게임이 좋은 예다. 어떤 사람들은 다음의 글자를 보고 바로 단어를 만들 수 있다.

ARNIB

이 사람들은 창의적인 발상을 통해 문제를 푼 것이다. 이들이 답을 얻기까지 얼마나 짧은 시간이 걸렸는지를 보면 무의식의 힘이 얼마나 막강한지 알 수 있다. 어떤 사람들은 마침내 정확한 답에 도달하기까지 여러 번 글자를 조합해보는 체계적인 방법을 필요로 할 수도 있다. 이 방법은 의식적이고 조직적이지만, 전전두피질의 제한된 공간을 사용하기 때문에 훨씬 더 느리다. (스크램블 단어의 답은 BRAIN(뇌)다.)

## 창조적 통찰력

고대 그리스의 학자이자 수학자였던 아르키메데스는 욕조에 몸을 담그고 있는 동안 마침내 금속의 순도를 측정할 방법을 찾아냈다. 전해지는 이야기가 사실이라면, 그는 자신의 발견에 너무 흥분한 나머지 벌거벗은 채로 "유레카(알아냈다)"라고 외치며 시라쿠스 길거리를 뛰어다녔다.

약 2,000년 뒤, 텔레비전을 발명한 천재 소년 필로 판스워스는 가족 농장에서 꼼꼼하게 풀을 베던 도중 비디오 이미지를 만들어내는 방법을 떠올렸다.[23] 널리 알려진 아르키메데스 일화와 덜 알려진 필로 판스워스 이야기가 동일하게 보여주는 것은, 세상의 가장 위대한 발견 중에는 창조적 통찰력의 폭발에서 나온 것들이 존재한다는 사실이다.

## 창조적 통찰력의 해부

지난 25년간의 중대한 기술혁신 덕분에 신경과학자들은 창조적 통찰력이 발생하는 과정의 상당 부분을 이해할 수 있게 되었다. 일반적으로 이것은 교착, 통찰의 순간, 확신의 3단계에 걸쳐 일어난다.

### 교착

우리는 모두 교착상태에 빠진 느낌을 안다. 당신에게는 해결해야 하는 문제가 있고, 몇 시간에서 심지어는 며칠째 머리를 쥐어짜고 있지만 답을 찾을 수 없다. 보통 이런 상황에서 뇌는 전전두피질이라는 비장의 무기를 꺼내들고는 당신의 인지능력을 최대로 활용하는 데 총력을 기울일 것이다.

그러나 역설적이게도 당신이 문제를 해결하기 위해 의식적으로 노력할수록 문제가 해결될 가능성은 줄어든다. (답을 알고 있지만 마음속에 떠올린 개념을 언어로 정확히 표현하지 못하고 혀끝에 맴돈다는 뜻의 설단舌端 현상이 더욱 일상적이고 친숙한 사례일 것이다.) 이것은 단순한 계산의 문제가 아니기 때문이다. 당신은 길게 나열된 숫자를 더하거나 불분명한 고대문헌의 의미를 해석하는 것처럼 이성적 문제해결을 요구하는 상황에 처해있지 않다.

이런 상황에서 과유불급이라는 말은 옳을 때가 많다. 강한 집중력을 발휘할 수 있는 능력은 평상시에 장점으로 작용한다. 그러나 이 사례에서 과도한 집중력은 창조적 통찰력을 이끌어낼 수 있도록 관련성을 분별하는 우리의 능력을 제한시킨다.

이미 살펴본 것처럼, 고도의 집중력은 도파민, 노르아드레날린, 아세틸콜린이라는 세 가지 주요 신경전달물질에 의존하면서 관련성 없는 자극을 차단시켜버린다. 그러나 창의력이라는 관점에서 관련성 없는 요소가 정말 있을까? 바로 이것이 문제다. 불행히도 문제가 발생하는 이유는 전전두피질이 관련 없는 요소를 차단하는 일을 너무 잘 처리하기 때문이다. 문제의 해결책이 되어줄 수도 있는 잠재적 방안들이 고려되지 않고 즉각적으로 묵살되는 것이다. 사실 이런 일들은 무의식적으로 일어나는 경우가 많기 때문에 당신은 다른 선택지가 있었다는 사실을 인지조차 하지 못했을 것이다.

보통 문제가 있는 팀에는 살아 숨 쉬는 버전의 전전두피질이 존재한다. 당신은 이들이 어떤 유형의 사람인지 짐작할 수 있을 것이다. 그들은 누군가 참신한 제안을 했을 때 반사적으로 "아니요, 그건 효과가 없을 겁니다!"라고 말하고는 그 주제에 대한 추가적 논의를 모두 차단시킨다. 이것이 바로 창조적 통찰력에서 교착이 발생하는 이유다. 전전두피질이 너무 엄격하게 차단시켜버린 주의분산요소들 중에는 실제로 주의분산요소가 전혀 아니었던 것이 있었을지 모른다.

유레카의 순간을 만들어내는 두뇌 활동을 파악하기 위해 신경심리학자들은 '통찰 문제'라 불리는 수단을 자주 활용한다. 다음은 전형적인 그 사례다.

레이첼과 레베카는 같은 해, 같은 달, 같은 날에 태어났다.

그들의 어머니와 아버지는 동일하지만, 그들은 쌍둥이가 아니다.

어떻게 이 일이 가능한가?

일반적으로 이런 유형의 문제는 20퍼센트 이하만이 정답을 맞힌다. 그런데 정답을 맞히는 사람들은 답을 바로 알아차리는 경우가 많다.[24]

터널비전은 터널 안에서 밖을 바라보듯 좁은 시야로 사고하는 것을 뜻한다. 창조적 통찰력을 방해하고 교착상태에 빠지게 하는 터널비전을 더 잘 이해하고 싶다면, 앞의 문제에서 첫 두 단어를 살펴보는 것만으로 충분하다. 레이첼과 레베카 말이다. 문제해결 과정을 간소화한다는 좋은 의도를 품었지만 올바른 판단을 하지 못했던 전전두피질은 아마 두 소녀의 이름을 듣자마자 그들이 쌍둥이라는 성급한 결론을 내렸을 것이다. 그러므로 문제 끝에서 그들이 쌍둥이가 아니라는 대목이 나왔을 즈음, 때는 이미 늦었다. 전전두피질은 이미 그전의 사고방식에 갇혀있었다.

교착상태가 중요한 이유는 교착상태가 의식 영역에게 포기하라는 신호를 주기 때문이다. 아마 전전두피질은 "주의분산요소를 제거하기 위해 내가 그렇게 노력했는데 아직도 문제를 못 풀었단 말이야? 나는 맥주나 한잔 할 테니 너 혼자 해결해"와 비슷한 이야기를 할 것이다.

이 말과 함께 전전두피질은 정신없이 쏟아져 뇌를 혼란시키고 에너지를 소모하던 주의분산요소를 차단하는 일에서 손을 뗄 것이다. 이제 주의분산요소들이 몰려오기 시작한다. 당신은 귀마개와 눈가리개를 모두 벗어버린 기분이 든다. 갑자기 모든 소리가 더욱 크게 들리고, 당신은 평범한 실내 전등에 잠시 눈을 찡그린다. 방금까지 무시해왔던 것들을 이제는 더 이상 그냥 넘길 수 없다. 뇌의 무의식 영역이 자리를 지키도록 남겨둔 채 전전두피질은 맥주를 마시러 떠났기 때문이다.

하지만 이제부터 마법이 일어나기 시작한다.


창조적 통찰력 ── 창조적 통찰력의 해부
## 통찰의 순간

창조적 통찰력은 당신의 귀 바로 위에 있는 전측 상측두회라는 부위에서 온다. 집중력에서는 정확성이 가장 중요한 반면, 창의력에서는 관련성을 찾는 것이 가장 중요하다.

당신은 불현듯 쌍둥이만이 같은 해, 같은 날, 같은 날에 태어나는 것이 아니라는 사실을 깨닫는다. 레이첼과 레베카에게는 정확히 같은 날 태어난 또 한 명의 자매가 있었다. 이들은 쌍둥이twins가 아니라, 세 쌍둥이triplets였다!

통찰력이 곧 발휘될 것인지 여부를 예측할 수 있게 해주는 요소 중

하나는 우뇌에 알파파가 꾸준히 방출되는 것이다.[25] 알파파는 목적 지향적이고 의도적인 사고에서 벗어나라는 신호를 전달하며, 우리가 깊은 휴식 상태에 있다는 표시가 되기도 한다.[26] 이들은 문제해결에 있어 방해요소가 될 수 있는 시각적 자극을 차단하는 것으로 알려져 있다.[27]

당신이 답을 얻기 300밀리초 전, 두뇌의 감마파가 급증하며 최고점을 찍는다.[28] 감마파는 뉴런이 연결될 때 만들어진다고 한다. 우리가 점을 이어서 큰 그림을 만들어내듯 뇌가 실제로 서로 떨어진 부분들을 연결시킨다는 말이다.[29]

중요한 것은 창조적 통찰력을 만들어내는 정신적 연결 활동이 무의식적으로 이루어진다는 사실이다. 골드스미스런던대학교의 신경과학자 조이딥 바타챠르야Joydeep Bhattacharya는 "아르키메데스가 목욕 중에 자신의 사고 과정을 의식적으로 점검하고 있었다면 '유레카'를 외칠 일도 없었을 것이다"라고 이야기했다.[30]

창조적 통찰력 ──── **창조적 통찰력의 해부**
### 확신

창조적 통찰력의 특별한 구성요소 중 하나는 당신이 마침내 해결책을 떠올렸을 때 드는 확신의 감정이다. 심지어 우리가 직접 답을 찾아내지 않았을 때도 정확한 답변을 알아본 전전두피질 영역에는 불이 들어온다.[31] 전전두피질은 뒤에서 일하면서 우리 몰래 문제해결에 필요한 두뇌 영역을 가담시키고는 정확한 답변을 얻었을 때만 우리에게 그 사실을 알린다. 해결책이 의식 영역에 떠오르고 깨달음의 순간이 찾아오면, 우리는 너무 흥분해서 시라쿠스 거리를 벌거벗고 뛰어다닐지도 모른다. 그러나 전전두피질에게 이것은 이미 오래된 소식일 뿐이다.[32]

## 창조적 통찰력이 생기는 조건

우리는 의식적으로 창조적 통찰력을 불러일으킬 수 없다. 하지만 창조적 통찰력의 기초를 마련하는 데 도움이 될 방법이 몇 가지 있다. 통찰의 순간을 이끌어내기에 유리한 조건이 있고 그렇지 못한 조건도 있다. 이를 보여주기 위해 우리는 세미나에서 참석자들을 두 그룹으로 나누고, 각각의 그룹이 동일한 창의력 퍼즐을 풀게 했다.

우리는 두 그룹에게 연필을 여섯 개씩 주고 연필로 네 개의 정삼각형을 만들어보라고 요청한다. 처음에 참가자들은 연필이 모자라서 문제를 풀 수 없을 것 같다고 생각한다. 그러나, 믿겨질지 모르겠지만, 이 문제에는 아주 명쾌한 풀이가 있다.

조금 악질적으로 보일 수도 있겠지만, 늘 그렇듯 우리는 두 그룹을 약간 다른 방식으로 준비시킨다. 각각의 그룹에게는 동일한 목표가 주어지는데, 이들은 상대편이 조금 다른 조건에서 과제를 수행한다는 사실을 알지 못한다. 첫 번째 그룹의 경우, 우리는 깨달음의 순간에 도움이 될만한 환경을 조성해주려 노력한다. 그러나 두 번째 그룹의 경우에는 창의력을 방해하는 환경을 조성하는 정반대의 조치를 취한다.

## '아하!'를 위한 토대 마련

창조적 통찰력을 요구하는 문제를 맞닥뜨린 상황에서 다양한 요인을 활용하면 깨달음의 순간을 경험할 확률을 높일 수 있다.

**1. 재미있게 하라** ___ 사람들은 보통 행복감을 느끼고 웃을 때 창의적인 아이디어를 더 잘 낼 수 있다.

**2. 틀을 버려라** ___ 고정관념의 틀을 벗어나서 생각하는 데 그치지 말고, 틀을 갖다버려라. 창의력은 체계와 금지가 없는 곳에서 자란다.

**3. 기어를 바꿔라** ___ 몇 분 동안 한 문제와 씨름했다면, 잠시 휴식을 취하면서 노래 부르기나 운동과 같이 완전히 다른 종류의 활동을 하라. (그 활동이 더욱 우스꽝스럽게 느껴질수록 더욱 좋다.) 당신이 한 문제에만 전적으로 집중한다면, 해결책을 찾는 데 도움이 되는 두뇌 나머지 영역이 모두 차단되어 창의력을 방해할 수 있다.

**4. 자신에게 귀를 기울여라** ___ 스스로의 감정을 면밀히 살피고 내적 지각에 주의를 기울여라. 이를 위한 이상적인 환경은 조용한 분위기다. 눈을 감는 것이 도움이 된다면 그렇게 하라. 유레카와 같은 통찰력은 개인의 두뇌에서 나온다. 당신이 다른 사람이 하는 일에 집중하고 있을 때는 이런 종류의 통찰력을 얻을 수 없다.

**5. 입을 닫아라** ___ 말로 표현하기 전에 잠시 기다려라. 말은 분석적 문제해결에서 미미한 영향력을 지니지만, 창의적 문제해결에서는 당신에게 필요한 직관에 대한 방해요소가 될 수 있다.[33] 물론 당신의 영리한 아이디어는 언젠가 다른 사람과 공유되어야 하겠지만, 섣부른 이야기로 인해 당신뿐 아니라 동료들의 창의적인 아이디어가 탄생하지 못할 수 있다.

## 창의력을 저하시키는 다섯 가지 단순한 행동

여기 소개될 방법들에도 허점은 있겠지만, 당신의 팀에서 모든 창의적 아이디어를 원천봉쇄하고 싶다면, 통찰적인 돌파구의 가능성을 대폭 줄이는 데 도움이 될 다음의 간단한 규칙들을 참고하라.

**1. 전반적 사기를 저하시켜라** ___ 나쁜 소식, 누군가에 대한 지적, 심지어 장황한 연설 같은 방법으로 당신의 팀이 잘못된 첫걸음을 내딛게 하는 계기를 마련할 수 있다.

**2. 스트레스를 많이 줘라** ___ 다행히 팀의 분위기가 좋지 않을 때는 팀원의 스트레스 정도도 높은 경우가 많다. 그러나 팀 분위기가 저하되었는데도 불구하고 팀원들이 긴장감을 느끼지는 않는다고 생각된다면, 그들에게 실패는 용납되지 않을 것임을 상기시키는 한편 불합리한 마감일정을 정해주는 방법으로 압박을 강화하라.

**3. 엄격한 가이드라인을 따르라** ___ 꽉 짜인 체계 안에서 성가신 창조 욕구

는 꼭꼭 숨어 나타나지 않을 것이다. 미리 각본을 준비하고 그것에만 집착하라.

**4. 눈을 떼지 못하게 하라** ___ 회의 주제와 관련 없거나 재미있어 보이는 모든 물건을 회의실에서 깨끗이 치우고, 팀원들에게 한순간도 빼먹지 않고 주의를 집중시킬 것을 요구하라.

**5. 혼돈과 언쟁을 장려하라** ___ 당신의 목표가 창조 욕구를 훼방하는 것일 경우 침묵은 금이라는 말은 틀린 이야기가 된다. 잦은 잡담을 장려하며 모든 사람이 자신의 의견을 큰소리로 말하게 하라.

우리는 앞에서 소개한 두 가지의 목록을 지침 삼아, 창의력을 고취할 수 있는 원칙과 고의적으로 창의력을 저하시킬 수 있는 원칙에 맞는 환경을 각 그룹에 조성해주었다. 이 실험이 진행될 때마다 그 결과는 늘 양쪽 팀의 참가자 모두에게 강력한 메시지를 전달했다.

창조적 통찰력이 우리를 찾아올 확률을 높일 수 있는 명료한 방법들이 존재한다. 물론 창의적인 생각이 언제나 갑자기 떠오르는 것은 아니다. 번개처럼 찾아오는 영감을 기다리지 않고도 여전히 창조적으로 사고할 줄 아는 사람들이 다양한 분야에서 발견된다.

## 창의력과 관련성 ────

스위스 발명가 조르주 드 메스트랄George de Mestral은 어느 날 산에서 사냥을 하고 돌아와서는 자신의 몸에 작은 씨앗들이 잔뜩 달라붙은 것을 발견했다. 그는 씨앗이 이렇게 강력하게 들러붙게 하는 원리를 적용해서 단추나 똑딱이 또는 지퍼가 없이도 작동하는 잠금장치를 만들 수 없을지 궁금했다. 이 창의적 호기심의 결과물은 바로 벨크로다. 그의 독창적 아이디어의 원천은 다른 등반가들이 당연하게 생각하고 그냥 지나치는 사물에서 그 이상의 관련성을 찾을 줄 아는 능력이었다.

창조적 통찰력은 특정 문제의 해결을 위해 무의식의 힘을 사용한다. 그런가 하면 창의력의 특징은 모든 방향의 옵션에 대한 개방성과 무의식의 힘을 빌려 그전에는 생각할 수 없었던 것들을 획기적으로 연상시키며 관련성을 파악하고 발견을 이룬다는 점이다.

창의력과 관련성 ————

## 창의력이 일하는 방식

열린 결말에 대한 다양한 대처법을 떠올릴 줄 아는 능력을 확산적 사고divergent thinking라고 한다. 창의적인 사람들은 바로 이 역량이 뛰어난 사람들이다. 관련성을 찾아내는 과정은 연합피질이라는 부위에서 일어나며, 이 부위는 내외부적으로 발생하는 다양한 자극을 분석하기 위해 두뇌가 입수한 정보를 통합한다.[34] 연합피질은 디폴트 네트워크(서사적 네트워크)가 우세할 때 가장 활성화된다(3장 참조). 그러므로 우리는 일반적으로 마음이 자유롭게 방황할 수 있도록 놔둘 때 창의력을 가장 잘 발휘할 수 있다.

## "너는 지금 일을 하고 있구나"

우리 지인 중에는 작가가 한 명 있다. 어느 날 10대의 그는 거실 의자에 가만히 앉아서 허공을 바라보며 생각에 잠겨있었다. 어머니는 그런 그의 옆을 지나가면서 "너는 지금 일을 하고 있구나"라고 부드럽게 이야기했다.

어머니의 남편, 곧 작가의 아버지 역시 작가였다는 사실이 도움이 됐을 수도 있지만, 어머니의 말은 완전히 옳았다. 그 당시 창의력이 필요한 과제를 수행하던 작가는 교착상태에 빠져있었던 것이다.

창의력은 소시지를 만들거나 나무를 패는 일과 다르다. 고기분쇄기를 더 빠르게 돌리거나 맹렬하고 강한 힘으로 도끼를 더욱 빨리 휘두른다고 생산성이 향상되지는 않는다. 이제 뇌영상 기법 덕분에 심리학자들은 예술가와 과학자들이 예전부터 의심해온 한 가지 사실을 확신할 수 있게 되었다. 창의력은 의식 영역과 무의식 영역에 동등한 비율로 의존한다. 그러므로 우리는 의식 영역이 휴식시간을 가질 수 있게 해줘야 한다.

우리가 '휴식시간'이라는 단어를 '의식'에 한정했다는 사실에 주목하라. 이것은 일을 멈춘다는 뜻이 아니라, 당신이 일을 하고 있다는 사실을 의식적으로 인지하지 않는 것을 뜻한다. 일반적으로 이것은 수중의 과업으로부터 당신의 의식을 전환시켜 무의식이 방해를 받지 않고 일하도록 전임시키는 것을 뜻한다. 만일 당신이 지시사항에 따르거나, 산꼭

대기까지 올라가거나, 책 또는 잡지 기사를 끝까지 읽는 것과 같이 구체적이고 분명한 업무를 처리해야 한다면, 최선의 처리 방법은 이 일에 전력으로 집중하는 것이다. 그러나 처리해야 하는 문제나 과제가 창의력을 요구하는 것이라면, 집중은 어떤 경우 최악의 접근법이 되기도 한다.

창의력을 발휘하기 위해 집중한다는 것은 근본적으로 모순이다. 집중이란 가장 관련성 있는 정보를 제외한 다른 모든 요소를 제거하는 행위다. 하지만 창의력의 목적은 처음에는 연관이 없어 보이는 정보들로부터 독특한 관련성을 찾아내는 것이기 때문이다. 당신은 창의적으로 사고하는 동안 무언가에 집중하지 않는다. 그저 멍해있을 뿐이다.

지난 역사 동안 우리 본능은 제 역할을 충실히 행해왔다. 또한 전문가의 직관, 창조적 통찰력, 창의력은 모두 대부분 강력한 무의식 두뇌의 산물이라는 사실이 과학적 근거를 통해 점점 분명해지고 있다.

화재가 발생한 주택이 붕괴되기 몇 초 전에 가까스로 대원들을 대피시켰던 소방대장은 그의 생각과 달리 미래를 투시했던 것이 아니었다. 그는 전문가의 직관에 의존하고 있었다.[35]

거실의 높은 온도, 상대적으로 조용하게 타오르던 불꽃, 불길이 잘 진화되지 않았다는 사실은 화재가 주방에서 발생한 상황과는 맞아떨어지지 않았다. 그리고 실제로 불이 난 곳은 주방이 아니라 지하였다. 거실 바닥이 그토록 뜨겁고, 화재 시에 발생하는 소음이 적었던 이유가 그것이었다. 또한 부엌에서 흘러나온 불꽃은 지하에서 발생한 불길의 끝 부분에 불과했기 때문에 물을 뿌려도 별다른 진화효과가 없었다.[36]

소방대장은 이런 세부사항들을 의식적으로 인지하지 못했지만, 다년간의 소방 경험을 통해 무언가 잘못되었다는 강력한 느낌을 받을 수 있었다. 또한 결과적으로 그는 옳았다.[37]

직관을 통해 답을 얻거나 창조적 통찰력을 통해 문제를 해결하는 과정에는 임의성이나 운이 존재하지 않는다. 무의식은 빠르고 강력하지만, 그 전에 당신이 먼저 해야 할 일이 있다. 이를 가리켜 루이 파스퇴르는 "기회는 준비된 자에게만 찾아온다"라고 말했다.

당신이 준비된 자가 되기 위해 시도할 수 있는 가장 확실한 방법은 학습이며, 이것은 자연스럽게 다음 장의 주제가 된다.

## 핵심포인트

**무의식이 주인공이다** __ 우리가 의식적인 결정을 내린다고 생각하는 상황에서조차, 결정 과정에서 가장 많은 역할을 하는 것은 무의식이다.

**무의식을 해방시키기** __ 시간과 정보가 제한된 상황에서는 보통 전문가들이 더 나은 결정을 내린다. 두뇌는 엄격하게 제약을 받는 상황에 처했을 때 우리의 전문지식이 저장되는 부위인 기저핵의 힘과 스피드 그리고 계산능력을 활용한다.

**전문가의 직관을 신뢰하라** __ 더욱 강력하고 빠른 기저핵에 의존하는 전문가들의 직관적 결정은 의식적인 계산을 통해 도출된 이성적 결론보다 더 우월한 경우가 많다.

**초심자들은 시간이 더 많이 필요하다** __ 전문가들과 달리 상대적으로 경험이 적은 리더들은 보통 시간과 정보가 더 많이 필요하기 때문에, 더 느리고 비효율적인 전전두피질의 도움을 받는 처리 과정을 많이 거쳐야 한다.

**전문가들에게 억지로 의사결정 과정을 설명하게 하지 마라** __ 무의식적으로 최선의 결정을 내리는 일이 잦은 전문가들은 어떤 근거로 결정을 내렸는지를 설명하는 것이 어려울 수도 있다. 직관적인 결정을 내린 전문가들에게 사후에 정당한 근거를 제공할 것을 강요한다면, 이들은 주저하고 미심쩍어하다가 처음의 결정에서 흔들릴 수도 있다.

**분석적 접근법 취하기** __ 이성적 사고처리를 위한 최적의 조건은 조용한 곳에서 주의분산요소를 최소화하며, 문제에 집중하고, 논리적으로 차근차근 문제를 풀어나가는 것이다.

**깨달음의 순간을 위한 조건** __ 당신의 과제가 창의력을 요하는 것이라면 당신의 기분 상태, 집중 정도, 주변 분위기 모두가 창조적 통찰력을 이끌어내는 역할을 할 수 있다.

**웃으면 복이 온다** __ 연구에 따르면 기분 좋은 태도를 유지하는 것이 깨달음의 순간을 불러올 확률을 높인다고 한다. 창의력이 요구되는 난제에 직면했다면 문제를 해결하는 팀원들과 당신이 기분 좋은 상태에서 일을 할 수 있도록 도우라.

# 6장
# 학습능력을 길러라

'늙은 개에게 새로운 재주를 가르칠 수는 없다'라는 말은
사실일지도 모른다. 그러나 우리는 개가 아니다

멕시코에서 차를 몰고 캘리포니아의 집으로 복귀하던 30세의 데이비드는 끔찍한 교통사고를 겪고 5주간 혼수상태에 빠졌다. 그는 오른쪽 팔을 절단해야 했고, 머리에 심각한 충격을 받았다. 그의 부모는 마침내 의식을 회복한 데이비드에게서 아무런 지능의 저하가 나타나지 않자 크게 안도했다. 또한 의사들은 정신병이나 다른 정서적 장애에 대한 명백한 징후가 보이지 않는다고 이야기했다.

그런데 문제는 그 당시에 명백하게 드러나지 않았던 것뿐이었다.

데이비드의 부모는 곧 충격적인 사실을 발견했다. 데이비드는 더 이상 그들을 알아보지 못했다. 그가 부모의 생김새를 몰랐던 것은 아니다. 그는 부모가 어떻게 생겼는지 정확하게 알고 있었다. 그러나 데이비드는 자신이 부모라고 주장하는 두 사람이 그저 교묘한 사기꾼일 것이라고 확신했다. "저 남자는 우리 아버지와 정말 똑같이 생겼지만 내 아버지가 아니에요"라고 의사에게 이야기하면서,[1] 자신이 아버지라고 주장한 사람이 좋은 사람 같아 보이기는 하지만 절대 자신의 아버지는 아니라고 했다.

데이비드의 어머니 역시 비슷한 곤경에 처해있었다. 어느 날 저녁,

그녀가 준비한 식사가 맘에 들지 않았던 데이비드는 "아침에 오는 아주머니 있잖아요, 그분은 아주머니보다 훨씬 더 요리를 잘해요"라고 말했다. 그러나 물론 데이비드가 좋아하지 않았던 저녁식사를 준비한 사람과 아침에 집에 왔었다는 더 유능한 요리사는 동일한 인물이었다.[2]

어머니와 아버지를 불안하게 만들던 데이비드의 행동이 시작되고부터 두 달 후, 그들은 세계적으로 유명한 신경과학자 빌라야누르 라마찬드란의 도움을 구하기로 했다.

라마찬드란은 데이비드의 이상한 행동의 원인이 카그라 증후군임을 단번에 알아차렸다. 이 질환은 1923년 처음으로 이것을 '망상오인 증후군delusional misidentification syndrome'이라고 불렀던 프랑스 정신과의사 조제프 카그라Joseph Capgras의 이름을 딴 것이다. 이것은 편집조현병 환자에게서 가장 흔히 발견되지만, 뇌 손상을 입었거나 치매를 앓는 환자들 사이에서도 발생한다. 정신과의사였던 카그라는 이 증후군에 오이디푸스 콤플렉스적인 특성이 있다고 생각했다. 당시 지배적이었던 프로이드 이론에 따르면, 환자는 어머니에게 성적 매력을 느낄 때 생기는 강한 불안감을 해결하기 위해 두 부모를 사기꾼으로 간주하기로 선택한다.

그러나 신경과학자였던 라마찬드란은 이러한 정신의학적 해석에 의구심을 가졌다. 그는 카그라 환자들이 집에서 기르던 애완견조차 가짜로 인식했다는 기록을 지적하며 분명 다른 원인이 있을 것이라고 생각했다.

그런데 이미 충분히 기묘했던 상황을 더욱더 기묘하게 만드는 일이 있었다. 어느 날 데이비드의 아버지는 집에 전화를 걸었고, 데이비드가 그 전화를 받았다. 그는 여전히 자신이 가짜 부모와 살고 있다고 생각했지만, 전화를 건 사람이 자신의 아버지라는 사실은 스스럼없이 믿었다. 그가 통화 중에는 아버지가 진짜라는 사실을 받아들이면서 실물로 아버지를 만났을 때는 그 사실을 믿지 못한 이유가 무엇이었을까?

공교롭게도 데이비드의 수수께끼를 풀어줄 열쇠는 우리가 무엇을 기억하고 기억하지 못하는 이유와 학습한 내용을 더 오랫동안 기억할 확률을 높이는 데 필요한 열쇠와 동일한 것이다.

## 우리의 가소적인 두뇌 ────

한때 신경과학자를 포함한 대부분의 사람들은 학습이 어린 시절에만 가능하며, 성인이 되었을 즈음 두뇌는 굳어버린다고 생각했다. '늙은 개에게 새로운 재주를 가르칠 수는 없다'라는 표현, 그리고 나이가 들어 외국어를 배우려다 포기한 이들이나 성인이 되어 공부를 다시 시작했지만 학교생활에 어려움을 겪었던 이들의 수많은 사례가 이런 오해를 부추겼다.

그러나 오래된 격언이나 일화적 증거와 반대로, 신경과학은 평생에 걸친 학습이 완전히 가능하다는 사실을 증명했다. 이 개념을 신경가소성이라고 한다.

뉴런은 당신이 어릴 때 굳어버리는 것이 아니라 생애 전반에 걸쳐 계속해서 새롭게 배선될 잠재력을 지니고 있다. 신경가소성은 두뇌의 구조를 물리적으로 변화시키면서 특정 부위의 면적을 키우거나 두뇌 부위 간의 소통 속도를 높일 수 있다.

택시, 버스, 그리고 세계적으로 잘 알려진 도시가 등장하는 한 사례에서 신경가소성의 존재가 극적으로 잘 입증된다.

우리의 가소적인 두뇌 ──────

## 택시!

런던 시내에서 돌아다니는 것은 쉽지 않다. 유머작가 데이브 배리는 언젠가 "어떤 길도 30미터 이상 동일한 방향을 유지하거나 동일한 이름으로 불리지 않는다. 갑작스럽게 길의 방향과 이름이 바뀌면서 완전히 새로운 장소가 나타난다"라고 이를 표현했다.[3]

사전에 주도면밀하게 계획된 도시인 워싱턴D.C.와 달리 런던은 서서히 발전해왔다. 이 도시는 수 세기 동안 한 마리 고질라처럼 아무런 의심 없는 마을과 소도시들을 집어삼키면서 꾸준히 확장되었다. 도시의 구조에 일관성이나 합리성이 거의 없는 것도 놀랄 일은 아닌 것이다. 물론 런던은 때때로 '로터리'와 같이 혁신적이면서 가학적인 장치를 더하기도 했다. 이것은 미국에 있는 원형 교차로의 사촌 격으로서, 가장 강인한 운전자들을 제외한 모두가 완전히 방향감각을 잃을 때까지 순진한 사람들을 돌고 또 돌게 만드는 사악한 도로다.

2만 5,000여 개의 길이 있어 운전자의 악몽이라고 불리는 런던은 두뇌의 비상한 변화능력을 시험해볼 수 있는 이상적인 무대다. 한 연구팀은 런던 소재 택시 기사들과 버스 기사들의 두뇌를 스캔하고 2년 후 두 그룹의 뇌를 또 다시 스캔했다. 그런데 결과물을 비교한 과학자들은 놀라운 사실을 발견했다. 택시 기사들의 경우 공간 학습과 관련 있는 영역인 후위 해마의 크기가 커진 반면, 버스 기사들의 경우에는 그러한 변화가 관찰되지 않았다.

무엇이 차이를 만들었을까? 매일 동일한 경로를 운행하는 버스 기사들과 달리, 택시 기사들은 미칠 듯이 복잡한 도시의 새로운 구석구석을 끊임없이 누비고 다녀야 했다. 길 찾기가 주는 도전 덕분에 더 많은 뉴런이 생성된 것이다. 택시 기사들의 두뇌는 새로운 정보를 수용하기 위해 문자 그대로 확장되었다.[4]

이 연구의 파급력은 깜짝 놀랄만하다. 또한 이것은 런던에 사는 사람들이나 평생 택시를 운전해온 사람들에게만 국한되지 않는다. 런던 택시 연구가 보여주는 사실은, 우리가 성인기에 진입하고 오랜 시간이 흐른 후에도 계속해서 새로운 기술을 습득할 수 있으며, 그 일을 가능하게 하기 위해 회색질이라고 알려진 두뇌 인지 영역의 크기가 커진다는 것이다. 평생학습은 단순한 슬로건이 아니라 우리 가슴을 설레게 하는 현실이다.

**평생학습은 단순한 슬로건이 아니라, 우리 가슴을 설레게 하는 현실이다.**

게다가 뇌의 변화능력은 두뇌의 절반 정도만을 차지하는 회색질에만 한정되지 않는다. 회색질은 우리의 사고, 연산, 의사결정, 그리고 다른 무엇보다도 기억을 다루는 반면, 백색질은 뉴런의 연결이라는 필수적인 역할을 담당한다. 회색질이 두뇌의 컴퓨터 같은 존재라면, 백색질은 그것들을 연결하는 네트워크라고 볼 수 있다. 백색질을 증가시키는 것은 오래된 전화식 모뎀을 인터넷 전용선으로 교체하는 것과 비슷하다. 백색질이 늘어나게 되면 한 개의 뉴런이 다른 뉴런과 소통하는 속도가 더욱 빨라진다.

사람들이 저글링이나 명상, 사교댄스 등과 같이 다양한 종류의 기술을 새롭게 습득하는 경우, 해당 기술에 대한 숙련도가 높아질수록 백색질의 양도 늘어난다. 이것은 두뇌 주요 영역이 서로 소통할 때 그 편의성과 속도가 향상된다는 의미다.

옥스퍼드대학교에서 진행한 연구에서는 저글링을 배움으로써 공을 잡는 데 필요한 두뇌 영역의 연결성이 향상되었다는 그리 놀랍지 않은 결과가 확인되었다.[5] 실험 참가자들이 6주간의 저글링 훈련을 마친 후 '눈과 손의 협응'에 필요한 영역인 두정엽 내 백색질의 증가가 관찰되었다.[6] 주목할만한 점은, 실력과 상관없이 모든 실험 참가자들의 백색질 양이 증가했다는 사실이다.[7]

사실 이 긍정적인 변화는 저글링이라는 활동 자체가 아니라 무언가 새로운 기술을 배운다는 사실에서 비롯된 것이다. 저글링 연구를 수행한 함부르크대학교의 아르네 메이[Arne May]는 〈뉴사이언티스트〉에서 "자신이 이미 잘하는 것을 연습하는 것보다 새로운 기술을 습득하는 것이 더 중요하다. 두뇌는 머리를 쥐어짜면서 새로운 것을 배우기를 좋아한다"라고 이야기했다.[8]

우리가 특정 뉴런을 함께 활성화시키는 활동을 수행한다면, 뉴런들이 계속 함께 활성화될 수 있도록 통합하는 역할을 하는 특별한 단백질인 뇌유래신경영양인자[BDNF]가 분비된다. 뇌유래신경영양인자는 아세틸콜린을 촉진하는 마이네르트 기저핵을 활성화시킨다. 최고의 성과 DNA에서 A를 담당하는 아세틸콜린은 고도의 집중력과 관련 있는 신경전달물질이다. 또한 뇌유래신경영양인자는 각각의 뉴런을 매끄럽게 감싸는 얇은 지방질인 미엘린의 성장을 촉진한다. 미엘린은 한때 주방에서 흔히 볼 수 있던 찐득거리는 식물성 쇼트닝과 유사하다. 미엘린은 당신의 신경연결망을 구축하는 지방물질로, 뉴런끼리의 연결을 더욱 효율적이고 빠르게 만드는 윤활유 역할을 한다. 요약하면 백색질을 희게 만드는 물질이다.[9]

믿을 수 없는 이야기 같겠지만, 신경가소성은 어떤 운동을 실제로 하는 것이 아니라 단순히 상상하는 것만으로도 뇌의 신체기능이 재훈련하게 해준다. 몇 가지 연구에서 정신적 연습은 신체적 연습과 동일하게 두뇌 운동신경을 변화시킨다는 사실이 확인되었다.[10] 그러므로 당신이 고등학교 때부터 재미로 기타 치는 흉내를 냈다면 정말 연습효과가 있었을지도 모르는 일이다.

이와 관련된 여러 연구 중에서 간단한 키보드 연주 실험이 아마 가장 잘 알려졌을 것이다. 연구에서 피실험자들은 두 그룹으로 나뉘었다. 한 그룹은 5일간 하루에 2시간씩 주어진 선율을 연습했고, 다른 그룹은 같은 시간 동안 키보드 앞에서 선율을 연습하는 것을 상상하기만 했다. 그런데 놀랍게도 양쪽 그룹의 두뇌는 똑같이 변화되었다.[11] 실제로 곡을 연주했을 때는 키보드로 직접 연습했던 그룹이 조금 더 나은 실력을 보이기는 했다. 그러나 상상으로만 연습을 했던 참가자들이 2시간 동안 실제로 키보드를 치며 연습을 하자 이들의 실력은 직접적으로 연습했던 그룹과 동일한 수준으로 향상되었다.[12]

빈둥빈둥하면서 좀처럼 몸을 움직이지 않는 이들을 기뻐 뛰게 할 연구 결과가 하나 더 있다(물론 그들이 기뻐서 뛰어다니는 것마저도 힘들다고 느끼지 않았을 때의 이야기다). 이 연구에서 4주 동안 신체 운동을 한 참가자들은 근력이 30퍼센트 증가했는데, 운동하는 것을 상상만 한 사람들 역시 근력이 22퍼센트나 증가했다고 한다. 우리가 운동하는 것을 생생하게 상상할 때, 동작 명령을 결합시키는 뉴런이 활성화되고 근육은 강화될 수 있다.[13]

우리의 가소적인 두뇌 ──────

## 연습을 연습하기

하버드에서 공부한 빌 로버티<sup>Bill Robertie</sup>는 세계 정상의 체스, 백개먼<sup>backgammon</sup>(서양식 주사위 놀이_옮긴이), 포커 전문가다. 전혀 다른 세 가지 게임에서 특별한 성공을 이룬 그는 '배우는 방법을 배우는 능력'에 자신의 비결이 있다고 이야기한다. "저는 어떻게 연습을 해야 하는지 알아요. 어떻게 하면 자신을 발전시킬 수 있는지 안다는 뜻이죠."[14]

연습이 완벽을 만든다. 그리고 연습은 더욱 완벽한 연습을 만들기도 한다. 하나의 활동을 연습함으로써 그 활동에 대한 당신의 능력을 향상시킬 수 있는 것처럼, 지속적인 학습은 당신의 전반적 학습능력을 향상시킨다. 신경가소성 분야의 선구자 마이클 머제니치 박사는 학습이 두뇌 구조를 바꾸며, 그 과정에서 우리의 학습능력이 더욱 향상된다고 이야기했다.[15] 바꿔 말하면, 학습하는 법을 학습하는 것 또한 하나의 기술이며, 이를 통해 더욱 다양한 분야에서 성공을 거둘 수 있는 토대를 마련할 수 있다.

두뇌가 어떻게 지식을 습득하는지를 자각하고, 자각한 사실을 최대한 활용하는 전략을 수립했다면(이것을 심리용어로 메타인지라고 한다), 당신은 이제 앞으로 이루어질 학습을 더 수월하고 효과적이게 할 강력한 도구와 기술을 손에 얻은 것이다.[16]

그런데 만일 당신이 멀티태스킹을 하지 말아야 할 또 다른 이유가 있다면(3장 참조), 그것을 여기에서 발견할 수 있다. 머제니치 박사는 고도의 주의집중이 두뇌배선의 장기적 변화에 있어 절대적으로 중요한 요소라는 사실을 발견했다. 그가 진행한 실험에서 원숭이들이 주의를 기울이지 않고 기계적으로 과제를 처리했을 때는 두뇌배선이 변했지만 그 변화가 지속되지는 않았다.[17] 신경가소성의 존속 여부는 최고의 성과 DNA를 이루는 3인방인 도파민, 노르아드레날린, 아세틸콜린에 달려있다. 노르아드레날린은 당신을 기민하게 만들 것이고, 학습에서 오는 보람으로 도파민과 아세틸콜린이 분비되어 새로운 배선이 오래 지속되는 데 도움이 될 것이다.[18]

물론 신경가소성에도 단점은 있다. 나쁜 습관은 좋은 습관과 똑같이 손쉽게 두뇌를 바꿀 수 있다. 그러므로 당신이 새로운 운동을 시작하거나 새로운 정보를 배우려 한다면 좋은 출발점을 만드는 것이 중요하다.

우리의 가소적인 두뇌 ────

## 가장 중요한 것은 가장 먼저

골프를 새로 배우려고 계획 중인가? 그렇다면 골프를 몇 번 쳐보기 전에 당장 레슨부터 시작하는 것이 가장 좋은 방법일 수도 있다. 잘못 배운 것에서 '탈학습'하는 것은 무언가를 새로 배우는 것만큼 어렵거나 심지어 더 까다로울 수도 있기 때문이다. 나쁜 버릇 때문에 고생을 해본 사람이라면 이 말의 뜻을 바로 이해할 것이다.

나쁜 습관들은 실제로 당신의 두뇌를 재배선하여 이를 고치는 것을 점점 더 어렵게 만든다. 전문가에게 골프를 배우거나 조기교육을 받는 것이 유리할 수 있는 이유가 여기에 있다.[19] 당신이 잘못된 방식으로 연습을 시작하면 부적절한 절차가 당신의 기저핵에 저장되어(습관에 대해 더 자세히 알려면 4장을 참고하라) 제거하기가 아주 어려워질 수도 있다. 당신의 스윙에 있는 사소한 문제나 초보 단계에서 굳어진 이상한 그립 방식을 극복하는 것이 힘들 수 있다는 이야기다.

HP, IBM, 맥킨지 같은 유명 기업들이 대학이나 대학원을 갓 졸업한 사원을 채용하고 처음부터 그 회사만의 업무처리 방식으로 일하는 법을 배우게 만드는 이유 역시 첫 학습경험의 점착성 때문이다. 또한 최초의 경험에는 도파민을 촉진하는 참신함이 있다. 그것이 옳든 그

르든 첫 경험에 대한 기억을 더 강렬하고 인상 깊게 만든다.[20] 탈학습은 어려울 뿐이지 불가능한 것은 아니다. 다만 이를 위해서는 적절한 방법이 필요하다.

## 옥시토신과 탈학습

탈학습은 단순히 학습의 반대만을 뜻하지 않는다. 이 두 처리 과정에는 서로 다른 화학반응이 포함되어있다. 우리가 무언가를 새롭게 배울 때 뉴런은 함께 활성화 및 배선되며, 이 배선을 더 견고하게 만드는 화학 반응인 장기강화현상LTP · long-term potentiation이 일어난다.[21]

뇌가 기존에 알던 상관관계를 잊고 뉴런의 연결을 끊을 때는 또 다른 화학반응인 장기약화현상LTD · long-term depression이 일어난다(depression이라는 용어와 달리 우울한 기분과는 관련이 없다). 탈학습 및 연결성 약화 과정은 학습 및 연결성 강화 과정과 동일하게 가소적일 뿐 아니라 중요하다. 신경회로망에 새로운 기억을 수용할 공간을 마련하기 위해서는 기존의 기억을 탈학습하는 작업이 꼭 필요하다. 우리가 연결성을 약화시키지 않은 채로 강화하려고만 하면 신경망은 포화 상태에 이를 것이다.[22]

탈학습 작업을 시작하는 방법은 무엇일까? 놀랍게도 '포옹 호르몬'(2장과 8장 참조)으로 유명한 옥시토신이 오래된 정보를 완전히 삭제하는 작업에 도움을 준다는 사실이 연구로서 확인되었다. 옥시토신은 시상하부라는 두뇌 부위에서 생산되어 혈액으로 방출된다.

생물학자이자 신경과학자인 월터 프리먼은 양이 새끼를 낳을 때 옥시토신을 분비한다는 사실을 발견했다. 또한 옥시토신의 분비가 차단된다면 양은 갓 태어난 새끼와 유대감을 형성할 수 없었다. 흥미로운 사실은 여기에 있다. 양이 첫 새끼를 낳을 때는 옥시토신이 분비되지 않는다. 이 신경조절물질은 둘째 이후의 출산에만 관여를 한다. 그러나 어미 양은 아무런 문제없이 첫째 새끼와 애착을 형성한다. 이를 통해 옥시토신의 역할이 새롭게 태어난 새끼를 위해 이전에 태어난 새끼와의 유대감을 없애는 것임을 유추할 수 있다. 즉, 옥시토신은 새롭게 학습된 행동을 촉진하는 쪽이 아닌 오래된 학습 행동을 잊는 쪽에 도움을 준다.[23]

그런데 학습과 탈학습에 대한 옥시토신의 역할은 양에게만 국한되지 않는다. 오래된 친구들로부터 놀라움, 기쁨, 또는 혼란을 자아내는 일이겠지만 우리가 새 연인이나 배우자를 만날 때, 또는 음악, 패션, 정치, 친구에 대한 취향이 바뀔 때 우리는 비슷한 현상을 체험한다. 옥시토신은 우리의 신경경로를 더욱 순응적으로 변화시켜서 평소보다 더 순순히 학습과 탈학습에 임하게 하는 것 같다. 우리는 더욱 영향을 잘 받는 상태가 되며, 그 결과 변화는 더욱 수월해진다.

오래된 습관들은 완고할지 몰라도 오래된 기술들은 금세 사라질 수 있다. 신경가소성의 또 다른 함정은 뇌가 새로운 목적에 사용하기 위해 휴면 상태에 있거나 방치된 뉴런을 끊임없이 모집한다는 사실이다.

두뇌에 있는 기술들은 무단거주자 같아서 비어있거나 쉬는 땅을 보면 자신이 차지해버린다. 이 말은 당신이 더 이상 농구를 하지 않거나 고교 시절에 배운 외국어를 연습하지 않는다면 다른 기술이 대기하고 있다가 그 영역을 점령하고 자신의 목적에 따라 사용한다는 뜻이다.[24]

많은 사람이 이 현상을 '실력이 녹스는 것'이라고 표현하지만, 인지 과학자들은 '경쟁적 신경가소성'이라는 표현을 더 즐겨 쓴다. 우리 신체의 여느 부위와 마찬가지로 두뇌 역시 사용하지 않는 기관은 퇴화한다는 뜻의 '용불용설'을 신봉한다. 당신이 어떤 기술을 잃지 않고 싶다면 끊임없이 그것을 사용해야 한다.

보통 방치된 뉴런은 지루함을 못 참고 끊임없이 새로운 일을 찾는 사람처럼 다른 목적을 찾아 나서며, 아주 빨리 그 목적을 달성한다. MIT 교수이자 연구자인 낸시 캔위셔Nancy Kanwisher 는 "뉴런은 늘 새로운 입력을 '원하는' 것 같다"라고 이야기했다.[25]

**오래된 습관들은 완고할지 몰라도, 오래된 기술들은 금세 사라질 수 있다.**

이렇게 호시탐탐 기회를 노리는 두뇌의 특성은 우리에게 유리하게 작용할 때가 많다. 예를 들어, 누군가 시력을 잃게 되면 시각 자극을 처리했던 후두엽은 퇴화되기를 거부하고 소리를 처리하는 회로의 식민지가 된다. 그러니 시각 손상을 입은 이들의 청각이 더욱 예민해지며 점자를 구별할 수 있는 정교한 촉각기능을 사용할 수 있게 되는 것은 우연이 아니다. 그들의 가소적인 두뇌가 적응을 한 것이다.[26]

## 오래된 기술을 다시 깨우기

과거에 학습했으나 지속적으로 사용하지 못했던 기술들은 당신의 기억 속에서 서서히 희미해질 수도 있지만, 그 기술들은 잊혀진 것이지 사라진 것은 아니다. 신경경로는 여전히 그 자리에 있다. 다만 그 기술들이 차지하던 공간과 사용하던 자원의 양은 상당히 줄어들었을 것이다.

휴면기에 접어든 신경경로는 헬스장에 있는 커다란 보라색 짐볼과 유사한 면이 있다. 한때 당신은 이 공을 애지중지하며 팔굽혀펴기에 쓰기도 하고 책상 위에 올려두기도 했지만 열정은 점차 식어갔다. 아마도 바람이 빠진 공은 이제 벽장이든 차고든 공간을 덜 차지하는 곳에 처박혀있을 것이다. 그러나 당신이 이 공을 다시 사용하기로 작정한다면 새것을 살 필요는 없다. 공을 꺼내서 바람을 채우기만 해도 새것처럼 쓸 만할 것이다.

과거에 구축되었지만 거의 사용되지 않은 신경경로는 보라색이지도, 바람이 빠진 상태도 아니다. 대신 초봄에 보이는 과일나무 싹처럼 생긴 수상돌기 가시라는 주요 연결 부위가 기술이 지속적으로 연마되는지 아니면 사용 중단되는지에 따라 자라나거나 수축한다. 그러므로 당신은 오래된 기술을 다시 배울 때 완전히 처음부터 시작하지 않아도 된다. 수상돌기 가시 부위는 추운 겨울 같은 방치의 시간에서 깨어나 소생의 계절인 봄을 맞듯 활짝 피어난다.[27] 당신이 30년의 공백 이후 자전거를 탔을 때도 어렸을 적에 발전시킨 것과 동일한 기술이나 숙련도로 페달을 밟을 수 있는 이유가 이것으로 어느 정도 설명된다.

머리가 아닌 가슴으로 배우라 ────────

기적 같은 잠재력을 지닌 신경가소성의 비밀 재료는 어느 상점에서도 구매할 수 없으며, 어떤 약으로도 얻을 수 없다. 아는 것이 많은 사람은 냉철하고 유능할 것이라는 고정관념은 사실 학습이 실제로 이루어지는 방식과 거리가 멀다.

학습은 본질적으로 대뇌변연계에 속한 위협 및 보상회로에 의해 구동되는 감정적 과정이라는 사실을 기억하는 것이 바로 열쇠다. 그러므로 뜨거운 난로에 손을 데는 것과 같은 불쾌한 경험이 즉각적인 학습으로 연결되는 것은 당연하다. 이렇게 안타까운 실수를 한 어린이들은 실수를 또 다시 반복하는 일이 거의 없다. 2001년에 발생한 911테러 같은 충격적 사건에도 동일한 법칙이 적용된다. 심리학자들이 '섬

**학습은 본질적으로 감정적인 과정이라는 사실을 기억하는 것이 바로 열쇠다.**

광기억flashbulb memory'이라 부르는 현상은 그날 아침의 장면을 미국을 비롯한 세계인의 마음속에 선명하게 새겼다.

보상 반응은 위협 반응만큼 강력하지는 않지만, 성공적인 학습에 있어서는 훨씬 흔하고 선호되는 동력이다. 아이들이 놀이를 하거나 즐거움을 느낄 때 가장 효과적으로 학습할 수 있는 것은 우연이 아니다. 감정요인의 막중한 역할은 어린 시절에만 유효하지 않다. 몇 년 째 영어공부에 매달려온 한 남자는 언어와 취미에서 접점을 찾아낸 후에야 비로소 학습에 대한 열정에 불을 지필 수 있었다.

## 탱크와 영어수업

우리가 스페인 출신의 임원을 처음 만났을 때, 그는 요지부동이었다. 그는 자신이 절대로 영어를 배울 수 없다고 이야기했다. 그는 이 수업으로 인해 우리와 그의 시간이 모두 낭비될 것이라고 주장했다.

그러나 우리에게는 다른 생각이 있었다. 앞선 실패자들처럼 곧바로 영어수업을 시작하는 대신 우리는 먼저 학생에 대해 자세히 파악할 시간을 갖기로 했다. 영어 외의 분야에서는 그 역시 분명한 열정을 가졌다는 사실을 깨닫는 데는 그리 오랜 시간이 걸리지 않았다. 그는 2차 세계대전의 역사를 열성적으로 공부했으며, 특히 탱크에 매력을 느꼈다. 그는 얼마 없는 여가시간에 탱크 모형 만들기를 즐겼다.

우리는 단번에 기회를 포착했다. 가장 좋아하는 주제에 대해 이야기할 때마다 50대 남성의 얼굴이 밝아지고 말이 빨라지는 모습은 보기 좋았다. 첫 만남이 거의 끝나갈 무렵, 우리는 그에게 작은 '과제'를 하나 내주었다. 다음 수업시간에 탱크 모형을 하나 가져와서 모형에 대해 모조리 설명해달라는 것이었다. 그가 스페인어로 탱크 부품에 대해 이야기를 해주면 우리는 보답으로 각 부품의 이름과 기능을 영어로 가르쳐주기로 했다. 이 의구심 많던 남자가 아마도 생애 최초로 다음 영어수업을 기대하고 있다는 사실을 우리는 느낄 수 있었다.

예상대로 그 임원은 애정을 담아 조립하고 꼼꼼하게 색칠한 탱크 모형을 다음 수업에 가져왔다. 우리 역시도 미리 준비를 해왔다. 그는 탱크의 부품을 순서대로 소개했으며, 우리는 그가 설명한 내용을 영어로 다시 알려주었다. 남은 수업시간 동안 우리는 영어만을 사용하여 탱크에 대해 이야기를 나누었다.

영어에 열정이 없었던 그였지만 짧은 시간 안에 오직 영어를 사용하여 탱크와 부품을 간단하게 설명할 수 있게 됐다. 이어지는 수업에서 우리는 2차 세계대전과 탱크라는 주제에서 조금씩 벗어나 글로벌 시장의 비즈니스 임원들에게 필요한 실용영어와 일상용어로 차근차근 옮겨갔다.

뜨거운 난로, 2차 세계대전과 탱크, 세계무역센터 사례에는 모두 감정적 영향이라는 요소가 등장한다. 어떤 정보를 통해 우리가 감동, 두려움, 기쁨 등의 강력한 인상을 받는다면, 이것을 기억할 확률은 일반적으로 높아진다. 그러나 이 규칙에도 함정과 한계는 있다.

머리가 아닌 가슴으로 배워라
## 새로운 자극의 역효과

어떤 교사가 딱 붙는 남성용 수영복이나 비키니 복장으로 교실에 들어온다면 그 수업은 쉽게 잊혀지지 않을 것이다. 그러나 실질적인 수업 내용은 혼돈 속에서 기억되지 못할 가능성이 높다.

사람들은 때때로 특정 정보를 더 의미 있게 만들기 위해 다양한 방식으로 수업 분위기를 띄우려 노력한다. 그런데 안타깝게도 많은 사람이 감정적 연관성과 새로운 자극을 혼동하곤 한다. 우리는 뮌헨대학교에서 개최한 심리학 세미나에서 경영학 강사들의 실패 사례를 한 가지 접했다. 그들은 뻔한 회계학수업을 신선하게 만들기 위해 예문에 등장하는 일반적 명칭을 바꾸기로 했다. 그들은 약간의 재미요소를 첨가하려는 시도에서 '회사'를 '로봇경주회사'로, '사람1'과 '사람2'를 '브래드'와 '안젤리나'와 같은 진짜 이름으로 바꿨다.

어떤 면에서 이 전략은 아주 효과가 있었다. 수업은 확실히 더 재미있어졌고, 학생들은 분명 재미와 열의를 가지고 수업에 임하는 것 같았다. 그러나 시험 기간이 되자 반전이 일어났다. 모든 학생들이 예문에 등장한 회사나 인물의 이름을 정확히 기억해냈지만 시험점수는 엉망을 넘어서 최악이었다!

무슨 일이 일어난 것일까? 이 독특한 이름들은 회계 사례를 기억하는 데 도움을 준 것이 아니라 오히려 주의를 분산시키고 말았다. 학생들은 새로운 이름이 주는 자극에 이끌렸지만, 그 과정에서 수업 내용을 놓쳤다. 현혹적인 세부사항들이 꼭 필요한 정보를 가려버린 것이다.

작업기억의 크기는 제한되어있고, 두뇌에는 끊임없이 자극이 쏟아지기 때문에 전전두피질은 종종 힘든 선택을 해야 한다. 여기서 결정권자는 최고의 성과 DNA의 D를 맡고 있는 도파민이다. 도파민은 "이것은 새로운 정보인가?"라고 질문할 것이며, 그 답이 "예"라면 전전두피질은 그 정보에 모든 신경을 집중시키고, 작업기억은 이를 유지시키는 작업을 시작할 것이다. 그러나 단순히 새롭기만 한 정보와 정말 중요한 정보가 일치하지 않는다면, 중요한 정보는 밀려나고 당신은 정말 필요한 내용 대신 기분 좋은 자극과 하찮은 정보만을 기억할 것이다.

이것이 리더들에게 주는 교훈은 분명하다. 전달하려는 정보에 대한 청중의 관심도를 높이기 위해서는 수업을 활기차게 만들기 위해 당신이 더한 요소가 핵심메시지와 경쟁을 벌이는 것이 아니라 그것을 지지해야 한다.

이것이 수영 팬티나 비키니 차림을 금지해야 한다는 뜻일까? 꼭 그런 것은 아니다. 작가이자 분자생물학자인 존 메디나는 자신의 책 《브레인 룰스》에서 학부 시절에 들었던 영화사수업을 회상한다. 강사는 예술 영화에서 묘사된 정서적 취약성에 대해 설명을 하는 도중 옷을 천천히 하나씩 벗기 시작했다. 티셔츠까지 벗은 강사는 마지막으로 바지 지퍼를 내렸고, 바지는 그의 발목 위로 떨어졌다. 강사의 바지가 내려감과 동시에 강의실 안에 있던 학생들의 입도 떡 벌어졌다. 그러나 천만다행으로 그는 짧은 반바지를 입고 있었다. 강사는 넋이 나간 학생들을 보면서 의기양양하게 말했다. "어떤 영화들은 정서적 취약성을 표현하는 수단으로서 신체 누드를 활용합니다. 이제 여러분은 이것을 절대 잊지 못하겠죠?"[28] 아마 당신도 마찬가지일 것이다.

머리가 아닌 가슴으로 배워라 ————
## 감정적 이웃

어떤 경우에는 지도를 보고 나면 상황이 더욱 분명해지기도 한다. 감정의 필수적 역할을 고려할 때, 학습을 관장하는 주요 두뇌 영역인 해마가 감정을 담당하는 부위인 대뇌변연계 중심부에 자리 잡고 있다는 사실이 타당하게 느껴질 것이다. 대뇌변연계 한쪽에 있는 이웃은 위협 반응을 주관하는 편도체이며, 다른 쪽에 있는 이웃은 보상과 관련 있는 측좌핵이라는 부위다.

우리가 새로운 정보를 습득하면 이 정보는 해마로 전달되며, 해마는 정보가 감정적으로 연관성이 있는지, 그렇다면 긍정적 연관성인지 아니면 부정적 연관성인지를 확인한다. 그다음 해마는 장기기억에 이미 저장되어있던 다른 정보와 새로 얻은 정보를 비교하면서 정보가 정말 '새로운' 것인지를 판별한다.

학습의 바탕을 이루는 원칙은 '위험의 최소화, 보상의 최대화'라는 진화적 성격의 것이다. 당신의 대뇌변연계는 끊임없이 주변을 살피면서 당신을 해치거나 도울 잠재요소를 탐지하며, 그것을 발견한 후에는 기억해두었다가 장기학습과 기억으로 만든다. 자연히 교과서에 나올법한 무미건조한 정보들은 보상이나 위협의 범주에 들어가지 않는다. 또한 MBA를 취득하거나 주간회의에서 최대한 많은 수확을 거두는 것은 우리의 진화적 설계 목표가 아니었다. 아주 효율적이고 조금 게으르기도 한 뇌는 특정 정보가 보상 또는 위협과 무관하다고 판단되면 무의미한 일에 귀중한 에너지를 낭비하지 않기 위해 그것을 인정사정없이 폐기해버린다.

머리가 아닌 가슴으로 배워라

## 두뇌를 속이는 법

방금 두뇌가 인정사정없다는 이야기를 했지만, 사실 뇌는 속이기 쉬운 대상이기도 하다. 솔직히 말해, 우리에게 꼭 필요한 정보가 모두 감정적 연관성을 지닐 수는 없을 것이다. 그래도 괜찮다. 만일 당신이 뇌를 속여 충분한 도파민, 노르아드레날린, 아세틸콜린을 분비하게 만든다면 당신이 더 많이 학습하고 기억할 가능성은 높아질 것이다. 감정요소와 재미요소가 고르게 들어있는 내용을 배울 때보다 효과적으로 학습할 수 있는 길은 없겠지만, 아무런 결실이 없는 학습경험을 방지할 수 있는 방법들이 존재한다.

**정리 먼저 하지 말자** ___ 어떤 교사, 발표자, 리더들은 잘하려는 욕심에 지난 시간에 다룬 내용을 먼저 정리하는 실수를 하곤 한다. 그러나 복습하는 내용은 우리가 이미 아는 내용이다. 설계상 뇌가 최소화하거나 무시하는 정보가 정확히 이런 종류의 것들이다. 우리가 꼿꼿이 허리를 펴고 앉아 집중력을 발휘하게 만드는 것은 새로운 내용이다. 당신이 발표를 하든 혼자 공부를 하든, 시작 단계에는 활력과 심지어 놀라움 같은 감정을 느끼게 만드는 내용에 초점을 맞춰라. 세미나 도입 부분에서 우리는 흔히 비교구매의 함정이나 할리우드 배우의 나쁜 습관 같은 이야기를 들려주곤 한다. 이렇게 청중의 주의력을 이끌어낸 후, 우리는 지난 시간에서 이어지는 내용으로 돌아간다. 다른 문제가 없다면 뇌에서 분비되는 도파민 덕분에 당신은 배울 준비가 되었고, 계속해서 집중할 동기와 추진력을 얻을 것이다.

**주제를 바꿀 수 없다면 배경을 바꿔라** ___ 오래되고 지루한 업무에 손이 묶여있다면 새로운 환경을 조성해보라. 어떤 때는 그저 의자를 바꾸는 것만으로도 효과가 있다. 또 어떤 경우에는 카페 같은 장소로 옮기는 것을 의미할 수도 있다. 심지어 다른 컴퓨터 또는 다른 글씨체를 사용하는 것조차도 도움이 된다. 두뇌로 하여금 '오, 이건 새로운데?'라는 생각을 할 수 있게 만드는 것은 무엇이든 침체적인 분위기에서 당신을 구출하여 보람 있고 생산성 높은 상태로 바꿔줄 수 있다.

머리가 아닌 가슴으로 배워라 ─────
## 지나친 체계는 피하라

어떤 체계는 유익하지만, 지나치게 체계적인 환경은 학습을 방해할 수 있다. 대부분의 사람들은 은연중에 규칙을 익힐 때 효과적으로 학습을 한다. 어린아이들이 이 원칙의 전형적인 사례다. 아이들은 문법공부를 통해 말을 배우지 않는다. 아이들의 뇌는 모국어를 구성하는 패턴과 규칙을 무의식적으로 파악한다. 그러므로 아이들은 수동태나 직설법 같은 개념을 알지 못한다. 단지 어떤 것이 자연스럽게 들리는지를 알 뿐이다.

놀랍게도 무언가의 구조가 잘 정돈되지 않고 엉성하거나 특이하며 심지어 주요 정보가 누락되었을 경우에, 이를 이해하기 위해 들이는 노력 덕분에 그것을 기억하기가 더 쉬워질 수도 있다.

《탤런트코드》의 저자 대니얼 코일은 알래스카에서 개최된 TEDx 컨퍼런스에서 청중들에게 두 단어로 이루어진 다음 페이지의 표를 보여주고 15초 동안 그 단어들을 최대한 많이 외우게 했다.[29]

| A | B |
|---|---|
| ocean / breeze | bread/b_tter |
| leaf / tree | music / l_rics |
| sweet / sour | sh_e / sock |
| movie / actress | phone / bo_k |
| gasoline / engine | ch_ps / salsa |
| high school / college | pen_il / paper |

코일이 표를 가리고 청중들에게 두 단어의 조합을 최대한 많이 떠올려보라고 요청하자, 아주 편향된 결과가 나왔다. 청중들은 A열보다 B열에 있는 단어를 훨씬 더 많이 기억한 것이다. 실제로 비슷한 연구가 실험실에서 진행되었을 때, 피실험자들은 A열보다 B열에 있는 단어를 세 배나 더 잘 기억해냈다.[30]

결과가 극명하게 갈렸던 이유는 무엇일까? A열에 있던 단어는 누락된 철자가 없었기 때문에 읽기가 쉬웠지만, B열에 있는 단어는 읽기가 조금 어려웠다. 이로 인해 추가로 발생했던 약간의 노력, 즉 온전한 체계에 생긴 작은 구멍은 노르아드레날린의 폭발을 이끌어냈다. 이는 B열의 단어를 더 잘 기억하게 만드는 적정량의 매력을 더해주었다. 약간의 불확실성은 우리 마음속에 더욱 잘 점착될 수 있도록 돕는 역할을 한다.

머리가 아닌 가슴으로 배워라 ─────
## 친구와 함께 학습하라

사회인지 신경과학 분야의 혁신으로 과학자들은 두뇌뿐만 아니라 사회에 대한 근본적인 전제를 완전히 수정하고 재검토할 수 있게 되었다. 8장에서 살펴보겠지만, 우리의 기본욕구에 대한 오래된 믿음들이 완전히 뒤바뀌는 일이 일어났다. 결론은 아주 확실해보이며, 각종 자료가 이를 뒷받침하고 있다. 우리는, 다른 무엇보다도, 사회적인 동물이다.

이 사실의 발견으로 학습에 대한 우리의 이해를 포함한 모든 영역이 영향을 받았다. 대다수까지는 아니더라도 많은 경우, 혼자보다는 여럿이서 학습하는 것이 더 효과적일 수 있다. 학습동료나 친구 등, 타인과 함께 학습할 때 일어나는 사회적 상호작용은 옥시토신의 분비를 촉진한다. 우리가 이미 본 것처럼, 옥시토신은 신경가소성과 변화수용성을 강화시킨다. 사랑에 빠진 이들은 행동뿐 아니라 성격까지도 크게 변하며, 아이들이 부모와 상호작용할 때 더욱 효과적으로 학습할 수 있는 이유가 여기에 있다.

마찬가지로 당신이 주변 사람들에게 좋은 롤모델이 되는 것은 아주 중요하다. 우리가 아는 한 성공적인 CEO는 식단과 운동 습관을 바꾸고 6개월 안에 체중을 13킬로 이상 감량했다. 그는 직장에서 이 일을 언급하지 않았지만, 그와 함께 일하는 직원 몇 명은 이전보다 날씬하고 건강한 외모를 갖추기 시작했다. 상사인 당신이 모두가 보는 앞에서 훌륭하게 일을 해낸다면 직원들은 당신을 본받을 것이다! 사회적 상호작용은 우리의 기분을 나아지게 하며, 우리의 기분이 좋을 때는 학습을 더 수월하게 만들어주는 화학물질들이 분비된다.

## 감당할 수 있는 수준을 유지하라

카이젠의 실천(4장 참조)에서 우리는 작은 단계를 실천해나가는 것이 가장 수월하게 목표에 도달하는 길이라는 교훈을 얻었다. 학습에도 똑같은 원리가 적용된다. 아무리 귀중하고 흥미로운 정보라도 나눠지거나 끊어지지 않는다면 위협 반응을 이끌어낼 수 있다. 뇌는 자신이 과부하 상태라고 느낄 때 신체 경보 시스템인 편도체를 활성화시킨다. 그러므로 UCLA 심리학자 겸 작가인 로버트 마우어가 이야기한 것처럼 "편도체 바로 옆을 살금살금 지나가는 법"을 배우는 것이 열쇠다.[31]

무언가를 배울 때는 커다란 학습 과제를 감당할 수 있는 작은 부분으로 나누고, 지금까지 배운 내용을 기억이 정리할 수 있도록 틈틈이 휴식을 취해야 한다. 또한 끊임없이 들이닥쳐서 뇌로 하여금 경보를 울리게 만드는 세세한 항목들 사이에서 허우적대는 대신, 자잘한 사항들을 하나로 묶는 큰 그림인 '의미'를 파악하는 데 집중하라. 그렇게 하면 당신이 배워야 하는 수천 가지의 내용들은 덜 위협적이고 더 기억하기 좋게 다가올 것이다.

## 다양한 형식의 학습을 이용하라

작업기억의 용량은 생각보다 작지만 언어와 이미지를 동시에 처리할 수 있다. 또한 후각 같은 감각기억은 작업기억의 용량을 차지하지 않으면서도 무언가를 떠올리게 해주는 추가적인 자극제 역할을 할 수 있다.

실제로 우리의 학습에 더 많은 두뇌 영역이 연루될수록 우리가 학습한 내용을 기억할 확률도 높아진다. 습득한 정보에 대한 기억이 두뇌 여러 영역에 저장될 뿐만 아니라, 멀리 떨어져 있는 영역들 사이사이에 신경연결망을 구축하기 때문이다. 그러므로 당신이 향후에 그중 한 영역을 촉발시킨다면 다른 영역도 동시에 활성화될 것이다.

이에 더하여, 더욱 많은 두뇌 영역이 관련된 상황에서는 기억력도 월등히 많이 향상된다. 이메일로 이루어지는 대화와 얼굴을 마주보고 하는 대화를 비교해보자. 이메일에 감정요인이 아무리 많이 포함되었다고 해도, 당신은 직접적인 대화에서 오고간 내용을 더 잘 기억할 것이다. 직접적인 면대면 대화에서 두뇌는 대화 내용 이외에도 대화의 방식(목소리, 성량, 어투 등), 상대방의 얼굴 표정, 자세, 대화 장소, 대화 시간, 심지어 날씨 같은 요소까지도 함께 저장해둔다.[32] 모든 요소가 각각 추가적인 실마리를 제공하기 때문에 이 대화를 떠올리기가 더 쉬워지는 것이다.

## 확률을 높여라

학습한 내용을 더욱 오랫동안 유지시킬 수 있는 방법들이 있다. 건강한 수면 습관과 운동은 학습과 기억력 모두에 긍정적인 작용을 한다.

확률을 높여라

### 충분한 수면을 취하라

충분한 수면은 감정조절(2장 참조)에도 도움이 될 뿐 아니라 학습능력을 향상시킨다. 잠은 혈액 내 코르티솔과 같은 스트레스 호르몬 양을 감소시킬 뿐 아니라, 학습과 기억력에 필요한 새로운 신경세포의 성장을 촉진한다. 또한 수면은 최근 배운 정보 중에 무엇을 장기기억에 저장하고 무엇을 폐기할지 결정하는 해마를 돕기도 한다.[33]

당신이 적절한 양의 수면을 취하지 못한다면 해마는 자신의 역할을 제대로 감당하지 못하고, 당신의 기억력은 저하될 것이다. 자신의 기억력에 아무 문제가 없다고 느껴지더라도 그것은 착각일 뿐이다. 안타깝게도 많은 임원이 학습에 더 많은 시간을 할애하기 위해 수면시간을 줄인다. 역설적으로 들리겠지만, 수면시간을 확보하기 위해 학습시간을 줄이는 편이 더 현명하다.

확률을 높여라 ────

## 운동하라

학습에 있어 운동은 아주 중대한 역할을 한다. 운동은 새로운 뉴런의 성장을 촉진하며 인지능력을 향상시키기 때문이다. 춤이나 테니스 같이 다양한 신체 부위 간의 협응과 고도의 집중력을 요구하는 활동은 도파민(당신이 재미를 느낄 때 분비됨)과 아세틸콜린(당신이 주의를 집중하고 현재에 충실할 때 분비됨)을 촉진한다. 두 신경전달물질은 모두 해마가 일을 더 잘할 수 있도록 돕는다. 그리고 우리가 알다시피 해마는 학습이 일어나는 주요 부위다.

효과적인 배움의 바탕이 되는 원칙을 효과적인 가르침에 활용할 수 있다. 학습과 기억력에 있어 감정적 연관이 그 무엇보다 중요하다는 원칙은 가르침과 훈련에도 동일하게 적용된다. 가르침의 성공 여부가 당신과 청중 사이에 생성된 상호연결성에 전적으로 달려있는 경우는 많다. 당신이 강의를 할 때 세미나의 형식을 빌려 참가자들이 바람직한 결론에 이르도록 유도하는 질문을 지속적으로 제시한다면, 그들이 해당 개념을 자신의 것으로 만들 수 있는 가능성이 더 높아질 것이다.[34]

이런 방법은 당신에게도 혜택을 준다. 특정 주제에 대해 당신보다 지식이 적은 사람을 가르쳐야 할 때, 가르칠 준비를 마친 당신은 종종 해당 주제를 더 잘 이해하게 되었다는 사실을 깨달을 것이다.[35]

배움에서 가르침까지 ————

### 이야기를 들려줘라

감정적 연관성을 만드는 가장 효과적인 방법 중 하나는 이야기를 활용하는 것이다. 누군가를 설득하려 할 때 풍부한 근거와 치밀한 주장이 최선의 방책처럼 보이겠지만, 이것의 효과는 매력적인 이야기에 비하면 아무것도 아니다. 언젠가 넬슨 만델라가 조언한 것처럼 "사람들을 이해시키려 하지 말고, 사람들을 감동시키려 하라."

당신의 아이디어를 뒷받침하기 위해 이야기를 사용한다면 상대방의 사회적 두뇌를 자극할 수 있다. 3장의 내용을 기억하는가. 우리 뇌의 디폴트 네트워크는 서사적 네트워크라고 불린다. 이름이 이렇게 붙여진 이유는 우리가 뇌를 이해시키기 위해 개별적인 사건을 연결함으로써 과거를 돌아볼 뿐 아니라 미래를 내다볼 수 있기 때문이다. 간단히 말하면, 우리가 이야기를 만들어낸다는 뜻이다. 이야기들이 우리의 마음을 사로잡는 이유가 이로써 설명된다. 이야기는 우리의 마음이 작동하는 방식을 모방하는 것이다.[36]

한 가지는 확실하다. 이야기 들려주기는 세계 전역에서 공통적으로 발견되는 현상이다.[37] 신경과학자들은 이야기의 탄생배경이 사회적 단결에 대한 필요성 때문이었다는 가설을 제기했다. 조상들이 들려주는 이야기는 무리의 각 구성원들이 입수한 최신 정보를 전달하는 수단이었을 것이다. 어떤 구성원이 무리를 너무 멀리 벗어났다가 사자한테서 가까스로 도망쳤다면, 자신의 모험담을 통해 사회적 지위가 상승되었을 뿐 아니라 다른 구성원들을 위한 귀중하고 유용한 정보를 제공해 줄 수도 있었을 것이다. 어쨌든 대부분의 학습은 간접적으로 이루어지니 말이다. 만약 누군가 어떤 식물의 열매를 먹었다가 큰 병을 앓는다면, 그가 이야기를 통해 주의를 줌으로써 구성원들이 같은 실수를 반복하는 것을 방지할 것이다. 어떤 열매가 우리에게 해를 끼친다는 사실을 배우기 위해 모든 사람이 똑같이 독이 있는 열매를 먹을 필요는 없다.[38]

이야기는 보통 보상이나 위협 반응을 일으킨다. 이야기는 우리의 감정을 활성화하고 정보수용력을 높인다. 사람들은 이야기를 들을 때 자신의 삶과 경험에 연결하고 싶은 충동을 느낀다. 섬엽(신체지각을 탐지하는 두뇌 영역)이 활성화되며, 우리는 이야기에 담긴 기쁨, 고통, 유머, 혐오 등의 감정에 본능적으로 반응한다. 이 모든 반응은 우리가 더욱 수용적이고 집중하는 태도를 취할 수 있도록 돕는다.[39]

실제로 당신이 진정으로 청중을 몰입시켰다면, 그들은 당신이 할 말을 예측하기 시작한다는 사실이 뇌영상자료를 통해 입증되었다. 이것은 당신의 이야기가 지루하고 뻔하다는 뜻이 아니다. 정반대로 청중들이 당신의 이야기에 너무 집중한 나머지 신이 나서 다음에 어떤 일이 일어날지 확인하고 싶어 한다는 뜻이다![40]

물론 모든 이야기에 보편적인 효력이 있는 것은 아니다. 특정 그룹에게 좋은 반응을 얻었던 이야기가 다른 그룹에서는 아무런 호응을 얻지 못할 수도 있다. 심지어 언뜻 보기에 비슷한 가치관을 가진 청중을 대상으로 이야기를 들려주었을 때도 효과가 다르게 나타날 수 있다. 어떤 이야기가 효력을 지니려면 일정 수준의 연관성이 꼭 필요하다.

심리학자 멜라니 그린Melanie Green의 연구에서 이야기에 대한 청자의 몰입도는 청자의 사전지식 및 경험의 영향을 받을 수 있다는 사실이 밝혀졌다. 예를 들면, 동성애자 보이스카우트에 관한 이야기는 동성애자 또는 보이스카우트였던 사람들 사이에서 더 큰 반향을 일으킬 가능성이 높다. 이것은 물론 가능성이 높다는 것이지 꼭 그들에게만 효과가 있다는 뜻은 아니다. 또한 그린 박사는 사전지식이나 경험에 상관없이 공감능력이 높은 사람들이 이야기에 더 잘 동요하는 경향을 보인다는 사실을 발견했다.[41]

최근에 진행된 신경인지 연구에서는 이야기 들려주기의 또 다른 매력적인 면이 발견됐다. 사람들은 어떤 이야기가 자신이 속한 사회적 그룹 내의 타인과 감정적으로 연관된다고 생각할 때 이야기에 더 잘 이끌린다. 우리가 이야기를 들을 때, 두뇌는 이것이 재언급할만한 가치가 있는 이야기인지를 판단한다. 두뇌가 그렇다고 판단한다면, 우리의 주의력은 가다듬어지고 학습능력과 기억력이 증진된다. 사람들이 공유하기 원하는 이야기에 정보를 담아 전달한다면, 이야기가 면대면으로 이루어지든 소셜미디어를 통해 이루어지든 당신은 이야기 전달자뿐 아니라 교사로서도 성공한 것이다.

리더와 교사의 관점에서 이야기의 힘은 단지 감동적이고 재미있다는 사실에만 그치지 않는다. 이야기에는 설득하는 힘이 있다. 그린 박사의 또 다른 연구에서 사람들의 마음이 분석 모드에 있을 때보다 이야기 청취 모드에 있을 때 다른 사람의 의견에 대한 수용도가 높아질 수 있다는 가설이 제기되었다.[42] 당신이 강조하고 싶은 핵심포인트를 이야기를 통해 전달할 수 있다면, 청자가 당신의 메시지를 이해하고 기억할 확률은 높아질 것이다.

이야기 전달 수단으로 말과 이미지를 함께 사용하는 것 역시 가르침의 효과를 높일 수 있다. 새로운 정보를 습득할 때 더 많은 두뇌 영역이 연루될수록 정보가 유지되고 기억될 가능성도 더 높아진다. 우리가 소셜미디어에서 접하는 만화나 이미지가 글로만 된 기사나 상세한 메시지보다 더 생생하게 기억에 남는 이유가 여기에 있다.

## 혐오학습을 활용할 때는 주의하라 ─────

한 대형 항공사는 직원들에게 제트엔진이 작동하고 있을 때 가까이 접근하지 말라는 경고를 전달하기 위해 트레이닝 영상을 만들었다. 비디오는 행동규칙이나 글로 된 설명을 제공하지 않는다. 그저 한 승무원이 실수로 엔진 가까이 접근했다가 엔진에 빨려 들어가서 끔찍한 사고를 당하는 장면을 보여줄 뿐이다. 이 영상은 잔혹한 할리우드영화 애호가들조차도 역겨워할 만큼 충격적이었지만, 이를 통해 메시지는 확실히 전달되었다. 그 후로 이 항공사에서 비슷한 유형의 치명적인 사고는 발생하지 않았다.

한 엘리베이터회사는 엔지니어들에게 모든 엘리베이터 통로 바닥에 있는 작은 공간을 확실히 인지시키고 싶었다. 그들이 작업하는 동안 엘리베이터가 위에서 추락할 경우 그 공간으로 대피하여 목숨을 구할 수 있기 때문이었다. 이에 신입 엔지니어들은 엘리베이터가 빠른 속도로 떨어지는 동안 통로 바닥에 있는 작은 공간에 들어가 몸을 웅크리는 훈련을 받았다. 이것은 끔찍하고 가학적인 경험이었지만 모든 신입직원은 이 수업을 무사히 마쳤고, 여기서 얻은 교훈을 절대 잊지 않았다.

가르침은 보통 보상 반응에 호소할 때 가장 큰 효력을 갖지만, 위협 반응을 일으키는 가르침이 정말 필요한 상황에서 드물게 활용할 경우 이를 통해서도 큰 효과를 기대할 수 있다.

부정적 학습은 몸에 깊게 밴 행동을 억제하는 데 효과적이지만 창의적인 해결책을 유도하는 데는 쓸모가 없다. 부정적 학습은 위협 반응을 일으키며, 결과적으로 전전두피질이 잠시 작동을 멈춰 집행기능이 비활성화되기 때문이다. 당신의 반응은 빠르고 본능적이겠지만 치밀하고 사려 깊지는 않을 것이다. 물론 어떤 상황에서는 이런 반응이 우리에게 유리할 수도 있다. 항공사나 엘리베이터회사의 사례에서처럼 우리의 건강과 안전이 걸린 상황이라면 공포 조건화fear conditioning가 문자그대로 삶과 죽음의 문제가 될 수 있다. 또한 당신이 주저하는 순간 큰 위험을 겪을 수도 있는 군사적 또는 법적 집행 절차에 있어서도 비슷하게 적용된다. 사람들이 규칙이나 법을 어길 경우 처벌을 받을 수 있다는 사실을 인지시켜야 하는 상황에서도 부정적 학습이 가치를 발할 수 있다.

데이비드가 부모를 알아보면서도 그들이 진짜라고 받아들이지 못하게 만들었던 카그라 증후군 수수께끼의 열쇠는 감정으로 밝혀졌다. 데이비드의 두뇌에서 사람을 알아보는 능력과 감정적 연관성을 측정하는 능력 사이의 연결이 사고로 크게 손상된 것이다. 우리가 친밀한 사람들을 볼 때 대뇌변연계는 보통 감정적으로 반응하면서 자율신경계에 메시지를 보낸다. 결과적으로 우리는 심장박동이 빨라지고 호흡도 약간 가빠지는 것을 느낀다. 그러나 데이비드의 두뇌에서는 그러한 메시지가 발신되지 않았다.

데이비드를 혼란스럽게 했을 뿐 아니라 부모의 마음을 아프게 만들었던 원인은 감정의 부재였지만, 궁극적으로 이들을 구한 것은 신경가소성이었다. 다행히도 카그라 증후군은 치료가 불가능한 질환이 아니었다. 상황은 점차 호전되었다. 데이비드는 부모님에 대한 감정 반응을 다시 얻기 시작했고, 더 이상 그들을 사기꾼이라고 여기지 않았다.

요약하면 그는 학습을 한 것이다.

## 핵심포인트

**배움에는 한계가 없다** __ 20대에 들어서면 두뇌가 굳어버린다는 믿음이 있었다. 하지만 뇌는 대부분의 신경과학자들이 상상한 것 이상으로 가소적이며 적응을 잘 한다는 사실이 밝혀졌다. 당신은 그저 학습하는 방법을 알기만 하면 된다.

**학습은 감정적인 과정이다** __ 긍정적이든 부정적이든, 우리가 무언가에 감정적으로 관련될 때만 학습이 가능하다. 감정적 연관성 없이 당신이 새로운 정보를 오랫동안 기억할 가능성은 아주 희박하다.

**해마의 시험을 통과하기** __ 해마는 특정 정보가 기억할 가치가 있는지 판단하기 위해 두 가지 요소를 저울질한다. 감정적 연관성과 참신성이다.

**모든 것은 생존의 문제다** __ 뇌의 관점에서는 보상이나 위협 반응을 활성화시키는 정보나 경험만이 간직할 가치가 있다.

**당신이 잠든 사이** __ 잠은 학습에 꼭 필요한 존재다. 간직할 가치가 있다고 판단된 정보가 해마에서 장기기억으로 옮겨지는 것은 우리가 수면을 취할 때다.

**첫 단추를 잘 끼워야 한다** __ 좋건 나쁘건 가장 강하게 남는 인상은 첫인상이다. 그러므로 사람들이 일을 올바르게 시작할 수 있도록 시간과 비용을 투자하는 것은 중요하다.

**혐오학습을 활용할 때는 주의하라** __ 가장 강력한 학습은 단연 부정적인 경험을 통해 이루어진다. 그러나 혐오학습은 긍정적 행동을 훈련시키는 데는 효과적이지 못하다. 바람직하지 못한 행동을 억제해야 하는 드문 상황에서만 이를 사용할 수 있도록 아껴두라.

**함께 학습하는 동료** __ 본질적으로 사회적 동물인 우리는 타인에게 배우고 타인과 함께 배울 때 더욱 효과적으로 학습할 수 있다. 이 사실로 인해 이야기의 중요성과 롤모델이 되는 것의 필요성이 더욱 커진다.

# 3부

드림팀을
결성하는 법

# 3부

드림팀을
결성하는 법

# 7장
# 다양성을 바탕으로 성공하라

성격과 역량의 균형을 통해
비즈니스에서 변화를 만들어낸다

1961년 작가 겸 편집자인 스탠 리는 슈퍼히어로들을 자신도 모르는 사이에 '판타스틱4'라는 하나의 팀으로 묶음으로써 만화계에 대혁신을 일으켰다. 리드 리차드, 그의 여자친구 수잔 스톰, 그녀의 남동생 조니, 리드의 대학 친구 벤 그림이 탑승한 우주선이 우주광선에 노출되었고, 방사선의 영향으로 그들의 몸에 돌연변이가 생긴다.

리드 리차드는 자신의 팔과 다리를 고무처럼 늘릴 수 있는 능력을 얻었다. 수잔 스톰은 자유자재로 자신의 몸을 투명하게 만들 수 있다. 남동생 조니는 우리가 전등 스위치를 켜는 것만큼이나 손쉽게 자신의 몸을 불타오르게 만든다. 이들 중에서도 가장 극적인 변화를 겪은 이는 벤 그림이었을 것이다. 비록 몸이 딱딱한 돌로 변하여 외모는 끔찍해졌지만, 그는 막강한 힘을 얻게 되었다. 자신의 변화에 상심한 벤 그림은 이제 스스로를 '더 씽'이라고 부르는데, 다른 등장인물들도 그의 뒤를 따른다. 리드 리차드는 미스터 판타스틱, 수잔 스톰은 인비저블 우먼, 조니는 휴먼토치라는 새로운 이름으로 살아가기 시작한다.

판타스틱4의 천재성이 드러나는 대목은 이것이 비즈니스 세계 최고의 팀에서 발견되는 특징을 반영하고 있다는 것이다. 각각의 구성원은 자신만의 명확한 장점과 재능을 보유하고 있다. 그들은 성격과 접근법이 서로 다르며, 때때로 불화를 일으키기도 한다. 업무 밖의 영역에서 그들이 늘 사이좋게 지내는 것은 아니지만, 힘을 모아야 할 때는 각자의 다름을 제쳐두고 팀워크를 발휘하여 인류의 발전과 안전을 도모하기 위해 힘쓴다.

## 다양성이란 무엇인가?

우리는 '다양성'이라는 단어를 들었을 때 다른 국적, 문화·민족·경제적 배경, 성별 또는 성적 지향 같은 조건들을 떠올린다. 그런데 UN 회원국들을 한자리에 모아놓은 듯 다양한 사람으로 이루어진 팀일지라도, 팀원들의 문제해결 접근법은 서로 비슷하고 제한적일 수 있다. 그러므로 다양성을 육성할 수 있는 방법 하나는 자신만의 재능이나 장점을 보유하고 다양한 성격 특성을 지니는 사람들로 팀을 구성하는 것이다. 비슷한 사고방식을 가진 사람끼리만 일을 한다면, 우리 뇌를 속여 자기만족 상태에 빠지게 만듦으로써 성과를 낮추고 혁신과 몰입의 기회를 빼앗을 수도 있다.

> 비슷한 사고방식을 가진 사람끼리만 일을 한다면, 우리 뇌를 속여 자기만족 상태에 빠지게 만들 수도 있다.

## 과학과 성격의 교차점

고용주들은 100년 이상의 세월 동안 다양한 종류의 성격 테스트를 시행해왔다. 그러나 불행히도 대부분의 검사에는 적절한 신경과학적 근거가 결여되어있다. 과학적 토대가 없는 성격검사는 이른바 '확증편향confirmation bias'이라는 현상에 취약할 수도 있다.

## 성격 프로필의 문제

1948년, 버트럼 포러Bertram Forer라는 심리학자는 자신의 학생들에게 성격 테스트를 실시했다. 그는 학생들이 제출한 검사지를 모조리 폐기하고는 모든 학생들에게 동일한 성격 유형 결과지를 돌려주었다. 각 학생들은 결과지를 읽고 자신의 성격과 일치하는 정도를 0에서 5까지의 점수로 평가하라는 요청을 받았다. 5점은 '아주 정확함'이었고, 4점은 '정확함'을 나타내는 식이었다.[1]

놀랍게도 학생들의 평가점수는 평균 4.26점에 달했다. 이것은 대부분의 학생들이 이 검사가 자신의 고유한 성격을 잘 묘사한다고 생각했다는 뜻이었다. 그런데 학생들은 포러가 알려주기 전까지 결과지가 신문의 별자리 운세 코너에 있던 글을 따온 것이라는 사실을 알지 못했다. 운세 코너에 있는 전형적인 글처럼 약간의 칭찬과 가벼운 비판이 담겨있었고, 내용은 모호할 뿐이었다. 심리학자들이 '확증편향'이라고 부르는 현상의 영향으로 결과지를 읽은 대부분의 학생들은 긍정적 내용에 공감하는 한편, 부정적이거나 자신과 직접적으로 연관되지 않는 요소는 그냥 넘겨버렸다. 그리고 그들은 이 결과지가 자신만의 독특한 성격을 정확하게 반영했다는 결론을 내렸다.[2]

인지과학자들이 테스트 점수와 뇌스캔 결과를 대입하기 시작한 이래로 확증편향의 위험은 줄어들고 성격분석의 정확도가 높아지기 시작했다. 한 예로 내향성과 외향성의 두뇌를 비교한 연구가 진행되었다.

과학과 성격의 교차점 ————
## 내향성인가 외향성인가? 에너지의 문제

내향적인 사람들이 모두 수줍음을 많이 타는 것은 아니다. 또한 외향적인 사람들이 무조건 공감을 잘하는 것도 아니다. 이들을 구분하는 특징은 에너지다. 내향성에게 사회적 상호작용은 에너지를 소모시키는 일인 반면, 외향성에게 사회적 상호작용은 에너지의 원천이다.[3]

뇌를 관찰함으로써 이런 차이점의 단서를 얻을 수 있다. 먼저 내향성의 경우에는 전전두피질에 있는 회색질이 더 크고 두껍게 나타난다. 한편, 외향적 성향이 강한 사람들은 회색질이 얇은데, 이것은 그들이 깊은 심사숙고(3장에서 언급한 디폴트 네트워크를 사용한다는 뜻)보다는 현재에 집중(직접경험 네트워크 사용)하는 것을 더욱 선호할 수 있다는 사실을 의미한다.[4]

내향성과 외향성 모두 보상을 추구하지만, 그것을 어디에서 찾는가에 차이점이 있다. 코넬대학교 팀은 연구를 통해 외향성들은 눈앞의 환경에서 보상감을 찾는 반면, 내향성들은 내면의 생각에서 보상감을 찾는다는 가설을 제기했다.[5]

당신이 리더라면 내향성 팀원들이 홀로 있는 시간과 작업 중단시간을 필요로 하며, 외향성 팀원들이 사회적 상호작용 없이 너무 오랜 시간을 보낸다면 불만족할 수 있다는 사실을 반드시 숙지해야 한다.

## 온실 속의 사람들

직원들의 다양한 욕구를 알아차리는 민감도는 인사고과를 잘 치르거나 적절하게 팀을 구성하게 하는 것 이상으로 중요한 역할을 한다. 이것은 당신이 직원들의 업무 환경을 이루는 요소를 선택하는 순간에도 영향력을 끼칠 수 있어야 한다.

우리는 새롭게 디자인된 한 사무실을 보면서, 이것이 기업의 현저히 낮은 민감도를 보여주는 사례라는 사실을 알 수 있었다. 이 사무실은 다양한 업무 공간을 분리하는 벽을 없애고 유리처럼 투명하면서 내구성 있는 소재로 벽을 만들었다. 이런 디자인 때문에 사무실 문이 열렸는지의 여부와 상관없이 모든 이들이 직원들의 업무 공간을 들여다볼 수 있었다.

외향적인 직원들은 새로운 디자인을 아주 좋아했지만, 내향적인 사람들에게 그런 구조는 살아있는 악몽과 다를 바가 없었다. 거의 순식간에 내면에 집중하는 직원들은 방어적으로 자신의 성향에 맞게 주변 환경을 바꾸기 시작했다. 마치 거실에 베개와 쿠션을 쌓아 '요새'를 만드는 아이들처럼 회사의 내향적인 직원들은 책장, 파일정리함, 박스 더미 또는 전략적으로 걸어둔 잠바나 정장 윗옷으로 바리케이드를 둘렀다. 이렇게 한때 번쩍번쩍했던 혁신적 디자인의 사무실은 옷가게의 어수선한 창고 같은 모습으로 변모했다.

이 회사의 야심찬 리더는 자신이 사무실 디자인 분야의 선구자라고 생각했겠지만, 그는 세계 인구의 3분의 1에서 2분의 1은 내향적 유형으로 분류된다는 사실을 간과한 것이 분명하다.[6] (널리 쓰이고 있는 MBTI검사의 추정 통계치를 참고한다면, MBTI의 네 글자에서 내향성을 의미하는 I로 분류된 응답자의 비율은 약 47~55퍼센트였다.[7]) 이미 충분히 도전적인 업무를 수행하고 있던 이 회사의 직원들은 돌연 끝없는 본능적 위협 반응의 소음에 둘러싸여 일을 해야 하는 상황에 처하고 말았다.

팀이 가장 효율적으로 운영되기 위해서는 회사 직원들의 다양한 강점과 유형이 정확히 반영되고, 팀원들의 다양한 업무 스타일을 최대한 수용할 수 있는 업무 환경이 갖춰져야 한다. 물론 대단한 다양성을 자랑하는 회사에서조차도 흡사 복제인간들로만 이루어진 것 같은 팀이 만들어질 수도 있다. 이렇게 비슷한 사람들이 모인 팀에는 탁월한 안정감과 협동심이 생길 수도 있지만, 혁신과 창의력이 필요한 순간에 팀은 불안정하게 흔들릴 것이다.

투명한 사무실 디자인을 적용했던 리더가 외향적인 동료들에게 조언을 구했든 아니면 스스로 결정을 내렸든, 그는 한 사무실 안에 철저히 다른 관점을 가진 사람들이 있다는 사실을 완전히 간과했다. 그가 시작 단계에서 다양성에 초점을 맞췄다면 벽을 없애는 일은 절대 하지 않았을 것이다.

## 회의실의 중매 ─────

기업의 다양성을 다루는 연구는 수천 건 이상 진행되어왔다. 그러나 다양한 성격적 특성에 대해 우리가 발견한 것 중에서 가장 유용하며 신경과학적으로 탄탄한 근거를 지니고 있는 통찰은 의외로 연인 찾기 웹사이트에서 얻은 것이었다.

러트거스대학교 생물인류학자인 헬렌 피셔는 본래 낭만적인 사랑의 감정과 화학작용을 연구하기 위해 친밀한 관계 및 성격적 차이에서 나타나는 신경과학적 요소를 조사했다. 그러나 그녀의 잠재적 연인에 대한 분석의 토대가 되는 신경화학지식은 기업이라는 배경에서 팀 구성원들의 상호작용에 대한 귀중한 통찰을 제공한다. 또한 MBTI와 같이 널리 통용되는 성격 테스트 도구와 달리 피셔 박사의 분석은 신경과학에 기초를 둔다.

## 신경화학과 궁합

피셔 박사가 진행한 연구의 간단한 질문은 '우리가 여러 사람 중에서 특정 인물에게 이끌리는 이유는 무엇인가?'였다. 그는 배우자 선택에 관여하는 두뇌 활동을 조사하기 위해 대대적인 연구에 착수했다. 박사는 먼저 두뇌체계를 조사하고 생물학적인 성격 특성에 영향을 주는 네 가지 특정한 구조의 신경화학체계를 구별해냈다. 다음으로 그녀는 '피셔 기질조사'는 설문지를 만들어 네 개의 두뇌체계에서 개인이 자신의 성격적 특성을 발현시키는 정도를 측정했다. 여기에 더하여 박사는 유명 인터넷 데이트 사이트와 협력하여 연인을 찾는 남녀 8만 명 이상의 프로필에 접근하여 그들의 기질조사자료를 수집하고 그들이 누구를 실제로 만나기로 선택했는지 조사했다. 또한 박사는 fMRI를 사용하여 자신이 고안한 성격 테스트를 받은 사람들의 두뇌를 분석했다. 참가자들의 신경과학적 자료와 데이트 사이트에 나타난 행동양식의 상관관계를 분석한 그녀는 아주 놀라운 패턴을 발견했다.

우리가 여러 사람 중에 한 사람을 선택하는 것은 순전한 우연에 의한 결정이 아니다. 어떤 사람들은 서로에게 끌릴 수밖에 없으며, 그 비밀은 개인의 신경화학적 균형 상태에 있다. 다양한 상황에서 개개인의 두뇌 화학물질의 분비량이 조절되는 정도는 서로 다르다. 이 신경화학 물질들은 우리의 행동에 크게 영향을 미치며, 성격에 영향을 주기도 한다. 피셔 박사는 두 개의 신경전달물질(도파민, 세로토닌)과 두 개의 호르몬(에스트로겐, 테스토스테론) 활동을 바탕으로 네 가지 기본 성격 유형을 밝혀냈다. 그녀는 이것을 탐험가, 건축가, 협상가, 지휘관이라고 부른다.[8]

회의실의 중매 ─────
## 탐험가

탐험가들은 자극을 추구하는 사람들이다. 1장의 뒤집어진 U 모델을 기억하는가? 두뇌 도파민체계의 활발한 활동과 노르아드레날린의 분비(최고의 성과 DNA중 D와 N) 덕분에, 탐험가 유형의 남성과 여성은 대개 성과 곡선의 오른쪽에 위치하는 경우가 많다. 이 말은 그들이 최고의 성과를 달성하기 위해서는 더 높은 자극이 필요하다는 뜻이다. 그

러므로 이들은 더 큰 보상을 얻으려는 목적으로 새로운 흥분거리를 찾

**탐험가들은**

거나 엄청난 위협을 감수하고 끊임없이 기어를 바

**자극을 추구하는**

꿀 것이다.[9]

**사람들이다.**

그런데 탐험가들에게는 약점이 있다. 그들이

늘 새로운 경험을 필요로 한다는 것은 따분함을 잘

견디지 못한다는 뜻이기도 하다. 이들이 무언가에 진정으로 흥미나 도

전의식을 느끼지 못한다면 주의력을 유지시키기는 어려울 것이다. 그

러나 이들이 충분한 도전의식을 느낀다면 비록 짧을지언정 엄청난 집

중력을 발휘할 수 있다.[10]

회의실의 중매 ─────

## 건축가

탐험가들에게 삶의 목적은 도파민이지만, 건축가들의 성격을 형성하

는 가장 큰 요소는 안정감을 주는 세로토닌의 영향력이다.[11] 건축가들

에게서 발현되는 세로토닌의 특성은 높은 위험을 감수하는 탐험가들

의 특성과 여러 방면에서 정반대다. 실제로 심리학자 마빈 주커만Marvin

Zuckerman은 세로토닌의 특징을 발현시키는 사람들을 '저자극 추구 유형'

이라고 부른다.[12] 1장의 뒤집어진 U 그래프에서 건축가형의 위치를 찾

는다면, 이들은 거의 확실히 최고의 성과를 이루기 위해 낮은 자극을

필요로 한다는 사실을 나타내는 그래프 왼쪽에서 발견될 것이다.

그러나 건축가들이 조심스럽고 신중하다고 해서 이들이 아웃사이

더인 것은 아니다. 반대로 이들은 사회성이 요구되는 상황에 잘 적응할

뿐 아니라 훌륭한 팀플레이어가 될 수 있다. 시간을 들여 과거의 실수에서 교훈을 얻고 미래를 위해 체계적으로 준비하는 그들은 그저 신중하며 확실성을 추구할 뿐이다.[13]

물론 건축가들은 확실성을 좇는 자신의 성향 때문에 무슨 일이 있어도 스케줄을 지키려는 집착을 보이거나, 상호합의된 계획에서 벗어나는 일을 꺼려할 수도 있다. 그러나 당신이 그들의 장점을 활용한다면 이들은 팀을 하나로 묶어주는 접착제의 역할을 할 것이다. 건축가들은 보통 다른 건축가들에게 매력을 느낀다.[14]

회의실의 중매 ————

## 협상가

협상가를 다른 유형과 차별화시키는 요인은 바로 에스트로겐의 영향력이다. 에스트로겐은 보통 여성 호르몬으로 인식되지만 남성도 에스트로겐을 보유한다. 협상가들은 성별과 상관없이 언어로 자신을 표현하는 일에 매우 능숙하다.[15] 이에 더하여, 이들은 다른 사람의 생각과 느낌을 알아차리는 여섯 번째 감각을 타고난 것 같다.[16] 협상가들이 "당신의 고통을 이해한다"라고 이야기한다면, 그건 아마 과장이 아닐 것이다. 실제로 이 말을 한 것으로 유명한 빌 클린턴 대통령은 전형적인 협상가였다.[17]

그러나 높은 공감능력을 지닌 협상가들은 다른 사람을 기쁘게 하고 갈등과 불화를 피하기 위해 무리하게 노력하다가 분별력을 잃을 수도 있다. 게다가 한 가지 일을 다각도에서 고려하려는 성향 때문에, 중요한 세부사항을 간과하거나 쉽사리 의사결정을 내리지 못할 수도 있다.[18] 협상가들이 나아갈 방침을 정할 때는 결정을 내리기까지 아주 오랜 시간이 걸릴 수 있다. 협상가와 지휘관의 기술 역량은 서로를 보완하는 경향이 있기 때문에 이들은 서로 잘 협력할 것이다.

**협상가들이 "당신의 고통을 이해한다"라고 이야기한다면 그건 아마 과장이 아닐 것이다.**

회의실의 중매 ─────

### 지휘관

협상가 유형이 양이라면 지휘관 유형은 음이다. 협상가의 성격은 에스트로겐의 영향을 받는 반면, 지휘관을 규정하는 호르몬은 테스토스테론이다. 앞에서와 마찬가지로 테스토스테론은 주로 남성 호르몬으로 알려져 있지만 여성 중에서도 지휘관 유형이 많이 발견된다.[19] 예를 들어, 공감능력이 높기로 유명한 클린턴 대통령이 협상가의 에스트로겐 관련 특징을 잘 보여준 것처럼, 전 미국 국무부 장관이자 대선 후보였던 힐러리 클린턴은 테스토스테론의 영향을 받아 의지가 강하고 결단력 있는 지휘관 유형에 들어맞는다.[20]

남성이든 여성이든 지휘관 유형의 가장 큰 특징은 경쟁 욕구다. 이들은 복잡하고 어려운 선택의 순간에도 강인하고 실용주의적이며 지극히 확고한 태도를 유지한다. 우리가 일반적으로 전전두피질과 연결시키는 논리력이나 이성적 분석 같은 기술이 이들의 주요 장점이다. 하지만 그렇다고 지휘관들에게 창의력이 부족한 것은 아니다. 오히려 그들이 택하는 길은 인기가 없을지언정 독창적이고 대담한 경우가 많다.[21]

사실 지휘관들에게 늘 부족한 특징 하나는 바로 외교술이다. 그들은 자신감 넘치며 정확하고 솔직한 태도로 인해 잘난

**협상가형이 양이라면 지휘관형은 음이다.**

척하고 고집이 세며 무례해 보이기도 한다. 그러나 지휘관들은 보통 외톨이로 지내지 않는다. 이들의 끈기, 의리, 아이디어를 향한 열정 덕분에 지휘관들은 좋은 친구나 동료가 될 수 있으며, 특히 이들의 날카로움을 완화시켜줄 수 있는 협상가들과 잘 어울릴 것이다.

회의실의 중매 ───

## 이것이 리더십에 어떤 도움을 주는가?

미국의 창의적리더십센터 Center for Creative Leadership 에 따르면 전체 업무상의 문제 중에 직원 간의 갈등이 해결되지 않아서 발생하는 문제의 비율은 최소 65퍼센트다.[22] 이러한 갈등을 해결하는 데 필요한 첫 번째 단계는 개개인의 성격적 특징을 정확히 파악하는 것이다.

헬렌 피셔 박사는 연구 초기에 연인들의 사랑에 집중하면서 개인의 신경화학적 균형 상태를 파악할 수 있는 검사를 만들었다. 그 이후로 피셔 박사는 침실에서 회의실로 초점을 옮겨 같은 두뇌 데이터를 바탕으로 또 다른 성격 테스트를 고안했다. 비즈니스 세계에서의 업무, 커뮤니케이션, 협동, 의사결정에 대한 신경과학적 견해를 제공하는 이 테스트는 신경색기질검사 NeuroColor Temperament Inventory 라고 불린다. 서로 다

른 신경전달물질과 호르몬의 활동에 따라 사람들은 서로 다른 업무와 처리 방식을 선호한다.[23] 또한 새로운 팀을 구성할 때는 서로 다른 성격 유형의 균형을 맞춤으로서 생산성을 향상시킬 수 있다.

각각의 성격 유형은 자신의 기술 역량으로 다른 유형을 보완할 수 있다. 예를 들어, 재치 있고 호기심이 많은 탐험가 유형은 창의력으로 팀에 힘을 보태며, 함께 일하는 시간을 즐겁게 만들어줄 것이다. 협상가 유형은 협업에서 나타나는 '인간적인' 측면에 아주 세심한 주의를 기울이며, 언어적 표현과 의사소통 관련 분야에 특별히 재능이 많다. 건축가 유형은 한 업무를 끝까지 완성시킬 수 있도록 팀에 안정성과 끈기를 가져다줄 것이다. 마감시한을 준수하고 책무의 완성을 위해 최선을 다하는 사람들이 바로 건축가 유형이다. 한편 지휘관 유형은 복잡한 문제를 단순화하고 어려워 보이는 문제를 헤쳐나가기 위해 자신의 논리력을 활용함으로써 팀이 속도를 잃지 않고 원활하게 업무를 진행할 수 있도록 돕는다.

회의실의 중매 ─────
## 누구에게 일을 맡길 것인가?

피셔 박사의 네 가지 성격 유형(탐험가, 건축가, 협상가, 지휘관)의 기본바탕은 신경화학물질의 상이한 조합에 의해 발생되는 선천적 기질 차이다. 우리 대부분의 성격과 수행성과는 유전뿐만 아니라 경험이나 환경 같은 다양한 요인에 따라 결정되는 것이 사실이지만, 직원 개개인이 더욱 잘 수행할 수 있는 업무와 역할을 찾기 위해 피셔 박사의 성격 유형을 참고해볼 수 있다.

회의실의 중매 —— **누구에게 일을 맡길 것인가?**

## 협동

건축가들은 훌륭한 팀플레이어의 기질을 지니는 경향이 있다. 연구에 따르면 그들의 성격 특성을 대변하는 세로토닌은 직원들로 하여금 '타인과의 협력'에서 탁월한 능력을 발휘하게 한다. 피셔 박사는 "세로토닌 분비가 왕성한 사람들은 단체 업무에서 더욱 협동적인 태도를 취한다"라고 이야기했다.[24]

회의실의 중매 —— **누구에게 일을 맡길 것인가?**

## 의사결정

결단력은 보통 테스토스테론과 관련 있다. 그러므로 의사결정의 순간에 지휘관들이 앞장서서 일을 주도한다는 사실은 별로 놀랍지 않을 것이다. 충동적인 성향이 있는 탐험가들도 빠른 의사결정을 하지만, 의지가 강한 지휘관들은 그보다도 더 빨리 결정을 내리곤 한다.[25]

회의실의 중매 —— **누구에게 일을 맡길 것인가?**

## 협상

이 일이 누구에게 적임인지는 모두 알 수 있을 것이다. 협상가들이 괜히 협상가라는 이름을 얻었겠는가!

## 글짓기

언어의 유창성과 에스트로겐의 관련성은 오래전부터 확인되었으며, 이 호르몬은 협상가 유형에서 월등히 많이 발견된다.[26]

## 큰 그림 사고

피셔 박사에 따르면 협상가들은 많은 사람이 '큰 그림 보기'라는 개념으로 이해하고 있는 '거미줄 사고web thinking'에 능하다. 그녀는 이 개념의 정의가 '사고를 할 때 데이터의 여러 부분을 수집하고 그 변수의 중요성을 저울질할 뿐 아니라 그들 사이의 관계를 구상할 수 있는 타고난 능력'이라고 이야기했다.[27] 당신이 이것을 뭐라고 표현하든, 협상가들에게는 이 능력이 있다.

## 세부항목

각각의 요소를 독립된 선이 아닌 거미줄처럼 얼기설기 얽힌 관계로서 바라볼 줄 아는 협상가들의 탁월한 능력에는 뚜렷한 약점이 있다. 큰 그림을 파악하는 데 집중하다가 중요한 세부사항을 간과하는 '시스템 실명'에 대한 취약성이다.[28] 모든 세부사항이 빠짐없이 꼼꼼하게 확인되기를 원한다면 지휘관을 찾아라. 이들은 작은 일에 트집을 잡거나 시시콜콜 따지는 데 선수다.[29]

## 행정

건축가들은 좋은 관리자이자 행정가들이다.[30] 회의시간 최고의 조력자는 협상가들이지만 회의 안건을 벗어나지 않게 해주는 사람들은 건축가들이다.

## 혼란에 대처하기

진정한 멀티태스킹은 아주 희귀하지만(**3장 참조**), 탐험가들은 여러 입력신호에 대한 반응에서 일반적으로 평균 이상의 능력을 보인다. 주의력을 나누어 쓸 줄 알기 때문이다.[31]

## 확실성과 조심성

건축가 유형 중심의 팀은 위협을 기피하고 분위기가 지루해질 수 있다. 그러나 건축가가 없는 팀은 집중력과 분별력이 흐트러질 수 있다.

## 마감시한 준수

도파민에 의해 동기부여를 얻어 움직이는 탐험가들은 종종 일을 뒤로 미루는 약점을 보인다.[32] 일을 제때에 끝내지 못할 것이 걱정된다면 건축가 유형을 찾으라.

## 사기 북돋기

탐험가들은 도파민의 전형적인 특성인 낙천적 사고와 열의가 가장
풍부한 사람들이다.[33]

## 성과가 높은 팀

높은 성과를 내는 팀을 만들기 위해서는 각 구성원의 필요를 존중
하는 것이 특히 중요하다. 각 유형별 팀원을 위해서 유의해야 할 점은
다음과 같다.

**탐험가** ___ 탐험가들은 쉽게 지루해한다. 그들은 자극 정도가 높을 때
최고의 성과 영역에 도달할 수 있다. 그들은 늘 새로운 도전을 필요로
하기 때문에 틀에 박힌 업무로 부담을 주어서는 안 된다. 탐험가들은
참신한 아이디어를 떠올리거나 빠르게 사고할 수 있으니 이런 능력이
요구되는 활동에 참여할 기회를 제공하라.

**협상가** ___ 협상가들은 공감능력이 높고 큰 그림을 볼 줄 안다. 그들은
상사와 동료에게 친밀감을 느끼고, 그들로부터 인정을 받아야 한다.
협상가들은 해결되지 않은 분쟁에 대해 예민하며, 당신이 신뢰를 바탕
으로 그들을 인정해주는 분위기를 조성하지 않는다면 그들의 성과는
악영향을 받을 것이다. 협상가들의 장점은 사람을 다루는 능력과 언어

능력 같이 관련 없어 보이는 주제들 사이에서 연관성을 찾아내는 능력이다.

**지휘관** ___ 지휘관들은 의지가 강하며 고도로 분석적이다. 이들은 자신의 뛰어난 문제해결력과 체계화 능력을 활용할 수 있는 경쟁적인 환경에서 두각을 나타낸다. 지휘관들은 높은 테스토스테론 분비량 때문에 거칠며, 협상에 서투를 수 있다. 이들은 위계질서가 확고한 곳에서 더욱 잘 적응하며, 그렇지 않을 경우 공개적인 갈등의 위험이 높아진다. 지휘관들은 리더의 자리와 성공을 좋아한다. 그들에게서 이 즐거움을 빼앗지 마라!

**건축가** ___ 이름에서 알 수 있듯, 건축가들은 사회를 떠받치는 기둥이다. 당신은 그들이 언제나 업무와 책임을 끝까지 완수하리라는 것을 신뢰할 수 있다. 건축가들은 아주 체계적이고 충실하며 미래지향적이다. 하지만 예상치 못한 일정이나 합의안의 변화에 동요할 수 있다. 건축가들은 스스로의 일정을 세울 수 있는 자유와 평온하고 조용한 집과 같이 정돈된 환경에서 일을 할 자유를 필요로 한다. 건축가들은 뒤에서 조용히 일하는 일이 잦기 때문에 그들의 근면성, 충실함, 팀에 더하는 가치를 과소평가하지 않도록 주의해야 한다.

　　연인들을 위한 중매처럼 서로 다른 성격 유형 사이의 이해와 협력을 촉진하기 위해 적절한 커뮤니케이션 방식을 찾는 것은 중요하다. 또한 완벽하게 구성된 팀은 거의 없는 만큼, 각 팀원의 생물학적 선호도뿐만 아니라 다른 유형에게 하고 하지 말아야 하는 일들을 이해하고 적용하는 것은 더욱 중요하다. 다른 직원들의 성향이 당신과 완전히 다를지라도, 그들의 장점이 잘 활용될 때 당신 역시 유익을 얻을 수 있을 것이다.

## 직원 성과평가에도 성과평가가 필요한 이유

당신은 싱크대를 수리할 때 전기공을 부르지 않을 것이다. 당신이 불러야 하는 사람은 배관공이다. 또한 누군가 전기공에게 "당신의 전기 기술은 훌륭하지만, 배관 실력을 높이기 위해 더 노력하셔야겠네요"라고 이야기하는 일은 없을 것이다.

우리에게는 모두 장점과 단점이 있다. 많은 이가 장점을 자랑스러워하며 약점을 통렬하게 자각한다. 우리가 잘하는 일을 할 때는 주의력이 집중되고, 도파민 분비가 촉진되며, 종종 보람 있는 몰입의 상태에 빠져든다. 반면 우리가 잘하지 못하는 일을 할 때는 낙심과 좌절을 느끼며, 에너지가 소실될 때가 많다. 그런데 여키스-도슨의 뒤집어진 U(1장 참조) 그래프과 미하이 칙센트미하이의 몰입 모델(3장)을 참고할 때, 이런 상황에서는 실패가 일어날 확률이 높다. 그렇다면 당신은 리더로서 직원들의 동기부여요인과 에너지를 빼앗지 않도록 유의해야 한다.

성과평가 과정이 에너지를 앗아가고 동기부여를 꺾는다는 사실은 신경심리학자가 아니더라도 쉽게 알 수 있을 것이다. 2012년 CEB 기업리더십위원회Corporate Leadership Council에서 관리자, 근로자, 인사팀장을 대상으로 수행한 연구에 따르면, 성과평가 결과가 비효과적이거나 부정확하다고 생각한 응답자의 비율은 3분의 1 이상이었다.[34] 〈워싱턴포스트〉 기사 제목은 이를 더욱 간결하게 표현했다. '직장인 대부분 성과평가 꺼린다.'

회사마다 조금씩 차이는 있지만, 연례 성과평가는 보통 각 직원의 강점과 약점을 평가하고(단순히 숫자로만 평가하는 경우도 많지만 어떤 회사에서는 부연설명을 달기도 한다) 점수가 높은 영역에 대해 짧게 칭찬을 한 후 점수가 부족한 영역에 집중하면서 **성과평가 과정은 에너지를 앗아가고 동기부여를 꺾는다.** 다음 해에 약점을 개선할 가시적인 목표를 설정하는 형식으로 진행된다.

일반적으로 성과평가는 임금인상과 관련 있지만 임금인상을 기대하는 관리자나 직원은 거의 없다. 반대로 성과평가의 순간을 두려워하는데, 사실 놀랄 일도 아니다. 관리자들은 이 절차를 위해 많은 준비 작업을 해야 하며, 직원들은 평가 과정에서 좌절감을 맛보거나 최소한 스트레스를 받을 수 있다.

전기공이 배관 작업을 잘 모른다는 이유로 실패자라고 느껴야 할 이유는 없다. 마찬가지로 고객과의 소통능력이 탁월한 직원이 문서를 잘 작성하지 못한다고 낙담할 필요도 없다. 너무 많은 기업이 직원 개개인의 고유한 장점을 극대화하기보다는 약점을 바로잡으려고만 한다. 이 과정에서 골짜기의 깊이는 얕아지겠지만 꼭대기의 높이 또한 낮아질지 모른다. 직원들은 자신이 한 번도 두각을 나타낸 경험이 없는 분야의 실력을 키우기 위해 자신이 잘하는 영역을 소홀히 할 것이다. 많은 기업이 탁월성을 지향하는 대신 평범함 쪽으로 움직이려 하고 있는 것이다.

이런 상황은 종종 부조리한 결과를 초래한다. 우리 지인 중에는 세계적으로 손꼽히는 자동차경주선수가 있다. 하지만 그는 마이크를 들어야 할 때면 곤란한 기색을 보이곤 한다. 그가 연설 실력을 닦기 위해 세계 최고의 자동차경주선수가 된 것은 아닐 것이다. 마이크가 아닌 운전대를 잡았을 때 그의 실력은 확연히 드러났다. 그러나 그가 평범한 기업에서 일을 했다면, 그의 관리자는 도움을 준답시고 전 세계 누구보다 더 빠르게 코너를 돌 수 있는 그의 기술은 칭찬할만하지만 연습하는 시간을 빼서 연설법이나 토론법을 배우는 것이 좋겠다고 조언을 할지도 모른다. 결과적으로 세상은 훌륭한 자동차경주선수를 잃고 특출날 것 없는 연설가를 얻었을 것이다.

물론 직원들이 기준을 충족하지 못한다면, 일정 범위 내에서는 이를 개선시키기 위해 조치를 할 필요가 있는 것은 분명하다. 우리는 사람들의 성과를 0~5까지 또는 0~10까지의 점수로 매기지 않고 오직 네 가지 기준에 따라 분류할 것을 제안한다.

1. 허용 불가 수준
2. 허용 가능 수준

3.　전문적 수준

4.　최고의 수준


　일부 기업들이 채택한 평가 방식을 따른다면 어떤 직원이 4점인지 아니면 5점인지를 정확히 판단하기가 애매할 수도 있다. 그러므로 이 간단명료한 기준에 따라 직원들의 등급을 매기는 것은 상대적으로 용이할 것이다. 우리는 각 기업의 기준에 따라 직원들의 역량을 평가한 다음, 각 직원뿐 아니라 회사 전체에 최선의 효과를 가져다줄 방법을 그들에게 추천해줄 수 있다.

　어떤 직원의 기술 수준이 '허용 불가'라고 판단되었다면, 그 영역을 개선하기 위해 어떤 조치가 필요한 것은 틀림없다. 하지만 전통적인 성과평가와 우리의 방식이 다른 점은 여기에 있다. 우리의 목표는 직원들이 어려워하는 영역에서 그들의 실력을 최고로 끌어올리는 것이 아니다. 그 일은 절대 일어나지 않을 것이기 때문이다. 직원들을 자신이 아닌 다른 누군가로 바꾸려 시도하지 말자. 옛 격언처럼 '활주로가 아무리 길더라도 돼지는 하늘을 날 수 없다.'


　많은 연구에 따르면 특정 분야에서 탁월한 실력을 보이는 실험 참가자와 그렇지 않은 참가자의 두뇌 활동에는 뚜렷한 차이가 나타난다.[36] 또한 직원들이 어렵거나 부당하다고 여기는 업무를 할당받았을 때는 뇌에서 위협 반응이 일어나 이성적 사고에 일시적 합선을 일으키고 성공 가능성을 약화시킬 수도 있다.

어떤 이유에서든 '허용 불가'의 영역은 직원의 근본 기질이나 유전적 성질과 맞지 않거나, 단순히 직원이 싫어하는 영역일 수도 있다. 그

**활주로가 아무리 길어도 돼지는 하늘을 날 수 없다.**

런데 어느 선까지 이유는 별로 중요하지 않다. 우리 목표는 '허용 불가'의 수렁에서 그들을 건져내어 '허용 가능'의 단단한 지반에 올려놓는 것이다. 그 이상은 없으며, 우리는 여기에서 마침표를 찍는다.

직원 성과평가에도 성과평가가 필요한 이유 ─────

## 장점을 부각하라

우리가 허용 불가 수준을 허용 가능으로 끌어올린 후에는 직원의 장점을 향상시키는 데 대부분의 시간을 집중적으로 사용한다. 평범함으로 움직이는 대신 우리는 직원들이 세계적 수준을 달성하는 목적을 가지고 강점 개발에 매진하도록 장려한다. 또한 약점을 세세하게 파헤치는 성과평가와 달리, 장점을 토대로 진행하는 평가에서는 직원들이 두각을 나타내는 분야에서 느끼는 자부심과 동기부여를 활용하여 최고가 되는 것을 목표로 삼을 수 있도록 격려한다.

세계적인 자동차경주선수의 사례에서 그의 연설 실력은 아쉽게도 '허용 불가' 범주에 들어갔으며, 어떤 조치가 필요하다는 점은 확실했다. 그러나 우리는 그에게 대중 연설이나 토론수업에 등록하기 위해 연습시간을 줄이는 대신, 몇 가지 표현을 10개 국어로 말하는 법을 배우게 했다. 그 이후로 그는 어느 나라를 방문해도 대중들을 향해 그들의

모국어로 미리 잘 연습해둔 이야기를 몇 마디 할 수 있었다. 대중들은 여기에 폭발적인 반응을 보였다. 그는 그리 많지 않은 시간과 노력을 들여 '허용 불가'에서 '허용 가능' 수준으로 이동했으며, 자신이 속한 영역인 자동차경주에 대부분의 에너지를 집중할 수 있었다. 현지 언론과 추가적인 소통이 필요할 때는 '최고의 수준' 등급에 있는 대변인이 관련 업무를 위임받아 처리했다. 이것이 바로 다양성이 작동하는 방식이다.

팀별 평가는 개인 평가와 분명히 다르지만, 기본적인 접근법은 동일하다. 주안점은 전문가로 구성된 팀을 만들어 그들이 자신의 강점을 최대한 발휘하는 한편, '허용 불가' 수준의 기술을 '허용 가능' 수준으로 끌어올리되 그 이상을 목표하지 않음으로써 최소한의 시간과 에너지만을 사용하는 것이다. 다음에 나오는 단계들은 우리가 세계 전역에 있는 팀을 위해 추천해주었던 방법을 요약한 것이다.

1. 팀의 성공을 결정지을 KPI(핵심성과지표) 목록을 작성하라.
2. 개별 직원들의 특징을 파악하라.
3. '허용 불가' 영역을 파악하고 '허용 가능'으로 끌어올리되 그 이상을 목표로 하지는 말아라.
4. 궁극적으로 '최고의 수준'을 달성하는 목적을 가지고 개별 직원들이 장점을 개발하도록 장려하며 팀 내 자부심을 고취시켜라.
5. 특정 영역에서 팀이 달성할 수 있는 최고 등급이 '허용 가능'일 경우, 그 영역에서 '최고의 수준'의 등급을 성취한 사람을 찾아 영입하라.

팀과 팀 구성을 위한 교훈은 간단하다. 모든 사람이 모든 일을 할 필요는 없다. 서로 다른 영역에서 좋은 실력을 발휘하는 사람들을 적절히 조합할 수 있도록 힘써라. 특정 분야에서 전문가 또는 그 이상의 실력을 보유하는 사람들을 찾으라. 리드 리차드가 자신의 몸을 투명하게 만들 수 없어도 괜찮다. 수잔 스톰이 팀에 존재하는 이유가 무엇이겠는가. 마찬가지로 아무도 감정기복이 심한 10대 조니 스톰이 팀의 리더

**모든 사람이
모든 일을
할 필요는 없다.**

가 될 것이라고 기대하지 않는다. 연장자이고 더 현명하며 경이로운 유연성을 지닌 리드 리차드가 그 역할을 담당할 것이다. 그러나 스스로 불꽃덩어리가 되어 하늘을 가르는 능력이라면 '최고의 수준'의 자격은 단연 조니에게 있다. 바위처럼 단단한 '더 씽' 벤 그림의 힘은 말 그대로 힘에서 온다. 서로 다른 능력과 접근법을 지닌 사람들의 전문성이 조합된다면, 팀에 진정한 의미의 다양성이 피어날 것이다.

## 핵심포인트

**사람들은 서로 다르다** __ 사람들의 성격이 제각각 다른 것은 근본적으로 유전적 소인 때문이다. 이로부터 당신은 직장에 있는 사람들이 저마다 다른 욕구를 지닌다는 사실을 유추할 수 있다. 또한 그들의 필요를 존중하며 이를 최대한 유연하게 수용하기 위해 노력한다면, 사람들은 훨씬 더 행복하게 일을 하며 더 나은 성과를 낼 것이다.

**판타스틱4** __ 러트거스대학교의 헬렌 피셔 박사가 고안한 과학적인 심리 측정 도구에 따르면 네 개의 신경화학물질로 인해 탐험가, 건축가, 지휘관, 협상가라는 네 개의 주요 성격 유형이 만들어진다.

**탐험가와 건축가** __ 탐험가들은 새로운 자극에 민감한 도파민체계로부터 유전자를 물려받은 자극추구형의 사람들이다. 그들은 낙천적이며 창의력이 뛰어나다. 성실성, 안정감, 신뢰성으로 인정받는 건축가들은 안정 및 행복과 관련 있는 세로토닌체계의 특징을 보인다.

**지휘관과 협상가** __ 테스토스테론체계의 활발한 활동으로부터 영향을 받는 남성(여성)들은 지휘관 유형이다. 그들은 과단성과 논리성을 활용하여 뛰어난 전략을 세울 줄 안다. 에스트로겐이 우세하는 특징을 보이는 여성(남성)들은 협상가 유형이다. 이들은 직관적이고 동정심이 많으며 언어적 표현에 능하고 탁월한 사회적 기술을 보유하는 경우가 많다.

**UN처럼 보이는 팀에도 다양성이 결여될 수 있다** __ 서로 다른 사람들로 구성된 그룹이 늘 다른 방식으로 사고하는 것은 아니다. 사람들의 다양한 외모와 배경이 아닌 다양한 기술과 성격 유형에 따라 팀의 성공이 결정된다.

**최고의 수준** __ 사람들을 다방면에서 원만한 실력을 갖추게 만들려고 노력하는 대신, 당신의 팀에 필요한 한두 가지 영역에서 최고 수준의 능력을 갖춘 사람들을 영입하라. '최고의 수준'을 달성하도록 돕는 목표를 가지고 그들이 이미 갖춘 소질을 계발하게 하라.

**장점을 부각하라** __ 팀원의 약점을 다룰 때는 '허용 불가' 수준을 '허용 가능' 수준으로 옮기는 것 이상을 바라지 않아야 한다. 그리고 남은 시간은 한두 가지 영역에서 '최고의 수준'을 달성한다는 목표 하에 그들이 장점을 개발하는 데 집중하라.

**전문가를 파악하라** __ 당신의 팀에 가장 필요한 기술의 목록을 만들고 목록에 따라 사람들의 순위를 매겨라. 이 작업을 거친 후 모든 사람들은 '나는 왜 이 팀에 있는가?'라는 중대한 질문에 분명하고 자신감 있게 답할 수 있을 것이다.

**돼지에게 하늘을 나는 법을 가르치지 말고 새를 고용하라** __ 약점을 강점으로 발전시키려는 전략은 실패할 것이 자명하다. 그 대신 팀에 필요한 기술 분야에 천성적으로 소질을 갖춘 인재를 새로 고용하라.

**모두에게 적용되는 법칙은 없다** __ 모든 사람이 모든 분야에서 좋은 실력을 보일 것이라고는 기대하지 마라. 그러나 모든 팀원이 어떤 한 분야에서 장점을 지니는 것은 중요하다. 각 사람의 구체적인 장점에 따라 그들을 성장시켜라.

# 8장
# 신뢰를 구축하라

신뢰는 금전보다 팀을 더 효과적으로 묶어준다

건포도 한 알이 세상을 바꿨다고 말해도 과언은 아닐 것이다. 1990년 대 초, 이탈리아 파르마대학교 과학자들은 짧은꼬리원숭이들이 건포도나 견과류 같이 작은 음식을 집을 때 운동피질에서 일어나는 신경 활동을 관찰했다. 그들은 물건을 집는 행동에 관여하는 한 가지 뉴런을 정확히 포착했다. 해당 뉴런은 원숭이가 음식을 집을 때마다 활성화되었고, 연구진들은 실험실에 설치된 스피커를 통해 신경세포 활동에서 발생한 소리가 증폭된 것을 들을 수 있었다.

그런데 어느 날 놀라운 일이 일어난다.

원숭이와 모든 사람들이 휴식을 취하는 동안 박사과정에 있는 한 학생이 간식을 먹으려고 했다. 학생은 가장 가까이에 보이는 간식을 집었는데, 그것은 공교롭게도 원숭이를 위한 건포도였다.

그런데 갑자기 원숭이 두뇌에 연결된 증폭기로부터 뉴런이 활성화될 때 발생하는 친숙한 소리가 들려오기 시작했다. 과학자들은 크게 놀라고 말았다. 그 순간 원숭이가 아무런 행동을 하지 않았음에도 불구하고 원숭이의 두뇌는 평소 음식을 집으려고 할 때 전송하는 것과 동일한 신호를 보내고 있었다. 어떻게 이런 일이 가능했을까?

실험실에서 일어난 요행으로 지아코모 리조라티 Giacomo Rizzolatti 박사와 그의 연구팀은 현대 신경과학에서 아주 중요한 발견을 이루었다. 원숭이의 두뇌, 그리고 우리가 이제 알고 있듯 인간의 두뇌에는 우리가 특정 행동을 직접 할 때뿐 아니라 타인이 같은 행동을 하는 것을 목격할 때도 동일하게 활성화되는 신경세포인 '거울뉴런체계'라는 기능이 존재한다.

그런데 더 놀라운 사실은 이것이다. 두뇌는 우리 자신의 행동과 우리가 목격하는 타인의 행동을 거의 구분하지 않는다는 사실이 연구를 통해 밝혀졌다. 실제로 우리가 다른 사람과 함께 있을 때, 우리 두뇌는 끊임없이 주변 사람이 하는 행동을 거울처럼 반사시킨다.

많은 신경과학자들은 거울뉴런이 공감능력뿐만 아니라 모든 인간 커뮤니케이션의 토대를 이룬다고 주장한다. 리조라티 박사는 〈뉴욕타임즈〉에서 '거울뉴런은 우리가 개념적 추론이 아닌 직접적 자극을 통해 다른 사람들의 마음을 파악하게 한다. 생각이 아닌 감정을 쓴다는 말이다'라고 알기 쉽게 표현했다.[1]

이 발견은 인간 본성에 대한 우리의 이해에서 패러다임의 변화를 야기했다. 이로 인해 충분히 확립된 이론들 중에서도 많은 부분이 재평가되거나 폐기되어야 할 것이다. 이 중대한 돌파구에 의해 가장 먼저 타격을 받았던 유명한 연구는 에이브러햄 매슬로가 진행한 것이었다.

## 피라미드 이론

만약 당신이 고등학교나 대학교 심리학수업에서 배운 내용 중에 단 한 가지만을 기억할 수 있다면, 그것은 아마 매슬로의 '욕구 단계' 이론일 것이다. 뚜렷한 피라미드 형태를 이루는 각 단계는 먼저 호흡할 공기, 마실 물, 먹을 음식 등과 같은 생리적 욕구로 시작하여 안전, 소속감과 애정, 존경의 욕구로 이동하며, 매슬로가 '자아실현'이라고 표현한 가장 높은 단계에서 끝이 난다.

매슬로의 업적은 인정을 받을만하다. 피라미드 이론은 기억하기 쉬울뿐더러 신비롭고 영감을 주기도 하는 천재성을 담고 있다. 많은 사람이 이것을 오랫동안 기억한다는 사실에는 의심의 여지가 없다.

그러나 안타깝게도 매슬로의 이론에는 최첨단 신경과학이 지지해 줄 수 있는 근거가 결여되어있다. 욕구 단계 이론은 현대 심리학의 근본 교리로 여겨지지만, 이를 뒷받침하는 과학적 자료는 거의 없다고 볼 수 있다. 신랄한 비평가 헨리 루이스 멩켄이 언젠가 "인간의 모든 문제에는 잘 알려진 해결책들이 있다. 그것들은 명쾌하고, 그럴듯하며, 잘못되었다"라고 말했듯이 말이다. 우리가 평생 두뇌 능력의 10퍼센트만을 사용한다는 잘못된 믿음처럼, 이 이론은 타당한 근거 때문이 아니라 단순히 옳은 이야기처럼 들렸기 때문에 수백만 명의 상상력을 자극했다.

그러나 당신이 아주 잠깐 갓난아이의 처지를 생각해보기만 해도, 아기가 양육자의 도움 없이는 단 몇 시간도 살아남을 수 없다는 사실을 금방 깨달을 수 있을 것이다. 인간의 생존에 있어 사회적 욕구가 절대적으로 필요한 이유가 여기에 있다. 그러므로 사회적 욕구는 피라미

**우리는 본질적으로 사회적인 동물이다.**

드의 중간이 아닌 맨 아래 부분을 차지해야 한다. 우리가 태어날 때부터 관계에 대한 깊은 갈망은 몸에 깊이 배어있으며 평생 동안 사라지지 않는다. 인간인 우리는 본질적으로 사회적인 동물이다.

리더로서 이 핵심진리를 간과하는 것은 엄청난 위험을 각오하는 셈이다. '집단역학'을 이루는 대부분의 행동양식은 우리가 주변 사람들을 적 혹은 친구로 평가하는 행위에 전적으로 달려있다. 2장에서 배운 대뇌변연계의 주요 회로인 보상과 위협은 우리가 주변 사람을 대하는 태도에 상당 부분 영향을 준다. 우리는 새로 만나고 함께 일하는 모든 사람을 재빨리 평가한다. 모든 타인은 기본적으로 '우리'와 '그들'이라는 두 진영으로 분류된다.

생존이라는 목적 때문에 우리의 기본설정값은 주변 사람들을 '그들' 진영에 속한 것으로 간주하는 것이다. 우리는 그렇지 않다는 증거를 얻을 때까지 그들을 우리 존재에 대한 위협으로 여길 것이다. 두뇌는 자신의 경험을 바탕으로 '유비무환'을 신조로 삼았다. 이로 인해 우리는 심리학자들이 '회피 행위'라고 부르는 투쟁, 도피, 경직 반응을 보이거나 최소한 신중하게 행동하기로 결정한다. 회피 행위의 이면에는 동일하게 원시적인 반응으로서 신뢰의 감정을 토대로 타인을 '우리' 진영에 귀속시키는 '접근 행위'가 존재한다. 우리가 무기를 버리고 경계를 늦추며 사람들에게 마음을 열도록 유도하는 것이 바로 접근 행위다.

그 누구도 '그들' 진영에 평생 머물러야 할 운명에 있거나, '우리' 단체의 평생 멤버십을 보장받는 것은 아니다. 가장 가까운 가족을 제외하고 거의 모든 사람들이 '그들'에서 출발하지만, 우리는 다양한 방법을 통해 신뢰를 구축함으로써 주변 사람들의 회피 행위를 점진적으로 감소시키는 한편 접근 행위를 장려하여 '우리' 진영의 자랑스러운 회원이 될 수 있다.

물론 '우리'와 '그들'의 구별은 상황적 맥락에 따라 크게 좌우된다. 같은 기업 내에 있는 라이벌 격의 두 부서는 평소에 서로를 '그들' 진영에 있는 것으로 간주하겠지만, 두 팀에 똑같이 영향을 미칠 도전에 직면하게 된다면 상황은 바뀔 것이다. 이들의 기준틀은 갑자기 변화하고, 그들은 함께 협력하기 시작한다. 재치 있는 리더들은 종종 경쟁 상황은 물론 경제침체나 불확실한 미래 같은 위협적인 상황을 외부의 적으로 인식시킴으로써 팀 내부의 신뢰를 구축한다. 정치인들 역시 유권자들을 통합시키려는 목적으로 비슷한 수법을 사용한다. 이와 마찬가지로, 어떤 상황에서는 '그들' 사고체계를 장려하는 것이 득이 될 수도 있다. '우리' 사고체계는 협동과 신뢰를 북돋는 반면, '그들'은 동기부여와 집중력을 증진시킬 수 있다.

상대적으로 더욱 안정적으로 보이는 '우리' 상태 역시 불안정할 때가 있다. 사랑받는 사람들이나 높은 평가를 받는 동료들도 가끔씩 신임을 잃는다. 뇌스캔자료를 면밀히 관찰한 사회인지 신경과학자들은 실제이든 착각이든 사회적 거절이나 방치, 신뢰의 저버림을 경험한 사람들이 신체적 상해만큼의 고통을 느낀다는 사실을 발견했다. 실제로 당신이 나뭇가지로 얻어맞거나 날아오는 돌에 맞았을 때 활성화되는 두 뇌 영역은 당신이 사람들에게 거절당하거나 놀림을 받을 때 활성화되는 영역과 동일하다. '막대기와 돌은 내 뼈를 부러뜨릴 수 있지만, 말은 내게 상처를 입힐 수 없다'라는 격언이 있지만, 사실 비방을 받는 일은 거의 항상 당신에게 상처를 입힌다.

누군가 또는 무언가가 당신에게 고통을 입혔다면, 회피 행위는 당연할 뿐만 아니라 현명한 반응이다. 만약 믿었던 누군가가 당신에게 상처를 주거나, 배신을 하거나, 단순히 실망시키기만 하더라도 그들은 자신이 '우리' 진영에서 쫓겨나 '그들' 진영으로 복귀했다는 사실을 깨달을 것이다. 게다가 이런 상태적 변화는 무의식적으로 일어날 수도 있다. 대뇌변연계가 전전두피질에 고지하지 않고 재배치 작업을 수행할 수도 있기 때문이다.

당신이 리더라면 팀이나 조직 전반의 분위기가 화목할지의 여부와 생산성이 높을지의 여부가 단순히 무의식 반응이나 순전한 우연으로 결정되는 것을 용인할 수 없을 것이다. 당신은 가능한 예측 가능한 범위에서 원하는 결과를 얻을 수 있게 하며, 재량에 따라 활용할 수 있는 도구들이 필요하다.

## 스카프의 조직

매슬로의 피라미드 이론이 상당 부분 잘못되었다는 사실이 밝혀진 상황에서 우리는 어떤 시사점을 얻을 수 있을까? 《일하는 뇌》의 저자 데이비드 록은 사회인지 신경과학 분야에서 최근에 발견된 사실들을 바탕으로 새로운 사회적 상호작용 모델을 고안했다. 이 모델은 피라미드 같이 뚜렷한 형태를 가지지는 않지만 SCARF라는 이름 덕분에 쉽게 기억할 수 있다.[2]

　SCARF의 다섯 가지 머리글자는 특정 그룹이 접근 행위와 회피 행위 중 어떤 특성을 보일지 예측하게 하는 다섯 가지 요소로, 각각 지위Status, 확실성Certainty, 자율권Autonomy, 관계감Relatedness, 공정성Fairness을 뜻한다. 각 요소의 레버를 긍정적인 방향으로 바꾸는 것은 프로젝트나 제품 또는 기업의 성공에 중대한 영향을 줄 수 있다. 거울뉴런을 이해한다면, 리더로서 당신은 좋은 본보기를 보이고 긍정적 변화를 장려해야 할 독보적 위치에 있다는 사실을 분명히 알 수 있을 것이다. 당신이 팀 안에서 난관이나 마찰을 감지한다면 SCARF 모델을 문제 진단 도구로 활용하여 문제가 있는 영역을 집어내고 모든 팀원들이 다시 궤도에 오를 수 있도록 도움을 줄 수 있을 것이다.[3]

스카프의 조직 ───

## 지위

지위란 용어는 값비싼 시계나 멋진 자동차 혹은 엄청난 액수의 보너스를 연상시킬지도 모른다. 이것은 맞는 이야기지만 늘 그런 것은 아니다. 리더십 관점에서 지위란 사람들이 당신과 상호작용을 한 후 느끼는 감정을 지칭한다. 사람들이 당신과 소통한 후 스스로 더욱 중요하고 가치 있으며 인정받는 사람이라고 느끼는가? 아니면 자신이 쓸모없고 열등하며 인정을 받지 못하고 있다고 느끼는가?

진화적 관점에서 인간은 스스로가 집단의 핵심구성원이라고 믿고 싶어 한다. 한 연구에서 영업사원의 68퍼센트가 자신이 엘리트 집단에 속한다는 것을 알리는 '별' 표시를 명함에 싣기 위해 상당한 액수의 커미션을 포기한다는 사실이 드러났다. 이상하게 들릴지도 모르겠지만, 그들은 별이 상징하는 지위를 돈보다 더욱 중요하게 인식했다.[4]

당신은 리더로서 선택권을 가지고 있다. 당신이 팀원들을 대하는 방식에 따라 그들이 스스로 가치 있으며 변화를 만들어낸다고 느끼게 만들 수도 있고, 스스로 열등하며 하찮은 존재라고 느끼게 만들 수도 있다.

동료들을 진정으로 존중하는 태도를 유지하고, 당신이 그들을 정말로 신뢰하고 귀중히 여긴다고 믿게 만들어라. 가식적으로 행동하라는 의미가 아니다. 사람들이 긍정적인 자아관을 갖지 못한 상태에서 긍정적 확언을 시도했을 때와 마찬가지로(2장 참조) 진실하지 못한 태도로 동료들의 환심을 사려는 시도는 역효과를 낳을 수 있다. 우리는 스스로 중요한 사람이라고 느끼고 싶어 한다. 당신은 직원들이 스스로 중요하다고 느끼게 만드는 리더인가 아니면 그들의 가치를 깎아내리는 리더인가?

스카프의 조직 ————
## 확실성

우리 뇌는 끊임없이 미래를 예측하려 한다. 철학자이자 인지과학자인 대니얼 데닛에 따르면 인간은 '예측 기계'이기도 하다.[5] 우리는 대뇌변연계의 활동을 토대로 '이 사람은 나를 편하게 하는가, 불편하게 하는가?'와 같은 판단을 하면서 끝없이 결론을 내리고 예상하는 내용을 수정한다. 확실성은 미래의 예측과 깊게 관련되어있다.

당신이 평소보다 일찍 퇴근해서 러시아워의 교통체증을 뚫고 해외에서 입국하는 친척을 마중하러 공항에 간다고 상상해보자. 그러나 간신히 시간에 맞춰 터미널에 도착한 당신은 알림 화면에 친척이 탑승한 항공편이 없다는 사실을 깨닫는다. 항공기가 연착하거나 비행이 취소되었다는 공지 등, 그 어떤 정보도 얻을 수 없는 상황이다.

당신이 근처에 있는 항공사 직원에게 걱정스럽게 질문을 쏟자, 그녀는 차분하게 당신에게 연락처를 건네며 "현재는 아무런 추가 정보를 제공할 수 없다"라고 이야기한다. 또한 그녀는 확실한 새로운 소식이 있다면 당신에게 자동 음성메시지가 갈 것이라고 약속한다. 그러나 불행히도 이런 방식의 대응은 당신의 혈압이 치솟고 코르티솔이 빠르게 분비되어 극도의 긴장을 느끼게 만드는 위협 상태에 빠지게 할 것이다.

다행스럽게도 대부분의 항공사들은 이미 오래 전에 불확실한 상황에서 이런 방식으로 고객을 응대하는 것이 잘못되었다는 것을 배웠다. 그래서 그들은 일반적으로 다음과 같이 대응할 것이다. 그들은 당신에게 터미널을 떠나지 말고 가능하면 직원의 안내를 바로 들을 수 있는 거리를 유지하며, 10분 간격으로 업데이트될 친척의 항공편 상태를 지속적으로 확인하라고 권고할 것이다. 기본적인 상황에서 변한 것은 하나도 없지만, 항공사는 능숙하게 '내용의 안전content safety'을 '형식의 안전process safety'으로 바꾼 것이다. 비행의 운명은 여전히 수수께끼로 남았지만, 이에 대처하는 형식은 그렇지 않았다. 이 정도의 미묘한 변화만으로도 극도로 예민한 이들을 제외한 대부분 사람들의 위협 반응을 중화 및 안정시키기에는 충분하다.

꼭 항공사가 아니더라도 다양한 직장에서 우리는 역경의 시간을 포함한 각종 상황에서 확실성을 유지시켜줄 효과적인 절차를 도입할 수 있다. 당신은 비록 직원들이 갈망하는 내용의 안전을 제공해주지는 못할 수도 있지만, 형식의 안전을 제공하는 일은 가능할 것이다.

예를 들어, 해고 시즌이 다가오는 상황에서 대다수의 직원들은 '내가 해고자 명단에 있을까?'라고 두려워하며 위협 모드에 빠져있을 것이다. 그럴 때 당신은 각각의 단계를 자세하게 계획하고 직원들에게 공유함으로써, 해당 절차에 대한 정확한 이해를 통해 어느 정도의 안도감을 얻을 수 있게 유도할 수 있다. 이 정도만 해도 회사 전역에 울려 퍼지는 위협 반응의 볼륨을 낮출 수 있을 것이다.

개인이 불안감을 느낄 때는 자기보호 본능이 발동되고 관계가 소원해지는 반면, 안정감은 사람들을 뭉치게 한다. 당신의 업무처리 과정이 더욱 투명할수록 사람들은 더욱 안전하다고 느낄 것이다. 결과가 불확실하더라도 형식의 안전이 보장된다면, 사람들은 일이

**우리 두뇌는 끊임없이 미래를 예측하려 한다.**

어떤 단계로 일어날 것인지를 아는 데서 오는 위안을 얻을 것이다. 확실성 감각의 중심부에는 SCARF 모델의 또 다른 핵심요소인 자율권의 바탕을 이루는 통제감이 있다.

## 자율권

부유한 가정에서 자란 한 동료는 어린 시절 상처로 남은 특이한 경험을 했다. 그가 장난감 기차든 작은 레고 세트든 관심 있는 장난감을 우연히 언급할 때면, 그의 아버지는 바로 달려가 그가 이야기한 장난감의 가장 비싼 고급 모델을 사오곤 했다. 그러나 소년은 고마운 마음보다는 갑갑한 기분이 들었다. 게다가 그가 무언가에 아주 작은 관심만을 보여도 아버지는 그 분야의 전문가가 되는 것을 사명으로 삼는 듯 했다. 아버지의 의도는 좋았겠지만 아들은 괴로워했다. "장난감들에 대한 흥미가 금방 사라졌어요. 그 장난감들이 정말 '내 것'이라는 기분이 한 번도 들지 않았거든요"라고 그는 이야기했다.

아버지가 아들에 대한 사랑을 표현하려고 한 일들로 소년이 어린 시절 내내 고통을 받았다는 것이 이 이야기의 역설이다. 우리가 세미나에서 이 예화를 나눌 때면, 참석자들은 거의 예외 없이 이 역설의 의미를 이해하고 자신을 되돌아보며 잠시 정적에 잠기곤 했다.

요즘은 우리 동료의 아버지 같은 사람들을 '헬리콥터 부모'라고 부른다. 그런데 비즈니스 세계에서도 이런 현상은 흔하며, 그런 사람들을 부르는 명칭은 더욱더 잘 알려져 있다. 그들은 '마이크로매니저micromanager'라고 불린다. 아무리 좋은 의도였다 하더라도, 세세한 일까지 전부 통제하려 하는 마이크로매니지먼트는 원치 않는 부정적인 결과를 불러올 것이 자명하다. 이것은 우리가 가장 소중히 여기는 것들 중 하나인 자율권에 대한 직접적이고도 파괴적인 공격이다.

자율권은 스트레스에 대항하는 제1의 방어물이다. 우리에게 자극을 주고 영향력을 떨치는 리더들 중 놀랍도록 많은 이(프랭클린 루즈벨트 대통령에서 흑인인권운동가 넬슨 만델라까지)가 빅토리아 시대의 시 '인빅터스invictus'의 마지막 연을 삶의 철학으로 삼았다.

문이 얼마나 좁으며,

얼마나 많은 형벌이 나를 기다리는지는 문제 되지 않는다.

내 운명의 주인은 나이고

내 영혼의 선장도 나이기 때문이다.

그럴 자격이 있는지 여부와 상관없이, 사람들은 스스로 운명의 주인(심리학자들은 덜 시적인 '통제위치'라는 용어를 쓴다)이라고 느낄 수 있을 때 기분이 나아지고 스트레스도 감소한다. 당신이 프리젠테이션을 위한 준비 작업으로 꼭두새벽까지 일을 할 때, 일을 하는 이유가 상사의 명령일 때와 당신이 스스로 선택했기 때문일 때의 차이는 엄청날 것이다. 그 차이를 만드는 것이 자율권이다.

리더로서 당신은 팀원들이 회사를 떠나 스스로 회사를 차리지 않더라도 그들이 충분한 자율권을 누리고 있다고 생각하게 만들 수 있는 여러 방법을 시도해볼 수 있다. 한 가지 방법은 당신과 팀원이 함께 수립한 목표를 이룰 수 있고, 팀원이 그렇게 하기를 원한다는 가정 하에 그들이 자신의 스타일에 따라 일을 할 수 있는 자유를 주는 것이다. 7

장에서 우리가 배웠듯, 가장 강력하고 유능한 팀은 가장 다양한 팀인

**자율권은
스트레스에 대항하는
제1의 방어물이다.**

경우가 많으며, 요구된 업무를 서로 다른 기준과 스타일에 따라 처리하는 것이 바로 다양성이다. 리더로서 당신이 서로 다른 업무 방식을 수용할 줄 안다면, 각 구성원의 자율권에 대한 감각을 향상시킬 수 있을 것이다. 이는 결과적으로 만족도를 높이는 동시에 스트레스를 줄이고, 가장 중요하게는 생산성을 향상시키며 성공적인 팀을 만들어줄 것이다.

스카프의 조직 ─────
## 관계감

당신은 고통이 한 가지의 감각으로 이루어졌다고 생각할 수 있다. 하지만 사실 고통은 두 가지의 서로 다른 두뇌 영역에서 비롯된다. 뇌의 뒤쪽에 자리를 잡고 있는 체성감각피질과 후측뇌섬엽은 고통의 감각 측면을 탐지한다. 이와 동시에 배측전대상피질과 전측뇌섬엽은 고통의 괴로움 측면을 담당한다. 이로 인해 우리는 고통을 유쾌하지 않은 것이라고 느낀다.[6]

놀라운 점은 신체적 고통과 사회적 고통에 대한 두뇌의 반응이 거의 동일하다는 것이다. 실제로 우리 삶에서 가장 고통스러운 경험 중에는 사랑하는 사람의 죽음이나 이별, 호감을 느끼는 사람이나 그룹으로부터의 거절 등과 같이 사회적 성격을 띠는 것들이 일정 부분을 차지한다. 또 한 가지 놀라운 점은 아스피린이나 아세트아미노펜 같은 진통제

가 신체적 고통을 완화시키는 것과 마찬가지로 사회적 고통도 경감시키는 효과를 지닌다는 것이다![7]

다른 팀원이 일만 잘 해낸다면 그들의 고통이 당신과 무슨 상관이겠냐고 생각할지도 모르겠다. 하지만 고통을 느끼거나 위협감을 느끼는 사람들이 최고의 성과를 발휘할 가능성은 희박하다는 사실을 기억해야 한다. 계획 수립, 집중, 창조에 필요한 능력을 위협 반응이 약화시키기 때문이다.

한 연구팀은 사이버볼Cyberball이라는 게임을 통해 사회적 고통의 영향력을 보여주었다. 참가자들은 다른 두 선수와 함께 공을 주고받는 게임을 했는데, 상대 선수들은 사실 영리한 컴퓨터 프로그램이었다. 피실험자가 공을 던지고 받는 데 점점 능숙해질수록 비디오게임을 할 때와 마찬가지로 보상 반응이 일어났다.[8] 그러나 다른 두 선수가 갑자기 공을 주고받는 행위에서 인간을 제외시키자, 피실험자의 두뇌에서는 신체적 고통과 동일한 반응이 나타났다.[9]

직장이라는 배경과 관계감의 관점에서 무엇을 배울 수 있는가? 팀원들은 서로 잘 협력하는가? 중요한 이메일에는 모두의 이름이 빠짐없이 포함되어있는가? 혹시 누군가 자리를 비운 것이 눈에 띄지는 않는가? 어느 날 아침 당신이 출근했을 때 모든 동료들이 지난밤 바비큐 파티가 얼마나 재미있었는지에 대해 활기차게 이야기를 나누고 있지만, 당신은 초대조차 받지 못했다는 사실을 깨달았을 때의 고통은 명치를 강타당했을 때만큼 강력할 수 있다. 실제로는 사회적 고통이 더 크게 다가올 때도 많다. 사람들은 소외되거나 배척되었다고 느낄 때 아파한다. 문자 그대로 아프다는 뜻이다.

관계감을 향한 우리의 욕구나 배척에 대한 반응은 우리 조상들이 작은 무리를 지어 생활하던 선사시대를 떠올리게 한다. 그 시대에 무리에서 내쫓기는 것은 사형선고를 받는 것과 다를 바 없었다. 이러한 배경으로 우리는 현재까지도 배척당하는 상황을 위협으로 인식한다. 사회적 유대관계의 단절은 우울증과 불안감의 가장 큰 위협요소다. 타인과 얼마나 건강한 관계를 유지하는가의 문제는 우리가 얼마나 오랫동안 살 수 있는가를 결정하는 주요인이다.[10]

당신이 그룹 구성원들과 더 끈끈한 관계를 쌓고 싶다면 시간을 투자해야 한다. 당신은 함께 일하는 사람들의 가족 상황을 알고 있는가? 새로운 팀원이 합류할 때 그들을 포용할 수 있는 분위기를 조성하는가? 아니면 베테랑과 신입 직원들 사이에 무언의 사회적 장벽이 존재하는가?

캘리포니아 마운틴뷰의 구글을 방문했던 어느 금요일, 우리는 캠퍼스의 가장 큰 강당에서 특별활동이 진행되는 것을 보았다. 우리를 안내하던 직원이 이 모든 소동의 원인을 설명해주었다. 그들은 구글 공동창립자인 래리 페이지와 세르게이 브린이 참석하는 전사회의를 준비하고 있었고, 창립자들은 1시간 동안 회사의 새로운 계획을 공유하고 직원들에게 질문을 받을 예정이었다. 행사 분위기는 포용적이었고, 직원들은 아무런 제한 없이 질문을 할 수 있다고

**우리는 배척당하는 상황을 위협으로 인식한다.**

했다. 이 회의는 연중행사도, 분기행사도, 월별행사도 아닌 매주 일어나는 행사였으며, 내부적으로는 TGIF라는 이름으로 알려져 있었다. 이 모임의 주요 안건은 내부기밀이었지만, 이들이 관계감을 얼마나 중요하게 여기고 있는지를 깨닫기에는 충분했다.

요악하자면, SCARF의 R은 훌륭한 관계를 의미한다.

스카프의 조직 ————
**공정성**

당신이 아무도 없는 거리에서 떨어진 5달러 지폐를 본다면 그것을 가져가겠는가? 우리 대부분은 그럴 것이다. 그러나 방금 복권에 당첨된 가까운 친지가 우리에게 5달러를 주겠다고 한다면, 대부분의 사람은 이를 거절할 것이다. 어떤 차이가 있을까? 차이점은 공정성에 있다. 대부분의 사람들은 불공정한 합의를 하느니 차라리 아무것도 얻지 않는 편을 택한다.

공정성의 열쇠는 인식이다. 주어진 상황이 실제로 공정하든 불공정하든, 우리가 어떻게 인식하는가가 중요하다. 공정성의 판단은 감정적인 반응이다. 당신이 공정하게 대우받는다고 느낄 때는 보상 반응이 촉진된다. 실제로 신체적 쾌감(예를 들면, 초콜릿을 먹는 것)에 반응하는 두뇌 부위가 똑같이 공정성에도 반응한다.[11] 이 반응은 단순히 동일노동 동일임금과 같은 사회적 성격만을 띠는 것이 아니라 우리 안에 내재되어있는 것처럼 보인다.

한편 불공정한 대우를 받고 있다는 모든 종류의 인식은 일종의 투쟁, 도피, 경직 반응을 촉진한다. 불공정한 제안은 신체지각을 처리하는 두뇌 영역인 섬엽에 인식된다. 우리는 동등한 대접을 받지 못할 때 '육감'으로 느낀다. 게다가 이미 스트레스를 받고 있는 사람들은 설사 그렇지 않다 해도 상황을 더욱 불공정하게 보기 마련이다.

사람들은 회사의 보너스 지급 상황이나 팀의 조직이 부당하다고 인식할 때 아주 강력한 위협 반응을 보인다. 공정성은 단순히 '올바른 일을 하는 것'을 훨씬 뛰어넘는다. 비즈니스 세계에서 공정성은 업무성과, 이직률, 결근율 등의 영역에서 가시적인 영향력을 발휘한다.[12]

사람들이 사랑에 빠지거나, 자녀를 갖거나, 포옹이나 악수를 했을 때도 분비되는 강력한 '포옹 호르몬'인 옥시토신은 공정성의 인식에 있어 놀라울만한 효과를 일으킨다. 연구자들은 코에 스프레이를 뿌리는 방식으로 옥시토신을 투여받은 사람들이 더 많은 돈을 기부하는 경향이 있다는 사실을 발견했다.[13] 마찬가지로 불공정한 대우를 받은 사람들은 사전에 옥시토신을 뿌렸을 때 불평등에 대해 신경을 덜 쓰는 경향을 보였다.

옥시토신은 왜 공정성에 대한 일반적 반응에 변화를 일으킬까? 다른 많은 경우와 마찬가지로, 여기에는 진화적인 배경이 있다. 옥시토신은 연인과 가족에게 유대감을 형성시키며, 그들을 충성스럽고 이타적으로 만든다. 우리는 아이를 보살피기 위해 외부인을 고용하기도 하지만 자녀에게 먹이고 입히는 비용을 청구하는 부모는 없을 것이다. 이는 부모자식의 관계가 본질상 금전적이지 않기 때문이다.

그런데 인정하기는 어렵지만 무시하기도 쉽지 않은 사실은 팀원 간의 관계 또한 근본적으로 금전적이지 않다는 것이다. 만일 당신이 고객과 좋은 관계를 형성했다면 고객이 사사건건 깐깐한 태도를 유지할 확률이 적어지기 때문에 더 원활하게 협상을 진행할 수 있을 것이다. 사람들이 돈을 두고 입씨름을 할 때는, 실제로는 돈보다는 지위나 공정성을 문제로 삼는 경우가 보통이다. 사람들은 자신의 공로가 인정을 받아야 한다고 생각하기 때문이다. 이런 상황에서 그들이 받는 돈은 화려한 자동차를 위한 계약금이나 호화로운 외식비로 쓰일 수 있는 능력 등의 고유의 가치로서 인정을 받는 것이 아니다. 팀에 대한 기여도가 인정되고, 그들이 정당한 대우를 받는다는 사실을 보여주는 척도가 된다.

당신의 직장에서 옥시토신을 도입할 수 있는 임시방편을 찾는 대신 결속력 있고 협동적인 팀을 실현하기 위해서는 오래 걸리지만 보람 있는 옛 방식을 채택하여 옥시토신의 분비를 촉진하는 것이 훨씬 가치 있을 것이다. 지위, 확실성, 자율권, 관계감, 공정성으로 이루어진 SCARF 모델을 한 병에 **공정성의 열쇠는 인식이다.** 담거나 코에 뿌리는 스프레이로 만들 수는 없을 것이다. 그러나 이 다섯 요소들은 회사들이 흔히 겪는 질병에 대한 분명하고 가시적이며 오랜 치료제이자 신뢰를 키워줄 믿음직스러운 처방전이 되어줄 것이다.

## 핵심포인트

**거울, 거울 __** 우리가 특정 행동을 할 때와 타인이 특정 행동을 하는 것을 목격할 때 동일하게 활성화되는 신경망이 존재한다.

**모범을 보여라 __** 거울뉴런의 발견이 우리에게 주는 교훈은 명확하다. 당신이 리더라면 주변 사람들은 당신의 행동을 따라할 것이다. 이 말은 다른 사람의 행동과 기분에 당신이 강력하고 중요한 영향을 끼친다는 뜻이다.

**보상이 성과를 움직인다 __** 사람들은 보상 상태에 있을 때 더 나은 성과를 낸다. 즐거움으로 인식되는 것이라면 무엇이든 보상에 대한 기대감을 주며 접근 행위를 일으킨다. 한편 우리에게 부담을 주거나 불쾌감을 주는 모든 것은 정반대인 회피 행위를 야기할 수 있다.

**스카프의 조직 __** SCARF 모델은 접근 행위와 회피 행위에 대한 실제적 반응에서 위협을 최소화하고 보상을 최대화하는 것을 목표로 한다. SCARF의 다섯 글자는 지위, 확실성, 자율권, 관계감, 공정성을 의미한다.

**지위 __** 지위의 척도는 사람들이 당신과 상호작용을 한 후에 느끼는 감정이다. 리더인 당신이 팀원들을 정말 존중받고 있다는 기분에 들게 한다면, 그들은 스스로 멋진 변화를 만들어낼 수 있다고 믿게 될 것이다.

**확실성 __** 우리 두뇌는 끊임없이 미래를 예측하려 한다. 우리는 불확실한 상황에서 불안감을 느끼며 위협 반응을 나타낸다. 반면, 우리가 확실성을 인식할 때 보상감이 찾아온다. 리더인 당신이 모든 상황에서 불확실성을 제거할 수는 없지만, 절차를 투명하게 공개하기 위해 노력할 수는 있을 것이다.

**자율권 __** 사람들은 스스로가 자기 운명의 주인이라고 느낄 때 기분 상태가 개선되고 스트레스가 줄어든다. 팀원들이 스스로 원하고 함께 설정한 목표를 달성할 수 있다는 조건 하에서 리더는 팀원들에게 자신의 스타일에 따라 업무를 할 자유를 줌으로써 그들의 자율권을 높일 수 있다.

**관계감** __ 사람들은 유대감을 느낄 때 더 좋은 성과를 낸다. 당신과 팀원들 사이의 유대감을 강화하기 위해 배려가 넘치고 포용적인 분위기를 조성하고 당신의 시간을 투자하라.

**공정성** __ 이윤을 극대화하려 하지 말고 관계의 질과 공정성을 최대로 끌어올려라. 우리 뇌는 때때로 타인이 공정한 대우를 받는 것을 보기만 해도 보상 반응을 일으킨다. 한편, 우리가 어떤 형태로든 부당한 대우를 받고 있다는 느낄 때는 위협 경보가 울릴 수 있다. 당신이 리더로서 공정한 분위기를 조성한다면, 모든 직원들뿐 아니라 수익을 포함한 모든 측면에서 유익을 얻을 수 있을 것이다.

**스카프를 직장으로** __ 당신은 직원들의 필수적인 욕구를 충족시키고, 동료 간의 상호작용을 늘리며, 갈등 상황을 방지하거나 중재하고, 변화관리 절차를 활성화하기에 최적화된 업무 환경을 조성하기 위해 SCARF 모델의 다섯 글자를 활용할 수 있다.

# 9장
# 미래의 팀으로 성장하라

팀원들을 행복하게 만들고
최고의 성과를 내는 두뇌친화적 시스템

높은 성과를 내는 팀들은 대부분 그들의 노력을 인정받게 될 시간을 기대한다. 그런 점에서 이 팀도 예외는 아니었다. 이들은 몇 년 동안 80억 달러 이상의 매출을 올렸고, 전 세계인들의 인정을 받는 브랜드를 확립했다. 이 팀의 공동창립자들은 일반적인 은퇴 나이가 지났지만, 2014년 호주 멜버른에서 무대에 올랐을 때, 그들의 발걸음은 젊은이처럼 생기 있고 가벼웠다. 이들이 무대에 등장하자 청중들은 마치 록스타를 만난 것처럼 우레와 같은 환호를 보냈다. 여기에는 그만한 이유가 있었다. 멋진 성과를 내는 이 팀의 구성원들은 실제로 록스타들이었기 때문이다.

1962년에 결성된 이 팀은 데뷔 초기부터 로큰롤계의 악동이라는 수식을 얻었다. 1963년 비틀즈가 런던 팔라디움에서 브로드웨이의 인기곡을 재해석하여 마가렛 공주와 왕대비 앞에서 매력을 발산하는 동안, 롤링스톤스는 적나라하고 블루스적인 가사와 함께 대중 앞에서의 반항적 행위로 악명을 얻고 있었다. 부모부터 성직자까지 모든 사람들이 롤링스톤스를 피하라는 엄격한 경고를 내리고 있었다.

그러나 불과 7년 후, 존 레논과 폴 매카트니 사이의 불화로 비틀즈는 해체했지만, 롤링스톤스는 여전히 한 팀을 유지하고 있다. 롤링스톤스가 평소 콘서트 규모에 비해 적은 인원인 만 명의 관객을 대상으로 멜버른의 로드레이버아레나에서 공연을 펼쳤을 때, 멤버들이 함께해온 기간은 50년 이상이었다. 같은 해 초, 그들이 이스라엘 텔아비브에서 공연을 했을 때는 네 명의 멤버 전원의 나이가 공연 국가의 나이보다 더 많다는 흔치 않은 영예를 얻기도 했다.

두뇌에 대한 예리한 통찰을 통해 비즈니스 리더들이 최고의 성과를 달성하도록 도우려는 목적으로 쓴 책에서 롤링스톤스를 롤모델로 제시했다는 사실이 의외로 느껴질 수도 있을 것이다. 그러나 그들을 더욱 심도 있게 탐구한다면, 팀으로서 '현실사회'의 변화와 도전을 함께 직면하고 극복하며 최고의 기량을 발휘하게 할 방법을 알려줄 훌륭한 본보기를 얻을 수 있을 것이다.

미래의 팀을 실현하기 위해서 당신은 구성원들이 이미 가지고 있는 장점들을 기초로 팀을 구성하고, 성공과 역경의 시간에 팀원들이 행복을 잃지 않게 하며, 최고의 성과와 최대의 만족를 실현시켜줄 시스템을 만들어내야 한다.

## 강점을 바탕으로 팀 구성하기

최고의 성과를 내는 팀을 만드는 데 있어 팀원을 훈련시키는 것보다 더 중요한 것은 유능한 인재를 고용하는 것이다. 훈련도 중요하지만 훈련에는 한계가 있다. 그 사람에게 없을지도 모르는 재능을 기르고 훈련하는 데 시간과 돈을 투자하는 것보다 팀에 필요한 재능을 갖춘 사람들을 발굴하여 고용하는 데 투자하는 것이 훨씬 합리적이다. 이상적인 팀은 재능 있는 인재들로 구성되어있고, 구성원들의 실력이 나날이 향상되는 곳이다. 리더들은 모든 팀원을 다재다능하게 만들려고 노력하기보다는 재능 있는 사람들을 그 분야의 스타로 만드는 일에 역점을 두어야 한다. 최고의 전략은 당신에게 필요한 능력을 갖춘 팀원들을 선발하고 그들의 장점을 연마하게 하는 것이지, 팀원들이 재능을 갖추지 못한 분야에서 전문가가 되도록 훈련시키는 것이 아니다.

그러므로 재능을 발굴하는 능력은 상당히 중요하다. 기자들에게 뉴스거리를 알아보는 능력이 필요하다면, 성공적인 리더가 되기 위해서는 재능을 식별할 줄 아는 능력을 갖추어야 한다.

## 인재를 알아보는 것 ────

우리의 동료 중 한 사람은 대형 신문사의 편집장으로 일을 했었다. 그가 채용할 신입 직원들은 끊임없는 마감의 압박을 견디면서 지면을 재빨리 꾸미기 위해 출판 프로그램을 능숙하게 다룰 줄 알아야 했다. 자연히 대부분의 지원자들은 해당 프로그램의 입문 과정 수업을 듣고 지원서에 자랑스럽게 그 사실을 올려두었다.

그러나 안타깝게도 변수가 거의 없는 편안한 교실에서 프로그램을 사용하는 것과 마감시한에 맞춰 급박하게 흘러가는 편집실에서 프로그램을 사용하는 것에는 엄청난 차이가 있었다. 그는 지원자들에게 지면

한 쪽의 레이아웃을 맡겼다. 이 프로그램을 사용해본 '경험'이 있다고 적어 낸 지원자들 중 많은 이가 그리 어렵지 않았던 이 과제에서 형편없는 실력을 보였다.

그러던 어느 날, 우리 동료는 다른 분야에서는 인상적인 자질을 보유했지만 회사에서 요구하는 출판 프로그램을 사용한 경험이 전혀 없는 지원자와 면접을 진행했다. 이력서에 이렇게 뚜렷한 결격사유가 있다면 보통은 자동적으로 고려 대상에서 제외되겠지만, 지원자가 이미 현장에 와있었고, 마침 컴퓨터 자리도 비어있었기 때문에 동료는 그녀에게 기회를 주기로 했다. 지원자는 이 프로그램을 한 번도 본 적이 없었지만 동료의 말을 완벽히 파악했으며, 과제를 정확하게 이해했다는 사실을 바로 알 수 있었다. 지원자는 지면 한 쪽을 빠르고 정확하게 만들었으며, 추가 작업을 하겠다는 열의를 보였다.

이 경험은 인재의 발굴에 관한 인상적인 교훈을 주었다. 대부분의 지원자가 업무에 필요한 기술을 배우기는 했지만, 진정한 재능을 가진 사람은 거의 없었다. 그들은 최소한의 연습으로 습득한 지식과 기술로 자신을 치장하려 했지만, 재능을 갖춘 사람들에게서만 나타나는 깊이와 유연함을 따라잡을 수는 없었다.

또한 이 경험은 우리 동료에게 결단력에 대한 귀중한 교훈을 주기도 했다. 그때까지 면접을 본 지원자들 중에 프로그램 관련 경험이 없었던 이 여성이 가장 유능하다는 사실은 쉽게 알 수 있었지만, 해당 직책에 맞는 사람을 뽑기 위한 인터뷰 일정이 아직 몇 개 남아있었고, 그는 모든 지원자들이 면접을 볼 때까지 최종결정을 미루기로 마음먹었다. 그러나 즉각적인 결정을 내리지 않았던 그의 선택은 큰 대가를 치르게 했다. 전형이 아직 진행되는 동안 재능이 있던 여성은 경쟁 신문사에 빠르게 채용되었고, 그곳에서 그녀는 인상적인 커리어를 시작했으며, 출판계에서 재빠른 성장을 이어나갔다. 반면 해당 직책의 빈자리를 채울 인재가 절실히 필요했던 동료는 업무에 필요한 기술을 피상적으로 알고 있었지만 눈에 띄는 재능을 보이지는 못했던 다른 지원자를 채용할 수밖에 없었다.

이 이야기의 교훈은 아주 간단하다. 재능을 발견했을 때는 얼른 붙잡아라. 그러나 조심해야 한다. 연습으로 터득한 반복되는 업무에 대한 처리능력을 진짜 재능과 혼동해서는 안 된다. 특정 인물의 재능에 대해 오랫동안 영향이 있을 최종결론을 내리려면,

**재능을 발견했을 때는 얼른 붙잡아라.**

그 전에 재능을 올바로 평가해야 한다. 어떤 재능들은 쉽게 보이지 않고, 천천히 드러난다. 어떤 능력들은 처음에는 재능처럼 보일지라도 알고 보면 연습을 통해 형성되었으며, 아주 한계가 많은 반복적인 업무에 불과할 수도 있다.

### 진정한 재능을 알아보기 ────

멕시코 음식을 좋아하는 내 친구는 일주일에 몇 번씩 근처 멕시코 식당에 가서 점심으로 늘 쌀과 콩으로 만든 부리또를 주문했다. 음식은 맛있었고 직원도 친절했다. 그의 방문횟수가 늘어나자 직원들은 그를

알아보고 그가 무엇을 주문할지 예상할 수 있게 되었다. 그런데 친구가 한 번도 다른 메뉴를 주문한 적이 없었는데도 불구하고, 카운터의 여성 종업원은 늘 미소를 지으면서 잊지 않고 "슈퍼 사이즈인가요, 보통 사이즈인가요?"라는 질문을 하곤 했다. 그러면 친구는 늘 "보통 사이즈로 주세요"라고 대답을 했다. 친구는 이 반복적인 절차가 불필요한 것처럼 보였지만, 직원은 "잘 지내시죠?"라고 물어보고, "예, 그럼요"라는 대답을 듣는 작은 의식을 살사 소스를 앞에 두고 치르는 것처럼 보였다.

그런데 어느 날 식당에서 평소처럼 주문을 한 친구는 팁을 줄만한 잔돈을 가지고 오지 않았다는 사실을 깨달았다. 주머니를 뒤졌지만 아무런 수확을 얻을 수 없었던 그는 카운터에 있는 여성 직원에게 "1달러를 잔돈으로 바꿀 수 있을까요?"라고 질문했다.

질문을 한 그는 직원의 반응에 충격을 받았다. 그녀는 최면에라도 걸린 듯 멍한 눈빛을 하고 입을 떡 벌렸다. 그녀가 친구의 말을 전혀 이해하지 못했다는 것을 확실히 알 수 있었다. 그제야 친구는 직원이 단 몇 개의 영어 질문과 대답만을 배웠기 때문에 대본을 벗어난 질문에는 대답을 할 수 없다는 사실을 깨달았다. 식당의 종업원은 진정한 언어 재능을 보유한 것이 아니라, 7장의 자동차경주선수처럼 몇 개의 주요 표현을 외울 줄 알았던 것뿐이었다.

어떤 사람들은 정말 재능을 가지고 있지만, 어떤 사람들은 그저 업무처리에 필요한 몇 개의 기술을 습득했을 뿐, 상황이 변하고 예측하기 어려울 때는 적절히 대처하지 못한다. 물론 정확히 이런 상황에 비즈니스의 운명이 달려있는 경우가 빈번하다는 것이 문제다.

## 재능은 타고난다

여론조사기업으로 잘 알려진 갤럽은 재능 연구 분야에도 수십 년을 헌신해왔다. 갤럽은 재능을 "자연스럽게 되풀이되며 생산적으로 활용될 수 있는 생각, 느낌, 행동의 패턴"이라고 정의했다.

    사람들이 자신의 재능을 사용하는 것은 단순히 멋진 일이 아니라 필수적인 일이다. 평생 피아노를 본 적도 없는 사람이 평생 피아노를 연주해온 피아니스트보다 타고난 재능을 보유할 수도 있다. 지근을 가지고 태어났지만 육상 훈련을 받은 사람은 속근을 가지고 태어났지만 늘 앉아서 시간을 보내는 사람보다 더욱 빨리 달릴 수 있을 것이다. 그러나 이 게으른 사람이 드디어 자리를 박차고 일어나 훈련을 받기로 결심한다면, 그때는 이야기가 달라진다!

재능은 타고난다

### '빈 서판' 이론 뒤집기

당신의 아버지와 어머니가 학창 시절 성적이 좋았다면 당신도 그럴 확률이 높다는 사실이 상당히 많은 자료를 통해 입증되었다. 이것은 단순히 지능의 문제가 아니다. 킹스컬리지 런던의 연구팀은 성격, 자기효능감, 행동 문제 같은 다양한 성과 관련 요인들도 유전적 영향을 받는다는 사실을 밝혀냈다.[1]

유전자는 때때로 당신의 기질에 영향을 끼치며, 기질은 재능에 영향을 줄 수 있다. OCEAN이라는 약자로 알려진 5대 성격 특성은 개방성Openness, 성실성Conscientiousness, 외향성Extraversion, 동조성Agreeableness, 신경성Neuroticism으로 이루어져 있다. 사람들은 이런 특성에서 유전적 연관성을 규명하려는 연구를 시작했다. 성격 특성은 재능과 다르지만 종종 특정 재능을 구성하는 요소가 되기도 한다.

이와 비슷하게, 스트레스에 대한 반응이나 자극을 추구하는 정도 역시 유전자의 영향을 받을 수 있다. 최근 과학자들은 체중이나 감정 반응 등의 기능을 활성화하는 신경펩타이드Y 분자의 발현에 영향을 끼치는 유전자 변형체를 식별해냈다. 어떤 사람들이 남들보다 스트레스를 더욱 잘 견뎌내는 이유를 설명하는 데 사람마다 서로 다른 신경펩타이드Y의 분비량이 도움이 될 수도 있다.[2] 한편, 도파민 D4 수용체의 변형체가 자극 추구에 영향을 줄 뿐 아니라, 여전히 뜨거운 논쟁거리이긴 하지만, 약물 남용에 대한 취약성을 높일 수도 있다는 가설이 제기되었다.[3]

이 분야의 연구가 성장함으로써 우리가 배울 수 있는 것은 17세기 영국 철학자 존 로크가 대중화한 '빈 서판(백지 상태)' 이론이 시대에 뒤떨어졌다는 사실이다. 우리는 과학에 기초한 현대 연구를 통해 모든 인간이 동일한 백지 상태로 태어나지 않으며, 각 사람들의 타고난 능력에 맞게 그들을 대우하는 것이 합리적인 처사라는 사실을 배울 수 있다.

이 주제를 언급하는 것만으로도 많은 사람에게서 위협 반응을 일으킬 수 있지만, 우리는 사람들 고유의 차이점에 대해 마음을 열어 솔직한 대화를 나누는 것이 그들에게 유익을 가져다주는 일이라고 생각한다. 각자의 장점이 빛나고, 이들의 개인적 필요가 충족되는 환경에서 일을 할 수 있게 한다면, 더욱 수월하고 재미있게 업무를 하고 성공적인 결과를 낳을 확률을 높여줌으로써 세상을 더 나은 곳으로 만들어줄 수 있다는 것이 우리의 지론이다.

오해는 금물이다. 유전자가 반드시 우리 운명을 결정하는 것은 아니다. 그러나 당신이 특정 영역에서 '타고난 재능'이 부족하다면 상황이 더 어려워질 수는 있다. 예를 들면, 우리가 단순히 유전자 배열 때문에 수학에서 낙제를 받을 운명에 처하지는 않을 것이다. 당신은 끈기와 연습을 통해 최소한의 능력을 얻을 수 있다. 그러나 그 이상으로는, 아무리 더 많은 노력을 기울여도 전혀 결실을 맺지 못할 수도 있다. 특히 당신이 천성적으로 더 잘하고 즐기는 전문 분야가 있다면 더욱 그럴 것이다.[4]

재능은 타고난다 ─────

## 후성유전: 무엇이 당신의 유전자를 발현시키는가?

누군가 도화선에 불을 붙이기 전까지 폭탄은 그리 위협적인 존재가 아니다. 비슷하게, 누군가 초에 불을 붙이기 전까지 생일 케이크는 그리 대단한 축제 분위기를 주지 못한다. 불이 붙지 않은 폭탄이나 생일 케이크처럼, 모든 유전자가 우리의 출생과 동시에 활성화되는 것은 아니다. 이 중에는 누군가 불을 붙여줘야 하는 것도 있다. 후성유전학이라고 불리는 매력적인 분야는 식단, 스트레스, 심지어 부모의 애정 같은 외적 요소가 어떻게 우리 유전암호에 영향을 주는지 보여주는 입증자료를 제공한다. 특정 유전자에 불을 붙일지 여부를 결정하는 성냥 역할을 하는 것이 바로 후성유전체다.

## 재능은 변하지 않는다 ────

신학자 라인홀드 니버는 '평온을 비는 기도'로 유명하다.

> 신이시여,
>
> 바꿀 수 없는 것을 받아들이는 평온을
>
> 바꿀 수 있는 것은 바꾸는 용기를
>
> 또한 그 차이를 구별하는 지혜를 주옵소서.

기묘하게도 이 기도문의 중심을 관통하는 기본메시지는 리더들이 꼭 명심해야 할 교훈이기도 하다. 당신의 직원들로부터 변화시킬 수 있는 것들이 있고, 절대 변화시킬 수 없는 것들이 있다. 그 차이점을 인지하는 것이 중요하다. 바꿀 수 있고 없고를 결정하는 본질적 요소는 재능이다. 기술 역시 근육과 마찬가지로 시간이 지나면서 발전하거나 약화될 수 있으나, 재능의 경우

**당신의 직원들로부터 변화시킬 수 있는 것들이 있고, 절대 변화시킬 수 없는 것들이 있다.**

는 동일하게 남아있다. 재능이 있다면 일부 기술을 육성 및 발전시킬 수 있겠지만, 불행히도 재능이 없는 경우라면 아마 그럴 수 없을 것이다.

## 재능 vs 강점 ────

필요한 유전자를 가지고 태어나는 행운이 따랐다 해도, 재능이 얼마나 뛰어난지와 상관없이 단지 재능을 보유하고 있다고 해서 성공이 보장되지는 않는다. 재능은 연마될 수도, 낭비될 수도 있는 선천적인 능력이다. 재능은 기술과 지식의 습득을 통해 생산적으로 활용될 때 강점이 된다.

기술은 훈련과 연습을 통해 학습될 수 있는 기본능력을 뜻하며, 특정 상황에 한정되어 사용된다. 이를테면, 어떤 기계의 조작법을 배우는 것이 기술이다. 여기에는 판매대의 계산기나 자동차를 다루는 것 등이 모두 포함된다. 누구도 운전능력을 선천적으로 가지고 태어나지는 않는다. 운전은 습득이 필요한 기술인 것이다. 이와 비슷하게, 당신은 처음으로 컴퓨터 마우스를 사용하고 여러 종류의 컴퓨터에서 조금씩 다르게 사용법을 배우던 어색한 경험을 기억할 것이다. 어떤 것은 직관적이고 또 어떤 것은 조금 더 배우기 수월하기도 하지만, 이 모든 것은 동일하게 기술의 범주에 든다.

기술이 연장이라면 지식은 기술을 보관하는 연장통이다. 우리가 축적한 전문성의 집합체이며 우리 경험의 저장창고라는 뜻이다. 지식의 원천은 우리가 알고 기억하는 기술과 정보이며, 종종 한 상황에서 다른 상황으로 정보를 전송하는 능력에 의존한다. 당신이 폭스바겐을 타고 처음으로 운전하는 법을 배웠다면, 갑자기 BMW 핸들을 잡게 되더라도 모든 것을 처음부터 다시 배워야 할 필요는 없다. 처음으로 운전법을 배우는 것은 기술이다. 그러나 이것을 배운 이후에 모든 종류의 차를 운전하는 능력은 주로 지식 그리고 연습에 따라 좌우된다.

## 연습이 완벽을 만드는가?

'1만 시간의 법칙'은 1993년 스웨덴 심리학자 안데르스 에릭슨의 연구에서 제기되었으며, 2008년에 출간된 말콤 글래드웰의 《아웃라이어》를 통해 대중에게 널리 알려진 개념이다. 이것의 기본아이디어는 당신이 1만 시간의 연습을 한다면 그 어떤 영역에서라도 거의 확실히 성공을 이루리라는 것이다.

1만 시간의 법칙은 매력적이지만 옳지 않은 생각이었다. 안타깝게도 무언가를 숙달하는 데 있어 연습의 역할은 중요하지만, 연습의 효과는 분야에 따라 크게 달라진다. 프린스턴대학교 심리학자 브룩 맥나마라Brooke N. Macnamara는 메타분석 연구를 진행하며 '계획적인 연습이 중요한 것은 사실이지만, 현재까지 주장되어온 것만큼 중요하지는 않다'라는 결론을 내렸다.[5]

이것은 구체적으로 무엇을 의미하는가? 맥마나라와 동료들은 연습이 우리 성과에서 차지하는 비율이 대략 12퍼센트에 불과하다는 사실을 발견했다. 연습으로 가장 큰 본전을 뽑을 수 있는 분야는 연습의 기여도가 약 26퍼센트인 체스 등의 게임으로 보인다. 연습은 음악 영역에서 21퍼센트의 차이를, 스포츠에서는 18퍼센트의 차이를 만들어 냈다. 역설적이게도 연습이 가장 적은 효과를 미치는 영역은 직업으로, 기여도는 1퍼센트 미만이었다.[6]

## 연습의 한계

연습은 어떤 문제를 해결해줄 수도 있지만 만병통치약은 아니다. 당신이 무언가를 숙달하기 위해 투자한 모든 시간이 제 가치를 발휘하려면 반드시 재능이 따라야 한다. 그러므로 훈련을 가장 잘 활용하는 방법은 이미 재능을 갖춘 사람들이 그 영역에서 더 성장하도록 돕는 것이다.

수준 미달의 영역을 식별하고 향상시키는 것을 주안점으로 두는 기업문화에서 훈련은 종종 실력이 저조한 직원들이 성과를 따라잡도록 돕는 기회로 오인된다. 그러나 안타깝게도 우리는 사람들이 이미 가지고 있는 재능을 드러내고 연마시킬 수 있을 뿐이지, 새롭게 재능을 창조해낼 수는 없다. 개구리에게 입을 맞추고는 마술처럼 왕자로 변하길 기대할 수는 없다.

실용성이라는 측면에서 재능이 없는 사람의 재능을 육성하려는 시도는 거의 항상 시간과 돈의 낭비로 이어진다. 당신과 상대방에게 좌절감을 줄 뿐 아니라 주변에 있는 사람 모두에게 방해가 될 수 있다. 사실 당신이 팀원들의 에너지와 동기부여를 뺏어갈 확실한 수단을 찾고 있다면, 그들이 잘하지 못하거나 즐기지 못하는 업무를 맡기면 된다. (그런데 당신은 아마 이 두 가지가 보통 함께 다닌다는 사실을 깨닫게 될 것이다. 사람들은 자신이 잘하는 일을 더 즐기고, 잘하는 일에서 에너지를 얻으며, 잘하지 못하는 일을 두려워하거나 싫어한다. 반대의 경우는 거의 없다.)

우리는 가장 큰 재능을 보이는 분야에서 가장 많은 것을 배우고 성장할 것이다. 심리학자들은 오래전부터 이 사실을 알고 있었다. 60년도 더 전, 읽기 속도 향상에 초점을 맞추어 진행한 네브래스카대학교 연구에서는 아주 놀랍고 예상하지 못했던 결과가 도출되었다. 실력이 가장 크게 성장한 참가자들은 이미 읽기 속도가 빠른 학생들이었다. 학생들은 자신이 취약한 분야를 개선하려고 노력할 때보다 이미 가지고 있는 재능을 발전시키려고 노력할 때 오히려 더 많은 것을 얻었다.[7]

똑같이 연습을 해도 재능을 보유한 사람들은 재능이 없는 사람보다 더 많은 발전을 이룬다. 또한 당신의 학습 및 성장 가능성이 가장 적은 분야는 바로 당신이 취약한 영역이다. 우리가 장점을 강화하는 일을 더 잘 해내는 이유는 이 길에 방해물이 가장 적기 때문이다. 이는 우리가 보상감을 더 잘 느낄 수 있다는 의미다.

물론 그렇다고는 해도 재능 있는 사람들에게 근무시간이 끊임없는 재미와 유희의 순간인 것은 아니다. 모든 사람은 때때로 즐기지 않는 일을 해야 한다. 예를 들어, 우리 주변에 세금 납부나 기저귀 갈기, 러시아워의 통근전쟁, 쓰레기 내다버리기 같은 일을 학수고대하는 사람은 거의 없을

**개구리에게 입을 맞추고는 마술처럼 왕자로 변하길 기대할 수는 없다.**

것이다. 그런데 보통은 우리가 좋아하는 일들과 이로부터 얻는 기회가 성가시지만 상대적으로 금방 처리할 수 있는 일을 훨씬 능가한다. 그렇지 않다면 당신은 직업을 잘못 선택했거나 최소한 잘못된 자리에 있는

것이다. 리더로서 당신은 직원들을 자신의 재능을 최대한 잘 활용할 수 있는 자리와 상황에 배치할 줄 알아야 한다.

직원들과 잘 맞지 않는 곳에 그들을 남겨두지 말아라. 그들의 타고난 조건을 바꿀 수 없다면, 그들과 더 잘 맞는 환경으로 이동시켜주어라.

## 최고의 팀 유지하기

기업 임원 및 미국 국방장관 출신의 로버트 맥나마라는 "두뇌는 심장과 같아서 자신이 인정받는 곳으로 움직인다"라고 이야기했다. 당신이 전문가들을 모아 팀을 만들었다면, 이제는 이들이 행복하고 의욕적일 뿐만 아니라 그 무엇보다도 그들의 가치를 인정받고 있다고 생각할 수 있게 만드는 것이 꼭 필요하다. 이를 가능하게 할 수 있는 방법은 두뇌친화적인 환경을 조성하고 유의미한 인센티브를 제공하는 것이다.

### 두뇌친화적인 환경 만들기

미래의 조직은 팀을 하나로 뭉치게 해주고, 다른 한편으로 각 구성원의 차이를 수용함으로써 그들이 고유의 능력과 가치로 팀에 기여할 수 있게 만들어준다. 미래의 조직을 만들기 위해서는 감정의 탄력성과 조절력에 도움이 되는 방어요소(2장 참조) 및 획기적이고 혁신적인 협업의 필수요소인 다양성(7장 참조)이 함께하는 직장 환경이 필요하다. 여기에서 '환경'이란 단순히 벽이나 책상 등과 같이 전형적인 사무실을 이루는 편의시설만이 아닌 전반적인 업무 분위기를 지칭한다. 운동과 영양은 검증된 스트레스 방어요소일 뿐 아니라(**2장 참조**) 학습을 돕기 때문에(**6장 참조**), 운동과 영양이 실현될 수 있는 분위기를 조성하는 것이 매우 중요하다.

미래의 조직에서는 적절한 공조시설이나 최신 장비만큼 영양도 성공에 중요한 영향을 미친다. 그들은 회의시간을 위해 건강한 음식을 주문하고, 편리하게 이용할 수 있는 탕비시설을 만들어 직원들이 업무를 할 때 요구되는 영양을 적절히 공급받게 해줘야 한다. 외부에서 미팅을 진행할 때는 회의에서 오고갈 대화만큼이나 유익하고 영양가 있는 음식을 제공해야 한다.

신체 운동의 장려를 위해서도 비슷한 전략을 사용할 수 있다. 어떤 경우에는 단순히 괜찮은 샤워실과 탈의실을 설치하는 것만으로도 직원들이 자가용이나 대중교통 대신 자전거를 타고 출퇴근을 할 결심을 하도록 도우며, 회사 내에 웰빙 인식을 심어줄 수 있을 것이다. 세계 최대 온라인 호텔 검색사이트인 트리바고는 웰빙과 운동을 자사 기업문화의 필수요소로 삼았다. 트리바고의 공동창립자이자 전무이사인 말테 시워트Malte Siewert는 "골프, 복싱, 요가, 배드민턴 등 뭐든지 이야기만 하면 우리가 준비할 겁니다. 우리 HR부서에는 회사 안팎에서 직원 웰빙에 전적으로 집중하는 팀이 있습니다"라고 이야기했다.

두뇌친화적인 환경이 조성된다면 직원들은 직장에 나오기를 원할 것이다. 또한 여기에 적절한 인센티브가 더해진다면, 그들은 팀에 남기를 원할 것이다.

약 100년 전 양자역학의 발견으로 물리학 법칙이 완전히 새롭게 쓰였지만, 우리 대부분은 마치 이 혁명이 없었다는 듯이 인생을 살고 있다. 물론 그렇게 생각해도 아무 상관없는 영역도 많다. 그러나 문제는 관련이 있는 영역들이다. CD플레이어, 레이저 수술, 바코드 스캐너, 그리고 뇌과학자들에게 없어서는 안 될 fMRI 기계 같은 현대 문물들은 양자역학이 없었다면 이 세상에 존재하지 못했을 것이다.

그 정도로 중대하지 않을지는 몰라도, 비즈니스 세계에도 유사한 혁명이 있었다. 우리가 주로 돈에 의해서만 동기를 얻는다는 기본가정이 상당 부분 틀렸다는 사실이 밝혀진 것이다. 그럼에도 불구하고 여전히 많은 기업이 보상책을 제공하는 데 있어 직원들의 동기부여요인에 대한 구식 관념을 버리지 못하고 있다.

## 돈이 가장 중요한가?

어떤 행인이 당신을 붙잡아 세우고 길을 묻는다면 당신은 그에게 수고비를 요청하겠는가? 당신이 갓 구운 쿠키 한 접시를 사무실에 가져간다면 동료들에게 현금이나 카드로 가격을 지불하라고 요청하겠는가? 아, 그리고 집에서 쓰레기를 내다버리거나 설거지를 할 때는 수고비를 얼마나 받는가?

호모 에코노미쿠스Homo economicus라 불리는 경제적 인간 관념은 인간이 주로 자기애를 좇아 행동한다는 가설을 제시했다. 우리가 하나의 종으로서 인간의 행동양식을 선별적으로 관찰한다면 이 가설을 뒷받침할 만한 다수의 근거를 찾을 수 있을 것이다. 그러나 지난 25년간 수집된 방대한 자료들은 우리에게 '인간은 정말 과거에 주장되어온 것만큼 자기중심적인 존재인가?'라는 질문을 던져준다.[8]

주식시장에 투자하는 것과 같은 '비인격적 거래'의 사례에서 대부분의 사람들은 호모 에코노미쿠스 이론과 일치하는 행동양식을 보인다.[9] 그러나 당신이 부하 직원과 같이 이미 알고 있는 상대방과 직접적으로 상호작용을 하는 (심리학자와 경제학자들이 '인격적 거래'라고 부르는) 거래 상황에서 상황은 완전히 다르게 전개된다. 당신이 영영 다시 보지 못할 수도 있는 식당 직원에게 팁을 주는 이유도 이것이다.[10]

호모 에코노미쿠스 가설이 무비판적으로 널리 받아들여진 것은 진화생물학의 잘못된 해석 때문이다. 엄격히 말해서 인간은 이기적인 존재가 아니다.[11] 단지 우리의 유전자가 이기적일 뿐이다. 그런데 우리의 소중한 유전자의 미래를 보장해줄 가장 효과적인 수단은 이기심이나 경쟁이 아닌 이타심과 협력인 경우도 아주 많다. 인간은 본질적으로 사회적인 종이기 때문이다. 이것은 그저 우리의 기분을 좋게 해주는 소박한 철학이 아니다. 이 주장은 두뇌적 근거와 방대한 양의 과학자료로 뒷받침되고 있다.

유의미한 보상과 인센티브 제공하기 ————

## 보상책에 대한 새로운 관점

이 사실을 직장에서의 인센티브 제공에 어떻게 적용할 수 있을까? 걱정할 것 없다. 대체적으로 돈은 여전히 전 세계적으로 인정되는 가치평가 수단이자 보상 반응의 촉진제다. 그러나 이 모든 돈에는 한계가 있다. 돈에는 한계효용 체감의 법칙이 적용될 수도 있고, 경우에 따라서는 부정적인 효과를 일으키기도 한다. 또한 많은 사례에서 돈은 표준적이거나 금전적이지 않은 보상보다 경미한 효과를 낼 수도 있다.

보상에는 수많은 옵션이 존재하지만, 일반적으로 우리가 유념해야 할 주요 원칙은 두 가지다.

**1. 인센티브는 예상되지 못했을 때 더 강력하게 작용한다** ___ 대부분의 보상체계는 분기배당금, 연말성과급, 프로젝트 종료에 따른 격려금 등, 예상할 수 있는 보상을 근거로 지급된다. 그러나 안타깝게도 이러한 인센티브에 대한 기대감이 보상의 효과를 약화시킬 수 있다.

진정으로 우리 뇌를 자극하는 것은 참신성이다. 이 이유 때문에 미리 예상된 상은 뜻밖의 상보다 강한 영향을 주지 못한다. 실제로 과학자들은 뇌심부자극술이라는 기법을 통해 수십 년간 동물들에게서만 확인할 수 있었던 사실을 마침내 입증할 수 있었다. 뜻밖의 보상은 우리의 기분을 아주 좋게 만든다. 이것은 우리 뇌의 보상센터를 활성화함으로써 도파민 뉴런집합의 발화 속도를 크게 증가시킨다.[12]

**2. 개개인의 인센티브는 팀 전체에도 영향을 끼친다** ___ 팀원 개개인의 인센티브가 단순히 당신과 수령자만의 것이라고 착각해서는 안 된다. 상이나 보너스(특히 갑자기 주어졌을 경우)는 수령인으로부터 보상 반응을

일으킬 수 있지만, 그 외의 직원들로부터는 위협 반응을 일으킬 수도 있다. 인센티브가 공정하다고 인식된다면(8장 참조) 모든 사람들이 해당 직원을 축하하거나 최소한 이의를 제기하지는 않을 것이다. 그러나 당신의 보상처리 과정이 부당하고 편향되었다고 인식된다면 불공정성을 감지한 사람들의 반발로 인해 궁극적으로 인센티브에 따른 득보다 실이 더 많은 결과가 발생할 것이다.

대체로 이 두 가지 원칙은 인센티브를 정할 때 참고할 주요 지침이 될 것이다. 여기에 더하여 인지 신경과학과 행동경제 분야가 힘을 합쳐 인센티브 결정에 있어 무엇이 효과적이고 무엇이 효과적이지 않은지에 대한 여러 가지 예상 밖의 사실들을 밝혀냈다.

유의미한 보상과 인센티브 제공하기 ── 보상책에 대한 새로운 관점
### 아주 적은 보상은 보상을 하지 않는 것보다 나쁠 수 있다

지각하지 않고 정시에 출근하는 것 등과 같이 통상적 업무 범위에 속하는 일에 작은 금전적 보너스를 부여한다면 그 인센티브는 역효과를 낼 확률이 높다. 습관적으로 지각을 하는 사람은 계속 늦게 출근하기 위해 그 작은 보너스를 포기할 가치가 있다고 생각할 수도 있기 때문이다. 그는 정시에 출근하는 것이 자신에게 기본적으로 기대되는 업무 범위를 넘어서는 선택사항이라고 생각할 것이다.

그런데 이런 접근법은 당근으로서뿐만 아니라 채찍으로서도 똑같이 효력을 발휘하지 못한다. 한 어린이집은 아이를 늦게 데리러 오는

부모들 때문에 골치를 앓았고, 시간 엄수를 장려하기 위해 업무시간이 끝난 후에 방문하는 부모들에게 벌금을 물리는 제도를 도입했다. 그런데 공교롭게도 벌금제도는 정반대의 효과를 불러왔다. 부모들은 어린이집에 늦게 도착할 수 있는 편의가 추가비용보다 더 가치 있다고 생각하는 것 같았다. 퇴근 후 가족이 있는 집에 돌아가길 바라는 어린이집 직원들을 배려하는 사회적 약속이 금전적 성격을 띠게 된 것이다. 지각한 부모들은 벌금을 냄으로써 자신들이 거래상의 책임을 다했다고 믿었다. 요약하면, 너무 미미한 인센티브나 처벌은 상황을 더욱 악화시킬 수도 있다.

## 연봉인상이 성과를 저하시킬 때도 있다

회사에서 돈주머니를 쥐고 있는 사람이 누구든, 당신이 어떤 일이나 서비스에 대해 더욱 적은 보수를 주어야 한다고 그를 확신시키기는 어렵지 않을 것이다. 그런데 어떤 경우에는 더 낮은 임금이 오히려 더 좋은 결과를 가져다주기도 한다. 어떤 업무에 지나치게 높은 금전적 가치를 부여한다면 해당 업무의 중대성이 직원들에게 부담감으로 인식될 수 있다. 결과적으로 생산성이 저하될 정도로 큰 스트레스를 유발할 수도 있다.

이 사건의 주범은 노르아드레날린으로, 적정량이 분비되었을 때는 민첩성을 증가시키지만 과도한 분비량은 패닉을 유발하는 투쟁-도피 신경전달물질이다. 모든 직원들마다 분계점은 다르겠지만, 어떤 일에 너무 많은 것이 달려있다는 인식이 생긴다면 동기를 부여해주어야 할 도전이 그들을 쇠약하게 하는 위협으로 둔갑할 수도 있다.

물론 자극을 추구하는 성향이 극도로 강한 사람들은 아무리 중대한 사안이라 해도 큰 중압감을 느끼지는 않을 것이다. 그럼에도 불구하고 모든 사람이 가장 좋은 성과를 발휘할 수 있는 상황은 업무에 완전히 압도될 때가 아닌 과제의 난이도가 약간 어렵다고 인식될 때다.[13]

유의미한 보상과 인센티브 제공하기 ── 보상책에 대한 새로운 관점
## 간헐적인 보상이 예정된 보상보다 더욱 효과적이다

우리가 아는 가족 소유의 중견기업에서는 전무이사와 그의 팀원들이 점심식사를 자주 함께한다. 전무이사가 매번 점심을 사는 것은 그리 어려운 일이 아니었겠지만 그는 이따금씩만 식사를 대접했으며, 보통 때는 각 팀원들이 음식값을 분담했다. 많은 회사에서 음식을 무료로 제공하지만 직원들이 금세 그것을 당연하게 받아들이는 상황과는 달랐다. 전무이사가 점심을 살지의 여부는 미리 공지되지 않아 예측할 수 없었기 때문에 팀원들은 점심식사가 진정한 보상이라고 느꼈던 것이다. 직원들은 예상치 못하게 점심값을 아끼게 되어 즐거워했고, CEO는 장기적 관점에서 돈을 더욱 절약하면서도 모든 사람의 기분을 좋게 만들어줄 수 있는 윈윈전략이었다. 이것이 바로 뜻밖의 보상이 가진 힘을 보여주는 전형적인 사례다.

**맞춤형 인센티브는 더 적은 비용으로 더 의미 있는 효과를 낼 수 있다**

우리 중에 더 높은 보수를 마다할 사람은 거의 없을 것이다. 그러나 보상 반응을 일으키기 위해서는 인센티브가 개인에게 맞춤화되는 것이 좋다. 어쨌든 돈은 보편적인 교환 수단일 뿐이고, 아무리 두둑한 보너스라 해도 '당신만을 위해 특별히 준비한 것이다'라는 메시지를 전달하기에 적절한 수단은 아니기 때문이다.

한편, 주말에 직원과 배우자가 가장 좋아하는 휴가지로 여행을 보내주거나 인기 있는 연극 티켓 또는 매진된 경기 티켓을 선물하는 것은 전형적인 보너스보다 더 비용이 적게 들면서도 훨씬 의미 깊게 다가갈 수 있다. 코넬대학교와 콜로라도대학교 볼더캠퍼스 연구진은 물질적 구매보다 경험을 통해 더 많은 회고적 즐거움을 얻는다는 사실을 발견했다. 다른 말로 하면 트리바고 같은 기업이 제공하는 다양한 스포츠 기회 등의 잘 선별된 경험적 인센티브는 더 낮은 비용으로 더 오래 지속되는 긍정적 동기부여효과를 일으킬 수 있다.[14]

그저 꽃다발 한 개나 세심하게 고른 책 한 권이 현금 보너스보다 더 오래 기억에 남을 수도 있다. 직원 각자의 성격에 들어맞는 인센티브를 제공하는 것은 당신이 아끼는 사람들에게 주의를 집중하고 있음을 알리는 아주 강한 신호를 전달한다. 이것을 돈으로 환산하면 얼마나 될까? 많은 경우 그 효과는 값을 매길 수 없다.

## 직원들은 계산보다는 비교를 더 잘한다

누군가의 연봉이 정확히 얼마인가보다 비슷한 직급의 동료나 경쟁사 직원들이 받는 액수와 비교해서 어떤 수준인가의 문제가 더 중요하게 여겨지는 경우가 많다. 한 연구에서 응답자들은 동료들이 2만 5,000달러의 연봉을 받는 동안 5만 달러를 버는 것이 동료들이 25만 달러를 받는 동안 10만 달러를 버는 것보다 낫다고 대답했다.[15] 이것은 본질적으로 공정성의 문제다. 우리가 8장에서 배웠듯 공정성에 대한 인식은 보상 반응을 일으키는 반면, 부당한 대우를 받았다고 느끼는 직원들은 더 막강한 위협 반응을 보일 것이다.

또한 이것은 지위의 문제이기도 하다. 돈이 늘 가장 효과적인 인센티브 역할을 하는 것은 아니지만, 우리의 중요한 가치평가 수단인 것은 확실하다. 누군가 동료보다 적은 보수를 받는다고 느낀다면 자신이 하는 일의 가치를 인정받지 못하고 있다는 생각을 하는 것은 어쩌면 당연하다. 이 직원의 생각이 옳든 그르든, 이것은 신체적 고통과 동일한 수준 또는 그 이상의 사회적 상처를 입힐 수 있다.

## 집단 최고의 성과 달성

"우리는 마치 슬로우모션으로 경기를 하는 기분이었습니다."[16]

명예의 전당에 오른 농구선수 빌 러셀은 보스턴 셀틱스의 동료 선수들과 경기를 하면서 때때로 코트에서 느꼈던 '마술' 같은 기분을 이렇게 묘사했다. 이런 기분을 느낀 다음부터 모든 일이 갑자기 잘 풀리는 것 같았다고 말했다. 현역 시절의 그는 자신의 표현처럼 '온갖 이상한 일들이 일어났던' 이 순간에 대해 이야기하는 것을 주저했지만, 은퇴 후에는 마음을 터놓고 이야기할 수 있었다.[17]

그는 '이 마법 같은 시간 동안, 나는 다음 플레이가 어떻게 펼쳐질 것이며 다음 슛이 어디에서 일어날지를 거의 확신할 수 있었다'라고 자서전《두 번째 바람 Second Wind》에서 회고했다.[18]

이러한 그의 예감은 대체적으로 틀리지 않았다. 그는 이미 역사상 가장 뛰어난 농구선수 중 한 명이었지만, 그 순간 자신의 플레이가 더 높은 경지에 올라가는 것을 느꼈다. 또한 그는 자신을 신체적 한계까지 밀어붙였음에도 불구하고 그에 수반되는 고통을 거의 느끼지 못했다.[19]

이 경험을 정말 특별하게 만들어주는 것은 이를 느낀 사람이 러셀 뿐만이 아니라는 사실이다. 마법과 같은 시간 동안 대부분의 동료 선수들 또한 정확히 같은 기분을 느꼈다고 한다. 어느 날 인상 깊은 경기 끝에 승리를 거둔 선수들은 코트를 걸어 나오면서 놀란 표정으로 서로를 바라보며 "어떻게 하면 오늘처럼 또 경기를 할 수 있을지 알아내야겠어!"라고 이야기했다.[20]

## 몰입은 함께할 때 더 근사하게 느껴진다 ————

빌 러셀의 이야기에서 알 수 있듯, 개인에게 최고의 성과를 달성시켜주는 몰입은 팀 전체로도 확장될 수 있다. 이런 최고조의 경험을 묘사하기 위해 '몰입'이라는 용어를 처음 만들어낸(**3장 참조**) 심리학자 미하이 칙센트미하이는 자신의 연구를 개인에서 그룹으로 확장하고 나서 발견한 사실에 매료되지 않을 수 없었다. 이 현상은 결코 농구 코트에만 국한되어 나타나지 않았다. 그는 이를 입증하는 자료를 아주 다양한 장소에서 발견할 수 있었다.

몰입은 스포츠 분야와 깊게 관련되어있지만, 사실 직장에서 세 배나 더 흔하게 발생한다.[21] 어려운 수술을 함께 집도하는 외과의사팀은 이를 발레 공연의 감동에 비유했다.[22] 또 다른 업무팀은 단일 유기체를 구성하는 일부가 된 느낌이라고 설명했다. 어쩌면 놀랍지 않을 수도 있지만, 몰입은 팀이 상당한 시간적 압박을 견디면서 함께 연대하여 명확한 목표를 추구하는 스타트업에서 중요한 역할을 하는 경우가 많다.

몰입은 항상 좋은 느낌을 주지만, '사회적 몰입'은 훨씬 더 황홀하다. 연구자료를 보면 어떤 팀이 함께 몰입을 경험했을 때 각 구성원이 개별적으로 몰입을 경험했을 때보다 훨씬 큰 만족감을 준다는 사실을 알 수 있다. 세인트보나벤투라대학교 심리학자 찰스 워커Charles Walker는 특정 활동이 사회적 성격을 많이 띨수록 참가자들이 느끼는 즐거움의 수준도 높아진다고 이야기했다. 바로 이 사회적 측면 때문에 만족도가 높아지는 것이다.[23]

당신과 팀이 필요할 때마다 집단적으로 최고의 성과를 이루는 상태가 될 수 있다고 상상해보라. 칙센트미하이의 제자였던 창의력 분야의 전문가 키스 소여는 저서 《그룹 지니어스》에서 자신이 '그룹 플로group flow'라고 부르는 상태에 이르게 하는 열 가지 조건을 소개했다.[24]

우리의 경험으로 보자면 집중, 유연성, 협력, 비용의 네 가지 주요인이 사회적 몰입의 달성을 촉진한다.

## 집중: 몰입을 이끌어내기 위해 도전적인 목표에 초점을 맞춰라 ──────

사회적 몰입은 주의가 분산되는 분위기에서 달성되지 못한다. 집중은 필수적인 요소다. 명확한 목표, 완전한 정신 집중, 경청하는 자세를 통해 팀은 몰입 상태가 요구하는 집중력을 얻을 수 있을 것이다.

목표에 가까이 다가서는 것이나 업무처리 과정에서 특정 단계를 마치는 기대감은 신경전달물질인 도파민의 분비를 촉진하여 보상이 일어날 것이라는 신호를 보내고, 더 중요하게는 동기부여를 이끌어낼 것이다. 또한 적절한 난이도의 과제는 모든 사람들이 민첩성을 유지할 수 있게 해주는 노르아드레날린을 분비시킬 것이다. 마지막으로 목표가 명확하게 구체화된다면 특정 자극이 업무와 관련 있는지를 판단하기가 더 쉬워지기 때문에 집중력을 얻는 데 도움이 된다.

집중력의 강도는 또 다른 신경전달물질인 아세틸콜린의 영향을 받는다. 궁극적으로는 감정적으로 관련 있는 목표를 세우고 전략적으로 지향하는 행위는 최고의 성과 DNA(1장 및 3장 참조)를 이끌어내고, 사회적 몰입의 출현 가능성을 높여줄 것이다.

명확한 목표가 있다면 집중을 하는 것도 쉬워진다. 사회적 몰입 상황에서 가장 효과적으로 집중력을 발휘하기 위해서는 팀 활동의 최우선적인 동기부여요인이 되는 외부적 보상이나 압력이 아니라 눈앞의 업무에 초점을 맞춰야 한다. 물론 사회적 몰입에 요구되는 완전한 몰입을 고취시켜주는 도전과제는 당신의 집중력 범위 밖에서 주의력을 빼앗는 것들이 아닌 업무 자체에 내재되어야 한다.

사회적 몰입을 촉진하는 또 다른 방법은 팀으로서 처리해야 하는 업무와 그 외의 것들의 경계를 잘 구분하는 것이다.[25] 이 경계가 물리적이건 일시적이건 또는 단순히 상징적이든 간에 몰입은 완벽한 집중의 보호 하에서만 이루어질 수 있다.

사회적 몰입의 실현에 필수적인 집중력을 불러오는 마지막 요소는 경청하는 자세다. 오랜 기간 사회적 몰입을 유지시키기 위해 팀 구성원들은 자신뿐 아니라 다른 팀원들의 활동을 정확하게 파악할 줄 알아야 한다. 팀으로 일하는 상황에서 이러한 경각심을 유지하는 것은 매우 어렵다. 일에 대한 모든 팀원의 기여도가 빠짐없이 반영되기 위해서는 그들의 활동과 의견에 대한 궤적이 끊임없이 추적되어야 한다. 재즈 음악가들이나 즉흥극 배우들은 이를 잘 알고 있다. 그들은 다음에 무엇을 연주하거나 이야기할지를 사전에 계획해두는 대신 실시간으로 상황에 대처한다. 모두 자신이 방금 들은 내용에 따라 반응을 하는 것이다.[26] 이것은 집중력에 도움이 될 뿐만 아니라, 사회적 몰입을 촉진하는 두 번째 조건인 유연성을 자연스럽게 유도한다.

## 유연성: 몰입에 관해서는 '예'가 '아니요'를 이긴다 ─────

집중은 사회적 몰입의 필수요소지만, 과도하게 엄격한 분위기가 지속된다면 몰입에 방해를 줄 수 있다. 집중은 사회적 몰입의 발생을 좌우하는 섬세한 균형 감각이 요구되는 영역 중 하나다. 타인의 의견을 거부하는 대신 그들의 의견을 바탕으로 아이디어를 발전시켜나가고, 팀의 정체성에 맞게 스스로의 자존심을 앞세우는 것이 좋다.

사회적 몰입과 유연성에 대한 뛰어난 본보기로 우리는 다시 한 번 즉흥극을 살펴볼 것이다. 즉흥연기의 가장 기본적인 원칙 중 하나는 "예, 그리고…"로 알려져 있다. 노련한 배우들은 "아니요"라는 말을 거의 하지 않는다. 이들은 보통 앞서 제시된 정보를 뒤집거나 거부하는 대신 확장시키거나 이를 바탕으로 상황을 전개해갈 방법을 찾는다. "아니요"라고 말하는 것은 틀림없이 편도체를 활성화하고 위협 반응을 일으킬 것이다. 줄여 말하면, "아니요"로는 몰입을 이끌어낼 수 없다. "예"라고 이야기하는 것이 확실하게 바람직하며, 이는 종종 보상 반응을 일으키기도 한다.

"예"는 긍정적인 표현이지만 정체 상황에서 추가적인 전개를 이끌어내기는 어렵다. 당신이 지속적으로 상황을 이끌어나가길 원한다면 '그리고' 부분이 꼭 필요하다. 즉흥극에서 커리어를 시작했던 배우 겸 작가 티나 페이는 자서전 《보시팬츠Bossypants》에서 이를 인상 깊게 설명했다.

어떤 무대에서 내가 "여기 정말 덥네"라는 이야기로 극을 시작했을 때, 상대방이 그저 "정말 그렇네"라고 대답을 한다면 우리는 정지 상태에 있는 것이나 다름없다. 그러나 내가 "여기 정말 덥네"라고 이야기했을 때, 상대방이 "그럼 어떨 줄 알았어? 여긴 지옥이잖아"라고 받아치거나 또는 "내가 호랑이의 입속으로는 기어들어오지 말자고 그랬잖아"라고 대답을 한다면, 이제 우리는 계속해서 극을 풀어나갈 수 있다.[27]

유연성이란 이기심을 감시하는 법을 배운다는 뜻이기도 하다. 당신은 직접 운전대를 잡고 팀이 나아갈 방향을 조종하고 싶은 유혹에 흔들릴 수 있다. 신입 직원이나 슈퍼스타들이 종종 좋은 팀플레이어가 되지 못하는 이유가 여기에 있다. 신입 직원들은 자신의 평판을 쌓는 데만 그리고 슈퍼스타들은 자신의 평판을 지키는 데만 집중할 수 있기 때문이다.

사회적 몰입에서 참가자들은 서로 화합하며 같은 마음으로 같은 생각을 해야 한다.[28] 그 열쇠는 자신의 욕구가 나머지 팀원들과 원만하게 섞일 수 있게 만들며, 타인의 목소리를 차단하는 대신 균형을 이룰 수 있도록 주의 깊은 경청의 태도를 유지하는 것이다.

롤링스톤스의 리더는 누구인가? 많은 이가 믹 재거를 지목하겠지만, 이 밴드를 가까이에서 따라다니던 사람들은 조금 더 복잡하게 느낄 것이다. 기타리스트인 키스 리차드는 훌륭한 로큰롤 리프 작곡에 있어 타의 추종을 불허한다. 그러나 많은 이가 전반적인 뮤지션으로서 동료 기타리스트인 로니 우드를 더 높게 평가한다. 한편 밴드 멤버들은 팀의 단합을 주도하는 멤버로 드러머인 찰리 워츠를 자주 지목한다.

키스 리차드는 이렇게 말하기도 했다. "누가 팀의 리더인지는 중요하지 않습니다. 중요한 것은 무엇이 팀을 위한 최선인가의 문제죠."[29]

누구보다 강한 자아를 가지고 있지만 그것을 통제하는 데서 오는 유익을 깨달았던 사람들 중에 롤링스톤스보다 더 좋은 모범 사례를 찾기는 힘들 것이다.

## 협력: 'team'이라는 단어에 'I'가 없는 이유 ———

개인의 이기심을 내려놓는 태도는 사회적 몰입의 세 번째 핵심요소인 협력을 위한 기초를 마련해준다. '서로 잘 협력하는 그룹이 사회적 몰입을 경험할 가능성이 더 높다'라는 생각은 너무 당연해서 자주 간과되기도 한다. 각자의 팀원은 다른 팀원의 업무처리 과정과 접근법에 기본적으로 친숙하다. 그렇다고 너무 편안하지는 않는 수준이 유지될 때 또한 모든 사람이 균등하게 업무에 참여하며, 의사소통이 효율적으로 진행될 때 최적의 협력을 달성할 수 있다.

확실한 성공비결을 찾고 싶지 않은 사람이 어디 있겠는가? 이 오래된 질문에 답하기 위해 노스웨스턴대학교 사회학자 브라이언 우지Brian Uzzi는 뮤지컬 역사상 최대의 성공작과 실패작을 배출한 팀을 면밀히 관찰하는 신선한 접근법을 시도했다. 브로드웨이 블록버스터와 흥행 실패작을 가르는 차이점은 어디에서 오는가?

정답은 많은 사람이 오래전부터 의심해왔던 것이었다. 당신이 '누구를 아느냐'에 따라 차이가 만들어진다. 하지만 이 질문은 우리 생각과는 다른 의미를 지닐 수도 있다. 사실 친숙함이란 양날의 검과도 같다.

브라이언 우지는 자신이 Q라고 부른 5점 만점의 테스트를 통해 브로드웨이 협력자들이 유지한 관계의 수와 그 특징을 파악했다. 특정 팀에 있는 모든 구성원이 과거에 함께 일한 적이 있다면 그 그룹의 Q점수는 높았으며, 팀 구성원이 서로를 전혀 모르는 상황일 경우 Q점수는 낮았다.[30] 우지와 동료 제럿 스피로Jarrett Spiro는 창작자들의 관계를 통해 놀라운 정확도로 뮤지컬의 성공과 실패를 예측할 수 있었다. Q점수가 1.7점 또는 그 이하였던 쇼는 실패를 할 확률이 높았다.[31] 그러나 Q점수가 3.2점 이상으로 너무 높아져도 쇼는 좋은 결과를 내지 못했는데, 아마 그 이유는 우리가 7장에서 강조한 사고방식의 다양성이 결여된 결과 혁신이 어려워졌기 때문일 것이다.[32]

한 가지가 문제가 아니었다면, 그들의 발견에서 우리가 얻을 수 있는 것은 그저 호기심의 충족이었을 것이다. 그러나 우지와 스피로는 브로드웨이를 넘어서도 적용될 수 있는 교훈을 하나 얻었다. 브로드웨이의 특성인 스트레스를 유발하는 마감시한, 서로 부딪히는 자아, 참신함에 대한 끊임없는 요구는 일반적인 비즈니스 환경을 위한 놀랍도록 훌륭한 모범사례가 된다.[33]

직장이든 무대든 증권거래소든, 가장 성공적이고 참신한 협력은 서로 친근하지만 너무 친하지는 않은 사람들 사이에서 실현될 수 있다. '새로운 피' 없이 오랫동안 함께 일을 해온 팀은 틀에 박힌 사고방식에서 벗어나지 못하는 경향을 보일 수 있다. 웹 인류학자 스토 보이드Stowe Boyd는 "오랫동안 특정 단체에 몸을 담아온 사람들과 한 명 이상의 외부인 사이에는 서로 다른 견해와 배경을 가지고 일할 때 발생하는 긴장,

전율, 명백한 의견의 불일치가 있어야 한다"는 말로 이를 설명했다.[34]

한편, 완전히 모르는 사람들로만 구성된 팀은 각 구성원이 일을 하는 방식에 대한 암묵적 합의가 없기 때문에 에너지와 추진력을 잃을 수도 있다. 우리가 아이디어를 제시하거나 새로운 방법을 시도할 때마다 배경과 원인을 자세히 설명해야 한다면 창의성은 점차 저하될 것이다.

회의의 생산성 향상을 위해 우리에게 의뢰를 했던 어떤 고객은 자신의 가장 중요한 관심사가 협력이라고 이야기했다. 시간이 흐를수록 회의시간은 점점 길어졌지만 의사결정은 더 어려워지고 있었다. 대부분의 참석자는 수년간 이 회의에 참여해왔으며, 사무실 안팎에서 좋은 친구가 되었다. 모두들 무언가가 근본적으로 잘못되었다고 느꼈고 대다수가 회의에 권태감을 느꼈지만, 그 누구도 목소리를 내서 이 부분을 공개적으로 지적하는 용기를 발휘할 수 없었다. 이 회의는 그들의 에너지를 빨아들일 뿐 아니라 오전에 일어나는 다른 활동에까지 악영향을 미치고 있었다. 무슨 이유에서였을까?

회의의 형식은 여러 측면에서 모든 사람에게 친숙한 것이었다. 팀은 체계적으로 회의 안건을 선별했다. 그러나 효율성이 발휘되는 것은 여기까지였다. 각 안건이 발의되면 모든 사람들은 해당 분야에 전문지식이 있는지 여부와 상관없이 자유롭게 자신의 의견을 제시할 수 있었고, 실제로 모든 사람들이 자신의 의견을 말하는 때가 많았다. 많은 팀원이 자신에게 특별한 아이디어가 있어서가 아니라, 대화에 말을 보태는 것이 일종의 습관처럼 굳어졌기 때문에 의견을 내곤 했다.

팀원들이 서로 친했기 때문에 토론은 종종 즐거운 분위기로 흘러 갔다. 그러나 우리가 회의 현장에 도착했을 때까지, 모든 사람이 느꼈지만 아무도 이야기하려 하지 않는, 권태감과 불만족의 깊은 바다는 선의의 얇은 거품에 의해 살짝 덮여있었을 뿐이었다.

우리는 힘겨운 첫 번째 회의시간을 보낸 후, 리더를 따로 불러 이렇게 할 것을 제안했다. 새로운 안건이 발의되었을 때, 직접적인 연관성이 없거나 해당 분야에 전문지식이 없는 사람들은 의자를 뒤로 조금 빼고 앉기로 했다. 이 조치로 인해 특정 주제에 대해 전문가들은 책상에 가깝게 모여앉아 토론을 진행할 수 있었다. 물론 모든 팀원들은 여전히 회의실에 남아있었지만, 물리적인 거리를 조정해 집중의 분위기를 만들 수 있었다.

전문가들이 결론을 내린 뒤에는 다음 안건이 소개되었고, 팀원들은 주제에 따라 의자를 앞으로 끌어당기거나 뒤로 빼야 했다. '외부인'들은 언제든 거부권을 행사할 수 있었지만, 특별한 상황을 제외하고는 전문가들끼리 세부사항을 논의하게 했으며, 자신들이 주요 결정권자 역할을 수행할 때까지 차례를 기다렸다.

팀은 이 새로운 절차에 빠르고 쉽게 적응했다. 그에 따른 결과는 즉각적으로 분명하게 나타났다. 회의에 소요되는 시간이 대폭 줄었으며, 모든 사람들은 열의가 새롭게 생기는 것을 느꼈다. 변화 전과 후를 살펴본 우리는 이 단순한 조치 하나로 각 주제의 토의시간을 평균 28퍼센트 감소시켰으며, 회의 만족도를 5점 만점에 3.6점에서 4.7점으로 끌

어울릴 수 있었다. 또한 이번 사례에서 우리의 참석은 회의가 필요로 하던 '새로운 피' 역할을 한 것 같았다. 이제 모든 팀원들은 회의를 두려워하는 대신 기대하는 것처럼 보였다.

사회적 몰입에서 균등한 참여도가 무엇을 의미하는지에 대해 롤링 스톤스의 믹 재거는 직관적 감각을 가진 것처럼 보였다. 1995년, 그는 전설적 록 저널리스트 잔 웨너Jann Wenner에게 "모든 멤버들은 거의 늘 함께 있지만, 각각 자신에게 꼭 맞는 자리가 있으며, 누군가 한 영역에서 리더 역할을 하면 다른 사람들은 또 다른 영역에서 리더 역할을 한다는 것을 꼭 알아야 합니다"라고 이야기했다.[35]

사회적 몰입 상태는 리더 역할을 하는 사람이 따로 없으며, 모든 사람이 일의 처리 과정에서 동등한 몫의 역할을 할 때 발생할 확률이 가장 높다. 이 말의 의미는 모든 구성원들이 서로 다른 기술을 가지고 한자리에 모였더라도, 각자 기술의 숙련도는 서로 비슷해야 한다는 뜻이다. 프로 운동선수의 역량이 아무리 뛰어나더라도 아마추어로 구성된 팀과 함께 경기를 펼치는 상황이라면 사회적 몰입을 경험할 가능성은 희박하다. 또한 각 팀원들의 권위가 동등해야 한다. 팀장들도 사회적 몰입에 함께 참여할 수 있지만, 그것은 상사가 아닌 동료로서만 가능하다.[36]

균등한 참여도에 대한 필요성은 협력의 또 다른 주요 측면인 커뮤니케이션으로 자연스럽게 이어진다. '공유'를 뜻하는 라틴어 코무니스 communis를 어원으로 하는 커뮤니케이션은 팀의 사회적 몰입에 있어 지속적으로 필요한 요소다. 우리는 정기적으로 열리는 회의시간에 필연적으로 소통을 하지만, 대부분의 커뮤니케이션은 사무실 복도 또는 이메일이나 전화에서 이루어지는 비공식적이고 체계적이지 않은 대화 한 켠에서 즉흥적으로 일어나는 경우가 훨씬 많다.[37]

프랑스 퐁텐블로 소재의 인시아드경영대학원 조직행동학 부교수 지안피에로 페트리그리리Gianpiero Petriglieri는 효과적인 커뮤니케이션을 방해하고 결과적으로 사회적 몰입에까지 영향을 미칠 수 있는 암묵적 살인자를 '난폭한 예의'라고 불렀다.

난폭한 예의는 팀에 속한 사람들이 공개적으로 반대의견이나 의혹을 표현하기보다는 입술을 깨물고 참는 상황을 묘사하는 말이다.[38] 이런 상황에서 문제해결이나 의사결정은 타격을 받는다. 그 이유는 우리가 인지한 것을 억제하려고 시도할 때 이성적 분석에 필요한 두뇌 자원을 빼앗기기 때문이다. 또한 암묵적인 불신이 존재할 경우 위협 반응이 일어나 생산적이어야 할 협력 상황이 오히려 에너지를 소진시킬 수도 있다. 우리는 마음의 생각을 터놓고 이야기할 기회와 의미 깊은 관계를 쌓을 능력을 한순간에 잃을 수도 있다.[39]

난폭한 예의의 또 다른 문제는 이것이 사라지지 않고 곪아간다는 데 있다. 당신이 이번에 그냥 넘어간다고 해서 문제를 해결하는 데 필요한 시간을 버는 것은 아니다. 그 대신, 예의를 지키려는 목적이었겠지만 결과적으로 팀에 해를 끼치는 당신의 태도는 회사의 한 특성으로 남아 사라지지 않을 것이다. 반복적으로 솔직함을 기피하는 행위는 관련 신경경로를 뚜렷하게 만든다. 이제 주저하는 태도는 습관이 되어 당신은 결국 고의가 아닌 무의식적으로 점차 말을 아끼게 된다.

직위가 높아질수록 난폭한 예의를 경험하는 빈도도 증가한다. 실제로 이렇게 의도는 좋지만 부정직한 태도의 대상 중에 가장 큰 비중은 CEO가 차지할 확률이 높다.[40] 어떤 임원은 "경찰차 앞 유리창을 통해 동네를 보면 늘 범죄가 없는 것처럼 보인다"라고 이야기하기도 했다. 스스로 이를 분간할 방법을 배우지 못한 리더들은 날씨가 따뜻하고 화창하다는 예보를 들었지만 실제로는 싸늘하고 험악한 회사 분위기에 처해있는 자신을 발견할 수도 있다.

난폭한 예의의 악순환을 끝낼 수 있는 유일한 방법은 용기를 내는 것이다. 당신의 생각을 표현할 용기를 갖는 것과 당신에게 동일한 행동을 할 만큼 정직하고 양심적인 동료들을 존중해주는 용기를 발휘하는 것을 말한다. 이에 따르는 결과는 관계를 위태롭게 만들기보다 탄탄하게 만들어줄 가능성이 더 높다.[41] 사회적 몰입을 달성할 확률 또한 훨씬 높아질 것이다. 물론 용기를 발휘하는 데는 희생이 따르기 마련이고, 사회적 몰입의 경우에도 마찬가지다.

**희생: 당신이 무언가를 잃을 때 몰입이 발생할 확률은 높아진다**

돈 대신 성냥개비를 걸고 포커게임을 해본 적이 있는가? 게임은 처음 얼마 동안은 재미있을지 모른다. 그러나 우리는 그 어떤 것도 걸려있지 않다는 사실 때문에 결국은 너무 쉽게 주의를 빼앗기고, 무모한 레이스를 하다 점차 게임에 대한 흥미를 잃어갈 것이다. 여기서 중요한 것은 돈이 걸려있는지의 여부가 아니라 당신이 소중한 무언가를 잃을 각오를 한다는 사실이다. 다른 상황적 맥락에서 이것은 직업이나 평판 또는 자존심 그리고 어떤 경우에는 심지어 목숨이 될 수도 있다. (18세기 영국 작가 새뮤얼 존슨이 "누군가 2주 후에 교수형에 처해진다는 것을 알면, 그 사실이 그의 마음을 훌륭하게 집중시켜줄 것이다"라고 이야기한 것처럼 말이다.)

그 무엇도 걸려있지 않은 상황에서는 사회적 몰입이 거의 발생하지 않는다. 여기에는 자율권을 가져다주는 확실한 통제감과 실패에 대한 실제적 잠재성이 요구된다. 팀의 모든 구성원들은 기본적으로 '이 일은 우리의 결정에 달려있고 위험이 수반되지만, 목표를 추구하는 데 있어 그 위험을 기꺼이 감수할 수 있다'라는 동일한 결론에 도달해야 한다.

팀의 성공을 위해서는 모두 함께 일하는 것이 필수적이지만, 동시에 각 팀원들은 자신에게 통제권이 있다는 기분을 느껴야 한다. 이를 가능하게 하는 열쇠는 모든 구성원들이 경영진으로부터 자율권을 부여받았다고 느끼게 만드는 것이다.[42] 수많은 연구에서 모두 동일한 결론이 도출되었다.[43] 팀의 자율권은 팀의 성과를 예측하는 주요 변수이며, 아무리 최고의 팀이라도 자율권이 없다면 성과에 지장을 받을 수 있다. 로체스터대학교 심리학과 리차드 라이언Richard Ryan 교수에 따르면 "에너지 고갈이 미치는 영향은 자율권이 낮게 느껴질 때 가장 현저히 드러난다"고 한다.[44]

그룹에 속한 사람들이 개개인으로서 통제권을 느낄 수 있는 방법은 무엇인가? 이것은 사회적 몰입의 매력적인 역설이기도 하다. 열쇠는, 모든 팀원들이 경영진으로부터 자율권을 부여받았으며 그들이 팀의 집단적 자율권을 위해 자신의 자율권을 기꺼이 포기했다고 생각하게 만드는 것이다.[45]

프로젝트가 성공 잠재력을 품고, 회의가 정말 중요한 역할을 하도록 만들기 위해서는 모든 관계자들이 성공과 실패에 관심을 가져야 한다. 우리는 중대한 사안이 걸려있지 않았을 때 어떤 일이 일어나는지에 대한 귀중한 사례를 하나 접했다.

우리 고객 중 한 CEO는 단순히 심기가 불편한 것이 아니라 진심으로 걱정을 하고 있었다. 한때는 명료하고 대담한 전략의 오아시스였던 월요일 아침회의가 점점 우유부단함과 비효율성의 사막 같은 존재가 되어가고 있었다. 그를 특히 놀라게 했던 것은 그의 신임을 얻던 부하 직원들의 책임감이 눈에 띄게 줄었다는 사실이다.

본래대로라면 회의는 간결하고 효율적으로 진행되어야 했다. 수많은 인원이 참석하는 회의가 아닌 다섯 명의 부하 직원들과 함께하는 회의였기 때문이다. 아이러니하게도 처음 문제를 일으킨 변화는 원래 개선을 위해 도입되었던 것이었다. 참석자들은 두 명의 전문가를 회의에 초청해 중요한 세부사항과 자료를 공유하게 했다.

이 아이디어는 주제에 대해 누구보다 잘 아는 인재의 투입을 통해 모두가 유익을 얻을 것이라는 계산으로 제시된 것이었다. 회의 참석자들은 세부사항을 어림짐작하기보다는 전문가들에게 실시간으로 문의함으로써 어떤 제안이 실현 가능한지 여부를 바로 확인할 수 있을 것이라고 생각했다.

이론적으로는 훌륭했던 이 아이디어는 실제로는 재앙이나 다름없었다. 엄선된 전문가들이 합류한 이후, 다섯 명의 부하 직원들은 뒤로 물러나 자신들이 데려온 사람들로 하여금 모든 발언을 담당하게 했다. 처음에는 이 또한 일리 있는 처사인 것처럼 보였다. 많은 기업이 균등한 참여도와 의견 일치를 크게 강조하고 있지만, 전문성을 요구하는 결정은 전문가들이 내리는 것이 최선일지도 모르지 않는가.

그렇다면 무엇이 잘못되었을까?

전문가들의 존재로 인해 부하 직원들의 참석은 불필요한 일이 되어버렸다. 아니, 불필요함 이상으로 나쁜 효과가 발생했다. 이제 전문가들이 모든 업무(그리고 모든 발언)를 맡게 되었을 뿐 아니라, 부하 직원들은 이를 핑계로 모든 종류의 개인적 책임을 회피하려 했다. 전문가들의 조언이 성공적인 결과로 이어지지 않는다면 그들은 전문가를 탓할 수 있었다. 그러나 일이 잘 풀렸을 때 직원들은 아무렇지 않게 공로를 가져갔다.

어떤 조치가 필요할까? 한 가지 방법은 월요일 아침에 부하 직원들을 사무실에 남게 하고 그들이 선별한 전문가들만 참석한 상태에서 회의를 하는 것이다. 물론 당신이 비즈니스 세계에서 많은 경험을 쌓지 않았더라도 이 아이디어가 어떤 결말로 이어질지 추측하기는 어렵지 않을 것이다. 전문가에게 일자리를 빼앗길까 봐 두려웠던 부하 직원들은 위협 반응을 보였으며, 합리성을 핑계로 자신의 참석이 절대적으로 필요하다고 주장했다.

반직관적으로 들리겠지만 궁극적인 해결책은 전문가를 없애는 것이었다. CEO는 기존의 부하 직원 다섯 명만 회의에 들어올 수 있도록 제한을 두기로 했다. 이 과정에서 각각의 직원은 회의 규모가 커졌을 때 잃었던 책임감을 회복할 수 있었다.

이 조치를 통해 회의는 더 효율적으로 변했으며, 회사 내부의 전반적인 신뢰도가 증가하면서 단결이 강화될 수 있었다. CEO가 부하 직원에 대한 신뢰를 표시한 방법은 초대받은 전문가들이 아닌 부하 직원들의 조언을 참고하여 아이디어를 검증한 것이었다. 전문가들은 여전히 중요한 역할을 했지만, 이제 그들은 배후에서 업무를 처리했다. 전문가들은 주간회의에 참석하는 대신, 자신의 관리자들이 특정 안건에 대해 권위 있고 분명하게 의견을 펼칠 수 있도록 사전에 만나 간략한 보고를 올렸다. 이로 인해 신뢰가 양방향으로 증가하기 시작했다. 전문가들은 자신의 관리자들이 그들의 의견을 정확하고 효율적으로 전달할 것이라 믿어야 했고, 관리자들은 전문가들이 확실하고 근거가 탄탄한 조언을 제공했음을 신뢰해야만 했다.

**처음에는 문제였던 것이 나중에 돌파구가 되는 변화를 이루었다.**

처음에는 문제였던 것이 나중에 돌파구가 되는 변화를 이루었다. 이 전체적인 경험으로 모든 사람들은 더욱 강해졌고 큰 자신감을 갖게 되었다. 회사 전반에 걸친 신뢰도가 향상된 것 이외에도 유익은 있었다. 주요 아이디어에 대한 소통능력이 더 효율적으로 변했으며, 지위

감각과 책임감도 강화되었다.

책임감에는 위험이 따른다. 통제권이 당신에게 있다는 사실을 이미 분명히 알린 상황에서 문제가 발생했을 때 다른 사람을 탓하기는 어려울 것이다. 자신의 행동에 책임을 져야 한다는 생각은 집중력을 강화시키며, 집중력은 차례로 몰입을 실현시킨다. 딘 포터 같은 대담한 등반가들은 이 사실을 깊이 이해했다(3장 참조). 이들이 점점 더 위험한 목표에 도전하는 행위는 몰입 경험의 추구에서 비롯된다.

물론 회사에 소속된 팀들은 보통 사회적 몰입을 달성하기 위해 목숨을 걸지 않아도 된다. 그러나 사안이 더욱 중대해질수록 사회적 몰입의 가능성도 높아지는 것이 사실이다. 노련한 배우들이 자신의 무대공포증을 인정하고, 이를 몰입의 유도 수단으로 활용하는 법을 터득하는 이유도 이것이다.[46] 또한 더 큰 리스크를 감수함으로써 지위가 상승한 이들이 작은 틈을 보여 후회할만한 실수를 저지르는 이유도 여기에 있다.

문제는 대부분의 사업이 리스크를 최소화하도록 설계되었다는 데 있다. 실제로 사업에 실패한 사람들은 종종 처벌을 받는다.[47] 어떤 측면에서 이것은 위협 반응과 재정적 현실을 고려했을 때 이해할만한 태도다. 그러나 작가 키스 소여는 우리에게 또 다른 현실을 환기시켜준다. 저서 《그룹 지니어스》에서 그는 '혁신의 쌍둥이 형제는 빈번한 실패라는 사실이 각종 연구에서 반복적으로 확인되었다'라고 이야기한다.[48] 다가오는 실패에

> **사안이 더욱 중대해질수록 사회적 몰입의 가능성도 높아진다.**

대한 두려움이 없다면, 성공을 달성하는 데 필요한 사회적 몰입이 나타날 기회는 증발할 것이다. 사회적 몰입이 일어나려면 희생이 필요하다는 점에는 의문의 여지가 없다. 그러나 성과와 깊은 만족감이라는 측면에서 사회적 몰입의 유익을 경험해본 사람들은 희생에 그만한 가치가 있다고 생각한다.

공교롭게도 롤링스톤스 최고의 히트곡은 가장 큰 거짓말인 것으로 판명되기도 했다. '만족할 수 없어(I Can't Get No) Satisfaction'라는 노래는 한 시대를 향한 젊은이들의 불안을 반영했다. 그러나 한 팀을 유지하면서 세계적인 인기와 높은 성과를 냈던 50년 이상의 시간은 이 밴드가 큰 부와 명예에 더하여 모든 인간이 개인으로서 그리고 팀으로서 추구하는 '만족'을 얻었다는 사실을 보여주고 있다.

## 핵심포인트

**Team을 뜻하는 T, Talent를 의미하는 T** __ 높은 성과를 내는 팀을 꾸릴 때 가장 중요한 것은 인재를 모집하고 그들의 재능을 발전시키는 것이다. 또한 리더에게 필수적으로 요구되는 역할 중 하나는 진정한 재능을 알아보는 것이다. 재능을 발견했을 때는 얼른 붙잡아라!

**초점을 맞추어 재능을 발전시켜라** __ 모든 사람에게 동일한 유형의 훈련법을 적용시킴으로써 재능의 발전에 필요한 귀중한 시간과 금전을 낭비해서는 안 된다. 훈련은 해당 분야에 이미 재능이 있는 사람들에게 훨씬 더 효과적이다. 직원들은 취약한 분야를 개선할 때보다 기존의 재능을 발전시키려고 노력할 때 더 많은 것을 얻는다.

**두뇌친화적인 업무 환경을 조성하라** __ 재능을 가진 사람들이 직장에 오고 싶게 하고 성공을 도울 업무 환경이 필요하다. 운동, 영양, 수면은 스트레스 방어요소를 이루는 3인방이며, 이것이 구현될 수 있는 분위기를 지원하고 장려하는 태도가 필수적이다.

**의미 있는 인센티브를 제공하라** __ 두뇌친화적인 환경이 조성된다면 직원들은 직장에 나오기를 원할 것이다. 또한 적절한 인센티브가 제공된다면 그들은 팀에 남기를 원할 것이다. 의미 있는 인센티브를 제공할 때는 두뇌지식을 바탕으로 한 원칙인 공정성과 참신성을 유념하라.

**개인적 보상은 팀 내에서 공유된다** __ 좋든 싫든 모든 보상은 사회적 맥락에서 발생한다. 어떤 직원이 동료와 비교해서 공정한 보상을 받고 있는지 여부는 돈의 액수보다 더욱 중요하다. 공정성은 옥시토신을 촉진하며, 옥시토신은 협력을 조장한다.

**모든 사람은 뜻밖의 기쁨을 좋아한다** __ 뜻밖의 보상은 팀원이 미리 예상하는 인센티브보다 두뇌에서 더 강력하게 처리된다. 차이를 만드는 것은 자극 추구 신경전달물질인 도파민이며, 이는 강력한 동기부여요인이 될 수 있다. 이 원칙을 기억하여 특별 보너스 중 일부를 따로 떼어두도록 하라. 예정에 없던 보상이 얼마나 막강한 힘을 발휘할 수 있는지를 알게 된다면 당신은 놀랄 것이다.

**사회적 몰입은 스테로이드를 복용한 몰입과 같다** __ 개인 최고의 성과를 실현시키는 몰입은 팀 전체로 확장될 수도 있다. 사회적 몰입을 면밀하게 연구한 심리학자들은 이의 발생 확률을 크게 높일 수 있는 조건을 발견했으며, 그 네 가지 요소는 집중, 유연성, 협력, 희생이다.

**집중** __ 사회적 몰입은 주의가 분산되는 상황에서 발생할 수 없다. 명확한 목표, 완전한 정신 집중, 경청하는 자세를 통해 팀이 집단적 몰입 상태를 달성하는 데 필요한 집중력을 얻을 수 있다.

**유연성** __ 과도하게 엄격한 분위기는 몰입을 방해한다. 타인의 의견을 전면적으로 거부하는 대신 그것을 바탕으로 아이디어를 발전시켜나가고, 팀의 정체성에 맞게 스스로의 자존심을 앞세우는 것이 좋다.

**협력** __ 서로 잘 협력하는 그룹은 사회적 몰입을 경험할 가능성이 높다. 각자의 팀원은 다른 팀원의 업무처리 과정과 접근법에 기본적으로 친숙하다. 그렇다고 너무 편안하지는 않는 수준이 유지될 때 또한 모든 사람이 균등하게 업무에 참여하며, 의사소통이 효율적으로 진행될 때 최적의 협력을 달성할 수 있다.

**희생** __ 중대한 사안이 걸려있지 않은 조건에서 사회적 몰입이 발생할 확률은 거의 없다. 실질적이고 유의미한 위협은 노르아드레날린을 분비시켜 모든 이들의 집중력을 가다듬는다. 개인으로나 팀으로나, 가다듬어진 주의력은 만족스러운 몰입 상태를 알리는 중요한 전조다.

# 당신의 사무실로 뇌과학자를 초대하라

물론 우리 모두가 믹 재거가 될 수는 없으며, 이를 원치 않는 사람들도 있을 것이다. 또한 모든 팀이 롤링스톤스의 거대한 성공을 이룰 것이라고 기대할 수도 없다. 그러나 최근 신경과학 분야의 성장으로 우리는 불과 10년 전만 해도 불가능했던 방식으로 꿈과 포부를 이루게 해줄 새로운 수단을 손에 넣었다. 이 책의 목표는 신경과학 분야의 획기적인 발전을 의미 있고, 기억에 남으며, 가장 중요하게는 유용하게 활용할 방법을 제공하는 것이다.

우리는 방대한 양의 근거자료를 통해 사람들로 하여금 최고의 기량을 발휘하게 해줄 방법과 자신에게 유리한 방식으로 신경회로를 반복적으로 재배선하는 데 필요한 지식, 마지막으로 성공적인 팀을 만드는 데 있어 정말 중요한 것이 무엇인가에 대한 혁명적 통찰을 얻을 수 있었다. 이것들을 조합한다면 당신은 비즈니스와 개인의 삶에서 성공을 이룰 수 있는 기회를 얻고, 진정한 브레인 리더로 거듭날 수 있을 것이다!

# Note ————————————————————————————————————————

## 1부

### 1장 ————————————————————

**1.** Cooper, Gordon and Bruce B. Henderson. Leap of Faith: An astronaut's journey into the unknown. New York: Harper Collins, 2000, p. 2.

**2.** Wolfe, Tom. The Right Stuff. New York: Farrar, Strauss, and Giroux, 1979, p. 402.

**3.** Wolfe, Tom. The Right Stuff. New York: Farrar, Strauss, and Giroux, 1979, pp. 334–342.

**4.** Wolfe, Tom. The Right Stuff. New York: Farrar, Strauss, and Giroux, 1979, p. 402.

**5.** Keim, Albert and Louis Lumet. Frederic Taber Cooper, trans. Louis Pasteur. New York: Frederick A. Stokes Co., 1914., p. 53.

**6.** Ibid., p. 65.

**7.** Ibid., p. 53.

**8.** Beilock, Sian. Choke: What the secrets of the brain reveal about getting it right when you have to. 1st ed. New York: Free Press, 2010, p. 40.

**9.** Bell, Vaughan. "The unsexy truth about dopamine," The Observer, Feb. 2, 2013. http://www.theguardian.com/science/2013/feb/03/dopamine-the-unsexy-truth

**10.** Beilock, op. cit., p. 81-2.

**11.** Doidge, Norman. The Brain That Changes Itself, Chapter 3.

**12.** Lusher, J. M., C. Chandler, and D. Ball. "Dopamine D4 receptor gene (DRD4) is associated with Novelty Seeking (NS) and substance abuse: the saga continues…," Molecular Psychiatry (2001) 6, 497–499.

**13.** Rabl, Ulrich, Bernhard, M. Meyer, Kersten Diers, Lucie Bartova, et. al. "Additive Gene-Environment Effects on Hippocampal Structure in Healthy Humans," Journal of Neuroscience 34 (30), July 23, 2014, 9917–9926.

**14.** Davidson, Richard J. The Emotional Life of Your Brain. New York: Hudson Street Press, 2012, p. 93.

**15.** Ibid., p. 101.

**16.** The Endocrine Society. "Older age does not cause testosterone levels to decline in healthy men." ScienceDaily. ScienceDaily, 7 June 2011. ⟨www.sciencedaily.com/releases/2011/06/110607121129.htm⟩.

**17.** Norton, Elizabeth. "Fatherhood Decreases Testosterone," Science, September 12, 2011. http://news.sciencemag.org/social-sciences/2011/09/fatherhood-decreases-testosterone. Barrett E.S., V. Tran, S. Thurston, G. Jasienska, A-S Furberg, et al. "Marriage and motherhood are associated with lower testosterone concentrations in women," Hormones and Behavior, 2013, 63: 72–79.

**18.** Author interview

**19.** Zoefel, Benedikt, Rene J. Huster, and Christoph S. Herrmann. "Neurofeedback training of the upper alpha frequency band in EEG improves cognitive performance," Neuroimage 54(2):1427–31. (January 15, 2011).

**20.** Cohen, Sheldon, Tom Kamarck, and Robin Mermelstein. "A global measure of perceived stress," Journal of Health and Social Behavior, 24, (1983), 385–396.

**21.** Keim, Albert and Louis Lumet. Frederic Taber Cooper, trans. Louis Pasteur. New York: Frederick A. Stokes Co., 1914., p. 70.

**22.** Wolfe, op. cit., p. 402.

**23.** Wolfe, p. 408.

### 2장 ————————————————————

**1.** Pychyl, Timothy A. "Self-regulation Failure (Part 4): 8 Tips to Strengthen Willpower," Psychology Today. March 3, 2009. http://www.psychologytoday.com/blog/dont-delay/200903/self-regulation-failure-part-4-8-tips-strengthen-willpower

**2.** Derickson, Alan. "Real Men Go to Sleep," Harvard Business Review, November 11, 2013. http://blogs.hbr.org/2013/11/real-men-go-to-sleep/

**3.** Anwar, Yasmin. "Sleep loss linked to

psychiatric disorders," UC Berkeley Press Release, Oct 22, 2007. http://berkeley.edu/news/media/releases/2007/10/22_sleeploss.shtml

**4.** Anwar, Yasmin. "Sleep loss linked to psychiatric disorders," UC Berkeley Press Release, Oct 22, 2007. http://berkeley.edu/news/media/releases/2007/10/22_sleeploss.shtml

**5.** Breus, Michael J. "Insomnia Impairs Emotional Regulation," Psychology Today, July 5, 2103. http://www.psychologytoday.com/blog/sleep-newzzz/201307/insomnia-impairs-emotional-regulation

**6.** Derickson, Alan. "Real Men Go to Sleep," Harvard Business Review, November 11, 2013. http://blogs.hbr.org/2013/11/real-men-go-to-sleep/

**7.** Anwar, Yasmin. "Sleep loss linked to psychiatric disorders," UC Berkeley Press Release, Oct 22, 2007. http://berkeley.edu/news/media/releases/2007/10/22_sleeploss.shtml

**8.** Breus, Michael J. "Insomnia Impairs Emotional Regulation," Psychology Today, July 5, 2103. http://www.psychologytoday.com/blog/sleep-newzzz/201307/insomnia-impairs-emotional-regulation

**9.** Anwar, Yasmin. "Sleep loss linked to psychiatric disorders," UC Berkeley Press Release, Oct 22, 2007. http://berkeley.edu/news/media/releases/2007/10/22_sleeploss.shtml

**10.** McNamara, Patrick. "REM Sleep, Emotional Regulation and Prefrontal Cortex," Psychology Today, December 28, 2011. http://www.psychologytoday.com/blog/dream-catcher/201112/rem-sleep-emotional-regulation-and-prefrontal-cortex

**11.** McNamara, Patrick. "REM Sleep, Emotional Regulation and Prefrontal Cortex," Psychology Today, December 28, 2011. http://www.psychologytoday.com/blog/dream-catcher/201112/rem-sleep-emotional-regulation-and-prefrontal-cortex

**12.** "Sleeping at Work: Companies with Nap Rooms and Snooze-Friendly Policies," Sleep.org. https://sleep.org/articles/sleeping-work-companies-nap-rooms-snooze-friendly-policies/

**13.** Derickson, Alan. "Real Men Go to Sleep," Harvard Business Review, November 11, 2013. http://blogs.hbr.org/2013/11/real-men-go-to-sleep/

**14.** Medina, John. Brain Rules: 12 Principles for surviving and thriving and work, home, and school. Seattle, WA: Pear Press, 2008, p. 14.

**15.** Medina, John. Brain Rules: 12 Principles for surviving and thriving and work, home, and school. Seattle, WA: Pear Press, 2008, 16

**16.** Medina, John. Brain Rules: 12 Principles for surviving and thriving and work, home, and school. Seattle, WA: Pear Press, 2008, 16

**17.** Medina, John. Brain Rules: 12 Principles for surviving and thriving and work, home, and school. Seattle, WA: Pear Press, 2008, 16–17

**18.** Medina, John. Brain Rules: 12 Principles for surviving and thriving and work, home, and school. Seattle, WA: Pear Press, 2008, 16

**19.** James A. Blumenthal, Michael A. Babyak, Kathleen A. Moore, et al. "Effects of Exercise Training on Older Patients With Major Depression." Archives of Internal Medicine, October 25, 1999.

**20.** Medina, John. Brain Rules: 12 Principles for surviving and thriving and work, home, and school. Seattle, WA: Pear Press, 2008, 22

**21.** Schwarz, Joel. "Scenes of nature trump technology in reducing low-level stress," University of Washington, June 10, 2008.

**22.** Wang, Shirley S. "Coffee Break? Walk in the Park? Why Unwinding Is Hard," Wall Street Journal, August 30, 2011.

**23.** Berman, Marc G., John Jonides, and Stephen Kaplan. "The Cognitive Benefits of Interacting with Nature." Psychological Science 19(12), December 2008, 1207–1212.

**24.** Wang, Shirley S. "Coffee Break? Walk in the Park? Why Unwinding Is Hard," Wall Street Journal, August 30, 2011.

**25.** Author interview

**26.** Wurtman, Richard J., Judith Wurtman, Meredith M. Regan, et. al. "Effects of normal meals rich in carbohydrates or proteins on plasma tryptophan and tyrosine ratios," American Journal of Clinical Nutrition 77, 2003, 128–32.

**27.** Huang, L., Galinsky, A. D., Gruenfeld, D. H., & Guillory, L. E. (2011). "Powerful postures versus powerful roles: Which is the proximate correlate of thought and behavior?" Psychological Science, 22(1), 95–102.

**28.** Cuddy, Amy J.C., Caroline A. Wilmuth, and Dana R. Carney, "The Benefit of Power Posing Before a High-Stakes Social Evaluation." Harvard Business School Working Paper, No. 13–027, September 2012.

**29.** Emmons, Robert A. And Michael E. McCullough. "Counting Blessings Versus Burdens: An Experimental Investigation of Gratitude and Subjective Well-Being in Daily Life." Journal of Personality and Social Psychology 2003 84(2), 377.

**30.** Korb, Alex,"The Grateful Brain," Psychology Today, November 20, 2010. http://www.psychologytoday.com/blog/prefrontal-nudity/201211/the-grateful-brain

**31.** Korb, Alex,"The Grateful Brain," Psychology Today, November 20, 2010. http://www.psychologytoday.com/blog/prefrontal-nudity/201211/the-grateful-brain

**32.** Korb, Alex,"The Grateful Brain," Psychology Today, November 20, 2010. http://www.psychologytoday.com/blog/prefrontal-nudity/201211/the-grateful-brain

**33.** Emmons, Robert A. and Michael E. McCullough. "Counting Blessings Versus Burdens: An Experimental Investigation of Gratitude and Subjective Well-Being in Daily Life." Journal of Personality and Social Psychology 2003 84(2), 377.

**34.** Bandura, A. (1994). Self-efficacy. In V. S. Ramachaudran (Ed.), Encyclopedia of human behavior (Vol. 4, pp. 71–81). New York: Academic Press. (Reprinted in H. Friedman [Ed.], Encyclopedia of mental health. San Diego: Academic Press, 1998)

**35.** Bandura, A. (1994). Self-efficacy. In V. S. Ramachaudran (Ed.), Encyclopedia of human behavior (Vol. 4, pp. 71–81). New York: Academic Press. (Reprinted in H. Friedman [Ed.], Encyclopedia of mental health. San Diego: Academic Press, 1998)

**36.** Warrell, Margie. "Afraid Of Being 'Found Out?' Overcome Impostor Syndrome." Forbes, April 3, 2014. http://www.forbes.com/sites/margiewarrell/2014/04/03/impostor-syndrome/

**37.** Weir, Kirsten. "Feel like a fraud?"

gradPSYCH:American Psychological Association, November 2013. http://www.apa.org/gradpsych/2013/11/fraud.aspx

**38.** Warrell, loc. cit.

**39.** Pinker, Susan. "Field Guide to The Self-Doubter: Extra Credit," Psychology Today, November 1, 2009. http://www.psychologytoday.com/articles/200911/field-guide-the-self-doubter-extra-credit

**40.** Warrell, loc. cit.

**41.** Weir, loc. cit.

**42.** Pillay, Srinivasan S. Your Brain and Business: The Neuroscience of Great Leaders. Upper Saddle River, NJ: FT Press, 2011, p. 104.

**43.** Pillay, Srinivasan S. Your Brain and Business: The Neuroscience of Great Leaders. Upper Saddle River, NJ: FT Press, 2011, p. 105.

**44.** Pinker, loc. cit.

**45.** Pinker, loc. cit.

**46.** Warrell, loc. cit.

**47.** Weir, loc. cit.

**48.** Weir, loc. cit.

**49.** Weir, loc. cit.

**50.** Pinker, loc. cit.

**51.** Carey, Benedict. "Feel Like a Fraud'? At Times, Maybe You Should," New York Times, February 5, 2008.

**52.** Pinker, loc. cit.

**53.** Carey, loc. cit.

**54.** Carey, loc. cit.

**55.** Pinker, loc. cit.

**56.** Pinker, loc. cit.

**57.** Weir, loc. cit.

**58.** Pinker, loc. cit.

**59.** Pinker, loc. cit.

**60.** Carey, loc. cit.

**61.** Warrell, loc. cit.

**62.** Pinker, loc. cit.

**63.** Pinker, loc. cit.

**64.** Weir, loc. cit.

**65.** Warrell, loc. cit.

**66.** Pinker, loc. cit.

**67.** Pinker, loc. cit.

**68.** Pinker, loc. cit.

69. Warrell, loc. cit.

70. Warrell, loc. cit.

71. Pinker, loc. cit.

72. Weir, loc. cit.

73. Pinker, loc. cit.

74. Weir, loc. cit.

75. Pinker, loc. cit.

76. Pinker, loc. cit.

77. Dutton, D. G. and Aron, A. P. (1974). "Some evidence for heightened sexual attraction under conditions of high anxiety." Journal of Personality and Social Psychology, 30, pp. 510?517.

78. Lieberman, M. D. (2013). Social: Why our brains are wired to connect. New York, NY: Crown (also Kobo eBook edition), Chapter 9.

79. University of California – Los Angeles. "Putting Feelings Into Words Produces Therapeutic Effects In The Brain." ScienceDaily. ScienceDaily, 22 June 2007. ⟨www.sciencedaily.com/releases/2007/06/070622090727.htm⟩.

80. Lieberman, M. D. (2013). Social: Why our brains are wired to connect. New York, NY: Crown (also Kobo eBook edition), Chapter 9.

81. Beilock, Sian. Choke: What the secrets of the brain reveal about getting it right when you have to. 1st ed. New York: Free Press, 2010., p. 161.

82. University of California – Los Angeles. "Putting Feelings Into Words Produces Therapeutic Effects In The Brain." ScienceDaily. ScienceDaily, 22 June 2007. ⟨www.sciencedaily.com/releases/2007/06/070622090727.htm⟩.

3장 ────────────────────

1. "U.S. slackline walker Dean Potter crosses China canyon," BBC News: Asia, April 23, 2012. http://www.bbc.com/news/world-asia-17811115

2. Arnold, Katie. "The Man Who Thinks He Can Fly." ESPN, July 10, 2012. http://sports.espn.go.com/espn/magazine/archives/news/story?page=magazine-20071115-article43

3. Chabris, Christopher and Daniel Simons. The Invisible Gorilla: And Other Ways Our

Intuitions Deceive Us. New York: Crown, 2010, pp. 5–6.

4. Ibid.

5. Ibid, p. 24

6. Davidson, Richard J. The Emotional Life of Your Brain. New York: Hudson Street Press, 2012, pp. 86–87.

7. Smaers JB, Steele J, Case CR, Cowper A, Amunts K, Zilles K: Primate Prefrontal Cortex Evolution: Human Brains Are the Extreme of a Lateralized Ape Trend. Brain Behav Evol 2011;77:67–78 (DOI: 10.1159/000323671), see also Rhawn, Joseph, Paleo-neurology and the evolution of the human mind and brain

8. Kotler, Steven. The Rise of Superman: Decoding the Science of Ultimate Human Performance. Seattle, WA: Amazon Publishing, 2014, Chapter 3.

9. "Fuzzy Brain? Increase Your Attention Span," CNNhealth.com, Dec. 9, 2008. http://www.cnn.com/2008/HEALTH/11/14/rs.increase.your.attention.span/

10. Ibid.

11. Tierney, John. "When the Mind Wanders, Happiness Also Strays." New York Times, Nov. 16, 2010, D1.

12. Medina, op. cit., pp. 86–87.

13. Ibid, p. 87.

14. Ibid.

15. Richtel, Matt. "Multitasking Takes Toll on Memory, Study Finds." New York Times, April 11, 2011.

16. Rock, David. Your Brain at Work. New York: Harper Business, 2009, p. 36.

17. Silverman, Rachel Emma. "Workplace Distractions: Here's Why You Won't Finish This Article." Wall Street Journal Online, December 11, 2012. http://online.wsj.com/news/articles/SB10001424127887324339204578173252222302388

18. Gold, Sunny Sea. "How to be a better driver." Scientific American Mind, March/April 2013, p. 15.

19. Kotler, loc. cit., Chapter 7.

20. Loh, Kep Kee and Ryota Kanai. (2014) "Higher Media Multi-Tasking Activity Is Associated with Smaller Gray-Matter Density in the Anterior Cingulate Cortex," PLoS ONE

9(9): e106698. doi:10.1371/journal.pone.0106698

**21.** Poldrack, Russell. "Multitasking: The Brain Seeks Novelty," Huffington Post, October 28, 2009. http://www.huffingtonpost.com/russell-poldrack/multitasking-the-brain-se_b_334674.html

**22.** Richtel, loc. cit.

**23.** Poldrack, loc. cit.

**24.** Richtel, loc. cit.

**25.** University of Utah (2013, January 23). Frequent multitaskers are bad at it: Can't talk and drive well. ScienceDaily. Retrieved January 24, 2013, from http://www.sciencedaily.com /releases/2013/01/130123195101.htm

**26.** Carr, Nicholas. The Shallows. What the Internet is doing to our brains. Boston: W.W. Norton & Co, 2011, p. 141.

**27.** Ibid, p. 142.

**28.** Science Friday. "The Myth of Multitasking" May 10, 2013

**29.** Mantyla, T (2013). Gender differences in multitasking reflect spatial ability. Psychological Science, 24, 514–520.

**30.** Hassed, Craig. "Mindfulness, wellbeing and performance," Neuroleadership Journal (1), 2008.

**31.** Lapowsky, Issie. "Don't Multitask: Your Brain Will Thank You," Inc., April 2013. http://www.inc.com/magazine/201304/issie-lapowsky/get-more-done-dont-multitask.html

**32.** Paul, Annie Murphy. "You'll Never Learn! Students can't resist multitasking, and it's impairing their memory," Slate, May 3, 2013 http://www.slate.com/articles/health_and_science/science/2013/05/multitasking_while_studying_divided_attention_and_technological_gadgets.html

**33.** Hill, Audrey, Corey Bohil, Joanna E. Lewis, and Mark B. Neider. Prefrontal cortex activity during walking while multitasking: An fNIR study. Paper presented at the Proceedings of the Human Factors and Ergonomics Society Annual Meeting, 2013.

**34.** Cantor, Joanne. "Is Background Music a Boost or a Bummer?" Psychology Today, May 27, 2013.

**35.** Lapowsky, loc. cit.

**36.** Poldrack, loc. cit.

**37.** Blacksmith, Nikki and Jim Harter. "Majority of American Workers Not Engaged in Their Jobs," Gallup, October 28, 2011. http://www.gallup.com/poll/150383/majority-american-workers-not-engaged-jobs.aspx

**38.** Brewer, Judson A., Patrick D. Worhunsky, Jeremy R. Gray, et. al. "Meditation experience is associated with differences in default mode network activity and connectivity," PNAS 108(50), December 13, 2011, p. 20254.

**39.** Brewer, Judson A., Patrick D. Worhunsky, Jeremy R. Gray, et. al. "Meditation experience is associated with differences in default mode network activity and connectivity," PNAS 108(50), December 13, 2011, 20254–20259.

**40.** Tierney, loc. cit.

**41.** Tierney, loc. cit.

**42.** Tierney, loc. cit.

**43.** Eisold, Ken. "Concentrating Makes You Happy," Psychology Today, February 8, 2011. http://www.psychologytoday.com/blog/hidden-motives/201102/concentrating-makes-you-happy

**44.** "Super Bowl XLVIII most-watched TV program in U.S. History," NFL.com, February 3, 2014. http://www.nfl.com/superbowl/story/0ap2000000323430/article/super-bowl-xlviii-mostwatched-tv-program-in-us-history

**45.** Roenigk, Alyssa. "Lotus Pose on Two: The Seahawks believe their kinder, gentler philosophy is the future of football," ESPN The Magazine, August 21, 2013. http://espn.go.com/nfl/story/_/id/9581925/seattle-seahawks-use-unusual-techniques-practice-espn-magazine

**46.** Jha, Amishi P. "Being in the now" Scientific American Mind, March/April 2013, p. 28.

**47.** Davidson, op. cit., p. 235.

**48.** Brewer, loc. cit.

**49.** Davidson, Richard J. "Transform Your Mind, Change Your Brain," Google TechTalk, Sept. 23, 2009.

**50.** Holzel, Britta K., James Carmody, Mark Vangel, Christina Congleton, Sita M. Yerramsetti, Tim Gard, Sara W. Lazar. "Mindfulness practice leads to increases in regional brain gray matter density," Psychiatry Research: Neuroimaging, 2011; 191 (1): 36 DOI: 10.1016/j.pscychresns.2010.08.006

51. Murakami H, Nakao T, Matsunaga M, Kasuya Y, Shinoda J, et al. (2012) The Structure of Mindful Brain. PLoS ONE 7(9): e46377. doi:10.1371/journal.pone.0046377

52. Konnikova Maria. "The Power of Concentration," New York Times, Dec. 15, 2012. Massachusetts General Hospital. "Mindfulness meditation training changes brain structure in eight weeks." ScienceDaily. ScienceDaily, 21 January 2011. 〈www.sciencedaily.com/releases/2011/01/110121144007.htm〉

53. Murakami, loc. cit.

54. Holzel, loc. cit.

55. Konnikova, loc. cit.

56. Massachusetts General Hospital. "Mindfulness meditation training changes brain structure in eight weeks." ScienceDaily. ScienceDaily, 21 January 2011. 〈www.sciencedaily.com/releases/2011/01/110121144007.htm〉.

57. Brewer, op. cit., p. 20257.

58. Jha, loc. cit.

59. Davidson, op. cit., p. 238.

60. Davidson, op. cit, p. 239.

61. Davidson, op. cit, p. 243.

62. Stahl, Bob and Elisha Goldstein. A Mindfulness-Based Stress Reduction Workbook. Oakland, CA: New Harbinger Publications, 2010, 60–61.

63. Ibid.

64. Ibid.

65. Csikszentmihalyi, M., Abuhamdeh, S. & Nakamura, J. (2005). "Chapter 32: Flow." In A.J. Elliot & C.S. Dweck (Eds.) Handbook of Competence and Motivation. NY: The Guilford Press, pp. 598–608 Farrar, K.M., Kramar, M. & Nowak, K.L. (2006), p. 599.

66. Ibid, p. 600.

67. Ibid, p. 601.

68. Csikszentmihalyi, Mihaly. Good Business. New York: Viking, 2003, p. 75.

69. Kotler, op. cit., Chapter 1.

70. Pink, Daniel. "The Puzzle of Motivation." TED.com, July 2009. http://www.ted.com/talks/dan_pink_on_motivation?c=67552

71. Herrero, J. L., M. J. Roberts, L.S. Delicato et al. "Letter:Acetylcholine contributes through muscarinic receptors to attentional modulation in V1" Nature 454, (28 August 2008) 1110–1114.

72. Kotler, op. cit., Chapter 7.

73. Csikszentmihalyi, Mihaly. Good Business, p. 50.

74. Csikszentmihalyi, M., Abuhamdeh, S. & Nakamura, J. (2005), "Chapter 32: Flow," p. 602.

75. Ibid, p. 603.

76. Ibid., p. 602.

77. Kotler, op. cit., Chapter 6.

78. "U.S. slackline walker Dean Potter crosses China canyon," BBC News: Asia, April 23, 2012. http://www.bbc.com/news/world-asia-17811115

79. Kotler, op. cit., Chapter 3.

80. Longman, loc. cit.

81. Ibid.

82. Branch, John. "Dean Potter, Extreme Climber, Dies in BASE-Jumping Accident at Yosemite". The New York Times. May 17, 2015.

2부

## 4장

1. World Entertainment News Network. "Jennifer Aniston Beats The Habit, Quits Smoking," Contactmusic.com, October 27, 2011. http://www.contactmusic.com/news/jennifer-aniston-beats-the-habit-quits-smoking_1252963

2. Ibid.

3. PageSix.com staff. "Jennifer Aniston kisses Justin Theroux, smokes cigarette at birthday party," PageSix.com, February 13, 2012. http://pagesix.com/2012/02/13/jennifer-aniston-kisses-justin-theroux-smokes-cigarette-at-birthday-party/

4. Daily Telegraph Foreign Staff, "Barack Obama's smoking habit: Q&A," Telegraph. co.uk, February 9, 2011. http://www.telegraph.co.uk/news/worldnews/barackobama/8313620/Barack-Obamas-smoking-habit-QandA.html

5. Hurst, Steven R. "Obama Doctor:

President Still Smoking Cigarettes, Needs To Lower Cholesterol," Huffington Post, February 28, 2010. http://www.huffingtonpost. com/2010/03/01/obama–doctor–president–st_ n_480450.html

**6.** Hurst, loc. cit.

**7.** Diemer, Tom. "Has Obama Finally Licked His Smoking Habit?" Huffington Post, December 10, 2010. http://www.politicsdaily. com/2010/12/10/has–obama–finally–licked– his–smoking–habit/

**8.** Daily Telegraph Foreign Staff, loc. cit.

**9.** "Obama: I Quit Smoking 'Because I'm Scared Of My Wife'," CBS Chicago, September 24, 2013. http://chicago.cbslocal. com/2013/09/24/obama–quit–smoking– because–im–scared–of–my–wife/

**10.** University of Southern California. "Habit makes bad food too easy to swallow." ScienceDaily. ScienceDaily, 1 September 2011. ⟨www.sciencedaily.com/ releases/2011/09/110901135108.htm⟩

**11.** Duhigg, Charles. The Power of Habit: Why we do what we do in life and business. New York: Random House, 2012, pp. 13–14

**12.** Ibid, p. 103.

**13.** Maurer, Robert. One Small Step Can Change Your Life: The Kaizen Way. New York: Workman Publishing Company, 2014. (Kindle edition), Preface.

**14.** Ibid, Ch. 2.

**15.** Ibid, Ch. 3.

**16.** Ibid, Ch. 4.

**17.** Ibid, Ch. 5.

**18.** Ibid, Ch. 6.

**19.** Ariely, Dan, Uri Gneezy, George Lowenstein and Nina Mazar."Large Stakes and Big Mistakes," Review of Economic Studies 76, 2009, 451–469.

**20.** Ibid, Ch. 6.

**21.** "Making Money Fast," Lewiston (Maine) Evening Journal, July 7, 1893, p. 3.

**22.** Bonne, Jon. "How to cure airlines' ills," NBCNews.com, February 18, 2003. http://www. nbcnews.com/id/3073562/ns/business-us_ business/t/how–cure–airlines–ills/

**23.** Gottman, John M., and Nan Silver. The Seven Principles for Making Marriages Work,

New York: Three Rivers Press, 1999, p. 80.

**24.** Maurer, op. cit., Ch. 7.

**25.** Maurer, op. cit., Ch. 1.

**26.** Author interview with Dr. Schooler.

**27.** Schwartz, Jeffrey and Sharon Begley. The Mind and the Brain: Neuroplasticity and the Power of Mental Force. New York: ReganBooks, 2002, pp. 79–91.

**28.** Ibid, 85.

**29.** Weil, Andrew. "Sure Cure for Nail–biting," DrWeil.com. February 7, 2008. http://www. drweil.com/drw/u/QAA400350/Sure–Cure– for–Nail–Biting.html

**30.** Schwartz and Begley. op. cit., p. 83.

## 5장

**1.** Klein, Gary A. Sources of Power: How People Make Decisions. Cambridge, MA: MIT Press, 1999, 32–33

**2.** Tierney, John. "Do You Suffer From Decision Fatigue?" New York Times, August 17, 2011.

**3.** Snyder, Kristy M., Yuki Ashitaka, Hiroyuki Shimada, et. al. "What skilled typists don't know about the QWERTY keyboard," Atten Percept Psychophys (2014) 76:162–171.

**4.** Lehrer, Jonah. How We Decide. Boston: Houghton Mifflin, 2009, p. 159.

**5.** Couric, Katie. "Capt. Sully Worried About Airline Industry," CBS Evening News, February 10, 2009. http://www.cbsnews.com/news/capt- sully–worried–about–airline–industry/

**6.** MacKay, Karen. "Intuition: How Leaders Use Their Bias to Evaluate Situations," Phoenix Legal, Inc. March 6, 2010. http://www.phoenix- legal.com/documents/articles/intuition_ practice_bias.php

**7.** Wayne Gretzky. (2015, June 1). In Wikipedia, The Free Encyclopedia. Retrieved 18:43, June 4, 2015, from http://en.wikipedia.org/w/index. php?title=Wayne_Gretzky&oldid=664984820

**8.** Lehrer, Jonah. How We Decide. Boston: Houghton Mifflin, 2009, pp. 37–38.

**9.** Beilock, Sian. Choke: What the secrets of the brain reveal about getting it right when you have to. 1st ed. New York: Free Press, 2010, 194–95

10. Sandbu, Martin. "Lunch with the FT: Magnus Carlsen," Financial Times, December 7, 2012. http://www.ft.com/cms/s/2/2164608e-3ed2-11e2-87bc-00144feabdc0.html#axzz2yo0k9wvd

11. Fox, Justin. "Instinct Can Beat Analytical Thinking," Harvard Business Review, June 2014. https://hbr.org/2014/06/instinct-can-beat-analytical-thinking/

12. Gigerenzer, Gerd. Gut Feelings: The intelligence of the unconscious. New York: Viking, 2007, 69

13. Burton, Robert A. A Skeptic's Guide to the Mind. New York: St. Martin's Griffin, 2013, p. 51.

14. Eagleman, David. Incognito: The Secret Lives of the Brain. New York: Pantheon, 2011, pp. 107-109.

15. Thagard, Paul and Allison Barnes (1996) "Emotional Decisions." Proceedings of the Eighteenth Annual Conference of the Cognitive Science Society, Erlbaum, 426-429.

16. Thagard, Paul and Allison Barnes (1996) "Emotional Decisions." Proceedings of the Eighteenth Annual Conference of the Cognitive Science Society, Erlbaum, 426-429.

17. Quoted in Hayashi, Alden. "When to Trust Your Gut," Harvard Business Review, February 2001, p. 9.

18. Hayashi, Alden. "When to Trust Your Gut," Harvard Business Review, February 2001, p. 7.

19. Quoted in Hayashi, Alden. "When to Trust Your Gut," Harvard Business Review, February 2001, p. 7.

20. Christensen, Clayton M. The Innovator's Dilemma.

21. Crovitz, Gordon L. "Who really invented the Internet?" Wall Street Journal, July 22, 2012. http://online.wsj.com/articles/SB100008723963 90444464304577539063008406518

22. Lazar, Sarah W., Catherine E. Kerr, Rachel H. Wasserman, et. al. (2005). "Meditation experience is associated with increased cortical thickness." Neuroreport, 16(17), 1893-1897.

23. Stashower, Daniel. The Boy Genius and the Mogul: The Untold Story of Television. New York: Broadway Books, 2002, p. 23.

24. Lehrer, Jonah. How We Decide. Boston: Houghton Mifflin, 2009, p. 118.

25. Lehrer, Jonah. "The Eureka Hunt," New Yorker, June 28, 2008, 43

26. The Norwegian University of Science and Technology (NTNU) (2010, March 31). Brain waves and meditation. ScienceDaily. Retrieved January 1, 2014, from http://www.sciencedaily.com - /releases/2010/03/100319210631.htm

27. Jung-Beeman M, Bowden EM, Haberman J, Frymiare JL, Arambel-Liu S, et al. (2004) "Neural Activity When People Solve Verbal Problems with Insight." PLoS Biol 2(4): e97. doi: 10.1371/journal.pbio.0020097

28. Jung-Beeman M, Bowden EM, Haberman J, Frymiare JL, Arambel-Liu S, et al. (2004) "Neural Activity When People Solve Verbal Problems with Insight." PLoS Biol 2(4): e97. doi: 10.1371/journal.pbio.0020097

29. Lehrer, Jonah. "The Eureka Hunt," New Yorker, June 28, 2008, 43

30. Quoted in Bower, Bruce. "Road to Eureka," Science News 173, March 22, 2008, p. 184.

31. Lehrer, Jonah. "The Eureka Hunt," New Yorker, June 28, 2008, 44.

32. Lehrer, Jonah. "The Eureka Hunt," New Yorker, June 28, 2008, 45.

33. Winkielman, Piotr and Jonathan W. Schooler. "Unconscious, Conscious, and Metaconscious in Social Cognition." In Fritz Strack and Jens Forster (Eds.), Social Cognition: The Basis of Human Interaction,(New York: Psychology Press, 2009), p.62.

34. Andreasen, Nancy C. "A Journey into Chaos: Creativity and the Unconscious," Mens Sana Monographs 2011 Jan-Dec: 9(1): 42?53. doi: 10.4103/0973-1229.77424

35. Klein, Gary A. Sources of Power: How People Make Decisions. Cambridge, MA: MIT Press, 1999, 32.

36. Klein, Gary A. Sources of Power: How People Make Decisions. Cambridge, MA: MIT Press, 1999, 32.

37. Klein, Gary A. Sources of Power: How People Make Decisions. Cambridge, MA: MIT Press, 1999, 32.

6장 ————————————————

1. Hirstein, William and V.S. Ramachandran.

"Capgras syndrome: a novel probe for understanding the neural representation of the identity and familiarity of persons," Proceedings of the Royal Society B: Biological Sciences (1997) 264, 437–444.

**2.** "Secrets of the Mind." NOVA, pbs.org. Public Broadcasting System. October 23, 2001. Web. March 23, 2014. Transcript.

**3.** Barry, Dave. "Navigating London's street witness protection program," McClatchy D.C., July 25, 2012. http://www.mcclatchydc.com/2012/07/25/157647/dave-barry-navigating-londons.html

**4.** Maguire, Eleanor A., Katherine Woollett, and Hugo J. Spiers. "London Taxi Drivers and Bus Drivers: A Structural MRI and Neuropsychological Analysis," Hippocampus 16, 2006, 1091–1101

**5.** University of Oxford (2009, October 17). Juggling Enhances Connections In The Brain. ScienceDaily. Retrieved September 14, 2013, from http://www.sciencedaily.com/releases/2009/10/091016114055.htm

**6.** Hamzelou, Jessica. "Learning to juggle grows brain networks for good," New Scientist, Oct. 11, 2009.

**7.** University of Oxford, loc. cit.

**8.** Hamzelou, loc cit.

**9.** Doidge, Norman. The Brain That Changes Itself. New York: Viking, 2007. (Also Kobo edition), Chapter 3, 80.

**10.** Ibid, Ch. 8.

**11.** Carr, Nicholas. The Shallows. What the Internet is doing to our brains. Boston: W.W. Norton & Co, 2011, 33.

**12.** Doidge, op. cit.

**13.** Ibid.

**14.** Quoted in Lehrer, Jonah. How We Decide. Boston: Houghton Mifflin, 2009, p. 50.

**15.** Doidge, op. cit., Chapter 3.

**16.** Hendel–Giller, Ronni, et. al. "The Neuroscience of Learning: A New Paradigm for Corporate Education." The Maritz Institute. May 2010. May 23, 2014 (http://www.maritz.com/~/media/Files/MaritzDotCom/White%20Papers/Institute/Neuroscience-of-Learning.pdf).

**17.** Doidge, op. cit., Chapter 3, 68.

**18.** Ibid, Chapter 3, 71.

**19.** Ibid, Chapter 3

**20.** Ibid, 116.

**21.** Doidge, op. cit., Chapter 4.

**22.** Ibid.

**23.** Freeman, Walter J. How Brains Make Up Their Minds. New York: Columbia University Press, 2001.

**24.** Doidge, op. cit., Chapter 3, 59.

**25.** Carr, op. cit., 29.

**26.** Ibid.

**27.** Hofer, Sonja B and Tobias Bonhoeffer. "Dendritic Spines: The Stuff That Memories Are Made Of?" Current Biology 20(4), R157 – R159.

**28.** Medina, John. Brain Rules: 12 Principles for surviving and thriving and work, home, and school. Seattle, WA: Pear Press, 2008, 116.

**29.** Coyle, Daniel. (2012, August 18). Growing A Talent Hotbed: Dan Coyle at TEDx Sitka [Video file]. Retrieved from http://www.youtube.com/watch?v=Aq0pHpNy6bs

**30.** Ibid.

**31.** Maurer, Robert. One Small Step Can Change Your Life: The Kaizen Way. New York: Workman Publishing Company, 2014. (Kindle edition), Ch. 1.

**32.** Medina, op. cit., 111, with considerable extrapolations.

**33.** Wilhelm, I., S. Diekelmann, I. Molzow, A. Ayoub, M. Molle, and J. Born, "Sleep Selectively Enhances Memory Expected to Be of Future Relevance," Journal of Neuroscience, 2011; 31 (5): 1563 DOI: 10.1523/JNEUROSCI.3575–10.2011

**34.** Ariely, Dan. The Upside of Irrationality. New York: Harper, 2010, p. 121.

**35.** Beilock, op. cit., 18.

**36.** Hills, Jan. "How to use storytelling to influence people," HRZone, August 2, 2013 http://www.hrzone.com/feature/ld/how-use-storytelling-influence-people/140417

**37.** Hsu, loc. cit.

**38.** Hsu, loc. cit.

**39.** Hills, loc. cit.

**40.** Ibid, p. 14428.

**41.** Hsu, loc. cit.

**42.** Hsu, loc. cit.

## 3부

### 7장

**1.** Carroll, Robert Todd. "Forer Effect," The Skeptics Dictionary. http://www.skepdic.com/forer.html

**2.** Ibid.

**3.** Thomas, Ben. "Are the Brains of Introverts and Extroverts Actually Different?" Discover, August 27, 2013. http://blogs.discovermagazine.com/crux/2013/08/27/are-the-brains-of-introverts-and-extroverts-actually-different/

**4.** Ibid.

**5.** Ibid.

**6.** Cain, Susan. "The Power of Introverts," Huffington Post, April 18, 2012. http://www.huffingtonpost.com/susan-cain/introverts-_b_1432650.html

**7.** "Estimated Frequencies of the Types in the United States Population," Center for Applications of Psychological Type. http://www.capt.org/mbti-assessment/estimated-frequencies.htm

**8.** Fisher, Helen E. Why Him? Why Her? New York: Henry Holt, 2009, pp. 7–8.

**9.** Fisher, Helen. "What's your love type?" CNN.com, Nov. 16, 2007. http://edition.cnn.com/2007/LIVING/personal/11/12/o.love.types/.

**10.** Fisher, Helen. "What's your love type?" CNN.com, Nov. 16, 2007. http://edition.cnn.com/2007/LIVING/personal/11/12/o.love.types/.

**11.** Fisher, Helen. "What's your love type?" CNN.com, Nov. 16, 2007. http://edition.cnn.com/2007/LIVING/personal/11/12/o.love.types/.

**12.** Fisher, Why Him? Why Her?, p. 71.

**13.** Fisher, "What's your love type?"

**14.** Fisher, "What's your love type?"

**15.** Fisher, Why Him? Why Her?, p. 113.

**16.** Fisher, "What's your love type?"

**17.** Fisher, Why Him? Why Her?, p. 8.

**18.** Fisher, Why Him? Why Her?, p. 121.

**19.** Fisher, "What's your love type?"

**20.** Fisher, Helen. "Why the Clintons are Married," Big Think, February 12, 2010. http://bigthink.com/videos/why-the-clintons-are-married

**21.** Fisher, "What's your love type?"

**22.** Center for Creative Leadership. "Managerial Courage: Actively Managing Conflict," [PowerPoint presentation], 2011. http://www.ccl.org/leadership/pdf/community/ManagerialPresentation.pdf

**23.** Wilde, Douglass J. Teamology: The Construction and Organization of Effective Teams. London: Springer, 2010.

**24.** Fisher, Why Him? Why Her?, p. 72.

**25.** Ibid, p. 91.

**26.** Ibid, p. 118.

**27.** Ibid, p. 105.

**28.** Ibid, p. 121.

**29.** Ibid, p. 89.

**30.** Ibid, p. 72.

**31.** Ibid, p. 52.

**32.** Ibid, p. 53.

**33.** Ibid, p. 56.

**34.** Cited in Mueller-Hanson, Rose A. and Elaine D. Pulakos. "Putting the 'Performance' Back in Performance Management," Society for Human Resource Management, 2015.

**35.** McGregor, Jena. "Study finds that basically every single person hates performance reviews," Washington Post, January 27, 2014. https://www.washingtonpost.com/news/on-leadership/wp/2014/01/27/study-finds-that-basically-every-single-person-hates-performance-reviews/

**36.** Fox, Cynthia. "Brain Region for Musical Talent Found, Says New Study," Bioscience Technology, September 15, 2015. http://www.biosciencetechnology.com/articles/2015/09/brain-region-musical-talent-found-says-new-study

### 8장

**1.** Blakeslee, Sandra. "Cells that read minds,"

New York Times, Jan. 10, 2006, http://www.
nytimes.com/2006/01/10/science/10mirr.html

**2.** Rock, David. Your Brain at Work. New York:
Harper Business, 2009, pp. 195–197.

**3.** Rock, David. Your Brain at Work. New York:
Harper Business, 2009, pp. 195–197.

**4.** Lieberman, op. cit., Ch. 11.

**5.** Gilbert, Daniel. Stumbling on Happiness.
New York: Vintage, 2006, 5.

**6.** Lieberman, op. cit., Ch. 3.

**7.** Ibid.

**8.** Eisenberger, Naomi I., Matthew D.
Lieberman, and Kipling D. Williams. "Does
Rejection Hurt? An fMRI Study of Social
Exclusion," Science 302 (5643), October 10,
2003, pp. 290–292.

**9.** Eisenberger, Naomi I., Matthew D.
Lieberman, and Kipling D. Williams. "Does
Rejection Hurt? An fMRI Study of Social
Exclusion," Science 302 (5643), October 10,
2003, pp. 290–292.

**10.** Lieberman, op. cit., Ch. 4.

**11.** Lieberman, loc. cit., Ch. 4.

**12.** Lieberman, op. cit., Ch. 11.

**13.** Zak, Paul J. "The Neurobiology of Trust,"
Scientific American, June 2008, 91.

## 9장

**1.** King's College London. "Why is educational
achievement heritable?," Science Daily.
Science Daily, 6 October 2014. 〈www.
sciencedaily.com/releases/2014/10
/141006152151.htm〉.

**2.** NIH/National Institute on Alcohol Abuse and
Alcoholism. "Genetic Factor In Stress Response
Variability Discovered," Science Daily. Science
Daily, 5 April 2008. 〈www.sciencedaily.com/
releases/2008/04/080402131150.htm〉.

**3.** Lusher, J. M., C. Chandler, and D. Ball.
"Dopamine D4 receptor gene (DRD4) is
associated with Novelty Seeking (NS) and
substance abuse: the saga continues…,"
Molecular Psychiatry (2001) 6, 497–499.
http://www.nature.com/mp/journal/v6/n5/
full/4000918a.html

**4.** Rosen, Julia. "About half of kids' learning

ability is in their DNA, study says," Los Angeles
Times, July 11, 2014. http://www.latimes.com/
science/sciencenow/la-sci-sn-math-
reading-genes-20140711-story

**5.** Macnamara, Brooke N., David Z. Hambrick
and Frederick L. Oswald. "Deliberate Practice
and Performance in Music, Games, Sports,
Education, and Professions: A Meta-Analysis,"
Psychological Science Online, July 1, 2014.

**6.** Macnamara, Brooke N., David Z. Hambrick
and Frederick L. Oswald. "Deliberate Practice
and Performance in Music, Games, Sports,
Education, and Professions: A Meta-Analysis,"
Psychological Science Online, July 1, 2014.

**7.** Clifton, D.O. & Harter, J.K. (2003). "Investing
in Strengths," In K.S. Cameron, J.E. Dutton
& R.E. Quinn (Eds), Positive organizational
scholarship: Foundations of a new discipline,
pp. 111–121. San Francisco: Berrett-Kohler.

**8.** Aktipis, C. A., & Kurzban, R. (2004). Is Homo
economicus extinct?: Vernon Smith, Daniel
Kahneman and the Evolutionary Perspective.
In R. Koppl (Ed.), Advances in Austrian
Economics (Vol. 7) (pp. 135–153). Elsevier:
Amsterdam.

**9.** Aktipis, C. A., & Kurzban, R. (2004). Is Homo
economicus extinct?: Vernon Smith, Daniel
Kahneman and the Evolutionary Perspective.
In R. Koppl (Ed.), Advances in Austrian
Economics (Vol. 7) (pp. 135–153). Elsevier:
Amsterdam.

**10.** Aktipis, C. A., & Kurzban, R. (2004). Is Homo
economicus extinct?: Vernon Smith, Daniel
Kahneman and the Evolutionary Perspective.
In R. Koppl (Ed.), Advances in Austrian
Economics (Vol. 7) (pp. 135–153). Elsevier:
Amsterdam.

**11.** Aktipis, C. A., & Kurzban, R. (2004). Is Homo
economicus extinct?: Vernon Smith, Daniel
Kahneman and the Evolutionary Perspective.
In R. Koppl (Ed.), Advances in Austrian
Economics (Vol. 7) (pp. 135–153). Elsevier:
Amsterdam.

**12.** Schnabel, Jim. Scientists Measure
'Unexpected Reward' Response in Humans.
The Dana Foundation, June 4, 2009.

**13.** Kamenica, Emir. "Behavioral Economics
and Psychology of Incentives," Annual Review
of Economics 4, (July 2012), 427–452.

**14.** Van Boven, Leaf and Thomas Gilovich, "To

Do or to Have? That Is the Question," Journal of Personality and Social Psychology 85 (6), 2003, 1193–1202.

**15.** Shermer, Michael. "Why People Believe Weird Things About Money, The Work of Michael Shermer," January 2008. http://www.michaelshermer.com/2008/01/weird–things–about–money/

**16.** Russell, Bill and Taylor Branch. Second Wind: The Memoirs of an Opinionated Man. New York: Ballantine, 1979, p. 177.

**17.** Russell, Second Wind, p. 177.

**18.** Russell, Second Wind, p. 177.

**19.** Russell, Second Wind, p. 177.

**20.** Walker, Jeffrey. "Collective Flow State: From the Who to Your Team," Huffington Post, February 4, 2013. http://www.huffingtonpost.com/jeffrey–walker/collective–flow–state–fro_b_2614505.html

**21.** Csikszentmihalyi, M., & LeFevre, J. (1989). Optimal experience in work and leisure. Journal of Personality and Social Psychology, 56, 815–822.

**22.** Csikszentmihalyi, Mihaly. Flow: The psychology of optimal experience. New York: Harper Perennial Modern Classics, 2008, p. 65.

**23.** Walker, Charles J. "Experiencing flow: Is doing it together better than doing it alone?" The Journal of Positive Psychology 5 (1), 2010, pp. 3–11. http://www.tandfonline.com/doi/abs/10.1080/17439760903271116?journalCode=rpos20#preview

**24.** Sawyer, Keith. Group Genius: The Creative Power of Collaboration. New York: Basic Books, 2007, 43–56.

**25.** Sawyer, Keith. Group Genius: The Creative Power of Collaboration. New York: Basic Books, 2007, 47–48.

**26.** Sawyer, Keith. Group Genius: The Creative Power of Collaboration. New York: Basic Books, 2007, 46.

**27.** Fey, Tina. Bossypants. New York: Little, Brown, and Co., 2011, p. 84.

**28.** Sawyer, Keith. Group Genius: The Creative Power of Collaboration. New York: Basic Books, 2007, 49–50.

**29.** Kerr, Michael. "Business, Teamwork and Creativity Advice from Keith Richards?" Humor at Work, August 23, 2012. http://www.mikekerr.com/humour–at–work–blog/teamwork–business–and–creativity–advice–from–keith–richards/

**30.** Lehrer, Jonah. "Group Think: The Brainstorming Myth," New Yorker, January 30, 2012, 22–27.

**31.** Lehrer, Jonah. "Group Think: The Brainstorming Myth," New Yorker, January 30, 2012, 22–27.

**32.** Rosen, Rebecca J. "The Q Score: How Y Combinator's Startups Are Like Broadway Musicals," Atlantic.com, March 2012. http://www.theatlantic.com/technology/archive/2012/03/the–q–score–how–y–combinators–startups–are–like–broadway–musicals/254531/

**33.** Burkus, David. "Why The Best Teams Might Be Temporary," Harvard Business Review, September 17, 2013. https://hbr.org/2013/09/why–the–best–teams–might–be–temporary/

**34.** Boyd, Stowe. "What Makes The Most Creative Teams?" Nexaology Environics, February 17, 2012. http://nexalogy.com/uncategorized/what–makes–the–most–creative–teams/

**35.** Wenner, Jann S. "The Rolling Stone Interview: Jagger Remembers," Rolling Stone, December 14, 1995. http://www.jannswenner.com/archives/jagger_remembers.aspx

**36.** Sawyer, Keith. Group Genius: The Creative Power of Collaboration. New York: Basic Books, 2007, 50.

**37.** Sawyer, Keith. Group Genius: The Creative Power of Collaboration. New York: Basic Books, 2007, 53.

**38.** Petriglieri, Gianpiero. "Why Work Is Lonely," Harvard Business Review, March 5, 2014. https://hbr.org/2014/03/why–work–is–lonely/

**39.** Petriglieri, Gianpiero. "Why Work Is Lonely," Harvard Business Review, March 5, 2014. https://hbr.org/2014/03/why–work–is–lonely/

**40.** Petriglieri, Gianpiero. "Why Work Is Lonely," Harvard Business Review, March 5, 2014. https://hbr.org/2014/03/why–work–is–lonely/

**41.** Petriglieri, Gianpiero. "Why Work Is Lonely," Harvard Business Review, March 5, 2014. https://hbr.org/2014/03/why–work–is–lonely/

**42.** Sawyer, Keith. Group Genius: The Creative

Power of Collaboration. New York: Basic
Books, 2007, 49.

**43.** Sawyer, Keith. Group Genius: The Creative
Power of Collaboration. New York: Basic
Books, 2007, 49.

**44.** Villarica, Hans. "To Keep Willpower from
Flagging, Remember the F—Word: 'Fun'," Time,
Oct. 21, 2010.

**45.** Sawyer, Keith. Group Genius: The Creative
Power of Collaboration. New York: Basic
Books, 2007, 49.

**46.** Sawyer, Keith. Group Genius: The Creative
Power of Collaboration. New York: Basic
Books, 2007, 55.

**47.** Sawyer, Keith. Group Genius: The Creative
Power of Collaboration. New York: Basic
Books, 2007, 55.

**48.** Sawyer, Keith. Group Genius: The Creative
Power of Collaboration. New York: Basic
Books, 2007, 55.

# Index